비영리법인 임직원 및 공무원, 복지 관련 학과 학생 길라잡이

비영리법인 · 시설의 재무 · 회계 · 세무 법규와 실제

– 문서작성과 정보시스템 입력 등 실무 중심 –

고 재 수

창지사

머리말

저자는 31년간 부산광역시 행정직 공무원으로 재직하면서 17년간 복지와 감사 부서에서 일했다. 대학교 출강과 공공기관 및 비영리법인·시설에서 재무·회계 강의도 수없이 했었다. 그러나 재무·회계 강의 활용 저서 등이 없어, 매회 강의 원고를 작성해야 했었다.

또한 공무원 및 비영리법인 임직원으로부터 비영리법인 설립·운영과 재무·회계 운용에 관한 질문도 많이 받았다. 주무부처 공무원 지도·감독 때 법령 해석의 차이로 비영리법인 임직원과 충돌하는 모습도 많이 봐 왔다. 이에 자그마한 도움이라도 주고자 명예퇴직 기념으로 2019년 2월『사회복지기관 재무회계 법규 및 실무』저서를 창시자(서울)를 통해 출간하였다.

사회복지법인 등 비영리법인 및 시설 재무·회계 강의와 경영 컨설팅, 청렴연수원 등록 청렴 전문강사 및 직장 내 장애인 인식개선 강사로 활동 중 사회복지법인 나사함복지재단 대표이사와 경영이사로부터 재능기부 요청을 받고 2021년 2월부터 사회복지법인 나사함복지재단 경영기획실장으로 근무를 해 오고 있다.

나사함복지재단은 법인 사업과 장애인복지관 및 주간보호센터, 공동생활가정(3개소) 시설을 설치·운영하는 비영리법인(사회복지법인, 공익법인)이다. 법인 세입재정은 후원금과 위탁사업비, 장애인복지관은 보조금과 후원금 및 공모사업비, 공동생활가정은 보조금이 큰 비중을 차지하고 있다. 2023회계연도 세입결산액은 3,524백만 원으로 보조금수입 1,510백만 원, 사업수입 1,148백만 원, 후원금수입 473백만 원, 이월금 350백만 원 등이다.

비영리법인·시설 재무·회계는「사회복지사업법」및「사회복지법인 및 사회복지시설 재무·회계 규칙」과「사회복지법인 및 사회복지시설 관리안내」,「정관」및「재무·회계 규정」에 따라 운용된다. 같은 규칙 제30조의2에서 계약에 관한 사항은「지방자치단체를 당사자로 하는 계약에 관한 법률」, 같은 법 시행령 및 같은 법 시행규칙을 준용하도록 규정하고 있다.

비영리법인(공익법인)의 후원금은 법인 및 시설 운영과 사업에 있어 매우 중요한 세입재원이다. 「증여세 및 상속세법」에서 기부금품(출연재산)은 증여세 및 상속세 과세 불산입 등 혜택이 주어지지만, 「사회복지사업법」 및 「사회복지법인 및 사회복지시설 재무·회계 규칙」과 「증여세 및 상속세법」 및 「법인세법」에서 다양한 의무를 부여하고 있다.

보조금 운용에 대해서 「사회복지사업법」 제42조제4항 조문을 2016. 2. 3. 신설하여 보조금과 관련하여 「사회복지사업법」에서 규정한 사항 외에는 「보조금 관리에 관한 법률」 및 「지방재정법」을 따르도록 하였다. 이후 「지방재정법」의 지방회계 부분을 분리해 「지방회계법」을 2016. 5. 29. 제정(2016. 11. 30. 시행)하였으며, 지방보조금 부분을 분리해 「지방자치단체 보조금 관리에 관한 법률」을 2021. 1. 12. 제정(2021. 7. 13. 시행)하였다. 따라서 보조금을 받는 비영리법인·시설 등 예산은 「지방재정법」, 회계는 「지방회계법」, 보조금은 「지방자치단체 보조금 관리에 관한 법률」을 따라야 한다.

사회복지법인 및 시설 운영과 사업 추진에 있어 적은 인력으로 다양하고 복잡한 법령 등을 이해하고 적용하기에는 한계가 있다. 따라서 비영리법인 및 시설에서는 정부나 지방자치단체 홈페이지 및 정보시스템 등을 적극 활용하여 업무를 처리해야 한다. 그나마 다행인 것은 정부에서는 사회복지시설정보시스템 현대화 작업을 통해 사회복지시설정보시스템과 사회서비스정보시스템(희망이음)으로 체계적 개편과 국세청 홈택스와 지방자치단체서 위택스를 전면 개편하였다.

본서는 집필하는 데 오랜 시간이 흘렀다. 그나마 다행인 것은 사회복지법인에서 실무자로 직접 업무를 처리해 오고 있었기에 가능했었다.

탈고일까지 법령과 행정규칙 등 검색, 중앙부처 및 지방자치단체 홈페이지 접속, 사회복지시설정보시스템 및 사회서비스정보시스템, 홈택스 및 위택스 등 정보시스템을 활용한 업무처리 절차와 내용을 담은 본서는 다음과 같은 특징을 가지고 있다.

첫째, 재무·회계·세무 운영 관련 모든 법령과 행정규칙을 수록하였다. 법령과 행정규칙, 자치법규는 법제처(국가법령정보센터)에서 제공하는 최근 제(개정) 법령 등을 검색하였으며, 법인 정관과 규정은 나사함복지재단 홈페이지 공시(게시) 내용을 확인하였다.

둘째, 재무·회계 운영 적용법령인 「사회복지사업법」 및 「사회복지법인 및 사회복지시설 재무·회계 규칙」, 「사회복지법인 및 사회복지시설 관리안내」, 지방계약 법령과 행정규칙, 법인 정관과 재무·회계·세무 운영 규정을 수록하여, 필요시 쉽게 찾아볼 수 있도록 하였다.

셋째, 지방보조금 운용은 「사회복지사업법」에서 정하고 있는 것 외에 적용대상인 「지방재정법」, 「지방회계법」, 「지방자치단체 보조금 관리에 관한 법률」과 행정규칙을 소개하고 내용을 발췌하여 수록함으로 공무원과 비영리법인 임직원의 보조사업에 대한 이해를 도모하였다.

넷째, 후원금(기부금) 등 출연재산에 대해서는 「사회복지사업법」 및 「사회복지법인 및 사회복지시설 재무·회계 규칙」에서 정한 의무사항과 「상속세 및 증여세법」 및 「법인세법」에서 정하고 있는 공익법인 의무이행 사항과 세무확인 및 결산액 공시 등에 관한 방법을 단계적·체계적으로 알기 쉽게 수록하는 한편, 실무사례 등 업무처리한 내용을 그대로 수록하여 실수로 불이익을 당하는 것을 사전에 차단할 수 있도록 하였다.

다섯째, 사회복지법인·시설 재무·회계 업무 대부분은 정보화시스템으로 처리할 수 있다. 문서작성과 행정안전부(문서24)를 통한 발송, 중앙부처(지방자치단체) 홈페이지, 사회복지서비스정보시스템 및 사회복지시설정보시스템, 홈택스 및 위택스 접근과 활용 방법과 처리 절차 등을 체계적으로 구성하여 업무처리 시간 절감 등 행정의 효율성을 제고하도록 하였다.

비영리법인 및 시설 재무·회계·세무 운영 법규와 실무 담은 본서는 제5장으로 구성되어 있으며, 장별 내용은 다음과 같다.

제1장에서는 사회복지법인 및 시설의 적용법령인 사회복지사업법령과 「사회복지법인 및 사회복지시설 재무·회계 규칙」 및 법인 규정 전문과 준용법령인 지방계약법령, 보조금과 관련 국가 및 지방보조금법령, 지방재정법령 및 지방회계법령 등을 수록하였다.

제2장에서는 지방자치단체 및 비영리법인의 재정 운영원칙과 예외 사항, 사업계획 수립과 기준에 따른 예산편성 및 보고 및 심의자료 작성, 이사회 회의 소집통지와 준비 사항, 이사회 심의와 회의록 작성 요령, 확정 예산의 정보시스템 입력, 예산의 제출 및 공고 등의 절차를 수록하였으며, 정보시스템 처리방법 및 사례를 함께 담았다.

제3장에서는 지방자치단체 및 비영리법인의 회계원칙, 수입회계와 지출회계 관리, 계약방법과 절차, 수입·지출회계 정산, 물품관리와 재물조사, 세입세출외현금관리, 법인시설 장부, 회계사무 인계인수 방법 및 사례, 정보시스템을 활용 방법과 절차를 담았다.

제4장에서는 후원금 운영원칙과 수입 및 사용결과 공개, 전자기부금 영수증 발급 등 후원금 운영원칙과 집행기준을 서술하였으며, 후원신청서 접수, 사회서비스 정보시스템 등록, 전용계좌 후원금 처리, 후원자 정보 변경 및 해지 등 후원자 발굴 등록 등을 체계적으로 구성하였으며, CMS 후원금 자금이체 신청 및 방법, 출금신청, 이체결과 총괄 및 목록표 작성과 공익법인 의무사항, 공익법인 주관 보고(제출) 및 외부전문가 세무확인 등 자료 작성, 제출 방법 및 사례, 정보시스템 및 홈택스 활용 방법과 사례를 담았다.

제5장에서는 결산 준비, 결산서 및 첨부서류 작성과 결산 검토와 감사계획 통보, 법인 감사의 감사와 감사보고서 작성 사례, 결산(안) 시설운영위원회 보고와 이사회 심의 안건 작성, 시·군·구청장 제출, 결산공고 등과 법인 지도·감독과 공인회계사 감사 관련 법령 및 사례, 정보시스템에 의한 처리 등을 담았다.

본서를 준비하는 데 큰 노력과 시간이 걸렸다. 원고 작성 중에도 법령 및 행정규칙 개정, 정보시스템 개편에 따른 내용을 지속·반복적으로 수정하였으며, 실무사례는 원고 탈고 날까지 처리한 내용을 담았다. 이렇게 집필과 반복적 수정이 가능했던 것은 나사함복지재단 기획·평가·실행, 인사·복무·감사, 예산 및 결산, 후원관리 등 법인 업무 총괄과 법인 업무를 전담하는 실무자로 정보 검색과 문서 작성 등 탁월한 업무처리 능력과 전결 규정에 따른 결재권자의 신속한 결재 등 의사결정 구조 덕분이라 하겠다.

비영리법인 설립과 운영, 시설 설치와 운영을 법령 및 행정규칙, 정관 및 규정에 맞게 업무를 촘촘히 챙기려면 업무량이 너무나 많다. 이러한 많은 업무는 모두 법규사무로 기한 내 처리하여야 한다. 따라서 본서에 내용을 담지 못한 부문에 대해서 "비영리법인 설립·운영 법규 및 실무" 저서 출간도 야심 차게 준비해 본다.

법인 실무 업무 기회 제공과 항상 격려와 따뜻한 마음으로 결재하시는 방대유 대표이사님과 김종윤 경영이사님, 질책보다 칭찬으로 대해 주시는 이사님과 감사님, 사업계획과 예산, 결산과 감사, 공익법인 세무확인 및 결산 공시자료 등을 적극 챙겨 준 법인 및 시설 직원에게 깊이 감사드린다. 아울러 밤낮없는 원고 작성에 아낌없는 격려를 보내 준 현명한 아내(부산가정폭력상담소장), 장한 아들과 지혜로운 딸, 모친과 형제, 만남의 소원함을 이해로 풀어 준 지인께도 진심 어린 고마움을 전한다.

끝으로 복지 분야 다양한 서적을 출간하여 우리나라 복지정책의 발전에 크게 이바지하시면서 본서의 집필을 요청해 주시고, 출간 예정일을 몇 번이고 연기하면서 오랫동안 기다려 주신 도서출판 창지사 김기섭 사장님과 이상대 전무님을 비롯한 임직원 여러분께 깊은 감사와 격려를 드린다.

2024년 5월 15일, 황령산 기슭에서

고 재 수

차례

제1장

재무·회계 적용과 보조금 법령

「사회복지사업법」 제23조제4항, 제34조제4항, 제45조제2항 및 제51조제2항에서 사회복지법인 및 사회복지시설 재무ㆍ회계, 후원금관리 및 회계감사에 관한 필요한 사항은 보건복지부령으로 정하도록 하여, 「사회복지법인 및 사회복지시설 재무ㆍ회계 규칙」을 제정하였다. 「노인장기요양보험법」 제53조의2에서 장기요양기관의 장은 보건복지부령으로 정한 「장기요양기관 재무ㆍ회계 규칙」을 따르도록 규정하고 있다. 「사회복지법인 및 사회복지시설 재무ㆍ회계 규칙」 제30조의2에서 계약에 관해서는 지방계약법령을 준용하도록 규정하고 있다. 「사회복지사업법」 제42조제1항에서 국가나 지방자치단체는 사회복지사업을 하는 자 중 ⅰ) 사회복지법인, ⅱ) 사회복지사업을 수행하는 비영리법인, ⅲ) 사회복지시설 보호대상자를 수용하거나 보육ㆍ상담 및 자립지원을 하기 위하여 사회복지시설을 설치ㆍ운영하는 개인에게 운영비 등 필요한 비용의 전부 또는 일부를 보조할 수 있도록 규정하고 있으며, 같은 법 제42조제4항에 보조금과 관련하여 이 법에서 규정한 사항 외에는 「보조금 관리에 관한 법률」 및 「지방재정법」을 따르도록 규정하고 있다. 이 조문은 2016. 2. 3. 신설되었으며, 이후 「지방회계법」이 2016. 5. 29. 제정되었으며, 「지방자치단체 보조금 관리에 관한 법률」이 2021. 1. 12. 제정되어 보조금을 지원받는 비영리법인 및 시설에서는 지방재정법령과 행정규칙, 지방회계법령과 행정규칙, 지방보조금법령과 행정규칙을 따라야 한다.

제1장에는 사회복지법인 및 시설의 적용법령인 사회복지사업법령과 「사회복지법인 및 사회복지시설 재무ㆍ회계 규칙」과 관련 규정 전문을 담았으며, 준용법령인 지방계약법령, 보조금과 관련 국가 및 지방보조금법령, 지방재정법령 및 지방회계법령 제정 목적 등을 담았다.

제1절 재무·회계 적용(준용) 법령

1 사회복지사업법 등

1. 사회복지사업법

사회복지법인은 사회복지사업의 운영에 필요한 재산을 소유하여야 하며, 재산과 그 회계에 관하여 필요한 사항은 보건복지부령으로 정한다. 사회복지시설을 설치·운영하는 자는 보건복지부령으로 정하는 재무·회계에 관한 기준에 따라 시설을 투명하게 운영하여야 한다.

사회복지법인의 대표이사와 시설의 장은 아무런 대가 없이 무상으로 받은 금품이나 그밖의 자산의 수입·지출 내용을 공개하여야 하며 그 관리에 명확성이 확보되도록 하여야 하며, 후원금에 관한 영수증 발급, 수입 및 사용결과 보고, 그밖에 후원금 관리 및 공개 절차 등 구체적인 사항은 보건복지부령으로 정한다.

시·도지사 또는 시장·군수·구청장은 사회복지법인과 사회복지시설에 대하여 지방의회의 추천을 받아 「공인회계사법」 제7조에 따라 등록한 공인회계사 또는 「주식회사 등의 외부감사에 관한 법률」 제2조제7호에 따른 감사인을 선임하여 회계감사를 실시할 수 있다. 이 경우 공인회계사 또는 감사인의 추천, 회계감사의 대상 및 그밖에 필요한 사항은 보건복지부령으로 정하는 기준에 따라 지방자치단체의 조례로 정한다.

관련 법령

「사회복지사업법」

제23조(재산 등) ① 법인은 사회복지사업의 운영에 필요한 재산을 소유하여야 한다.

④ 제1항에 따른 재산과 그 회계에 관하여 필요한 사항은 보건복지부령으로 정한다.

제34조(사회복지시설의 설치) ④ 시설을 설치·운영하는 자는 보건복지부령으로 정하는 재무·회계에 관한 기준에 따라 시설을 투명하게 운영하여야 한다. <신설 2011. 8. 4., 2019. 1. 15.>

제45조(후원금의 관리) ① 사회복지법인의 대표이사와 시설의 장은 아무런 대가 없이 무상으로 받은 금품이나 그밖의 자산(이하 "후원금"이라 한다)의 수입·지출 내용을 공개하여야 하며 그 관리에 명확성이 확보되도록 하여야 한다. <개정 2012. 1. 26.>

② 후원금에 관한 영수증 발급, 수입 및 사용결과 보고, 그밖에 후원금 관리 및 공개 절차 등 구체적인 사항은 보건복지부령으로 정한다. <개정 2012. 1. 26.>

제51조(지도 · 감독 등) ② 시·도지사 또는 시장·군수·구청장은 사회복지법인과 사회복지시설에 대하여 지방의회의 추천을 받아 「공인회계사법」 제7조에 따라 등록한 공인회계사 또는 「주식회사 등의 외부감사에 관한 법률」 제2조제7호에 따른 감사인을 선임하여 회계감사를 실시할 수 있다. 이 경우 공인회계사 또는 감사인의 추천, 회계감사의 대상 및 그 밖에 필요한 사항은 보건복지부령으로 정하는 기준에 따라 지방자치단체의 조례로 정한다. <신설 2018. 12. 11.>

2. 노인장기요양보험법

장기요양기관의 장은 보건복지부령으로 정하는 재무·회계에 관한 기준에 따라 장기요양기관을 투명하게 운영하여야 한다. 다만, 장기요양기관 중 「사회복지사업법」 제34조에 따라 설치한 사회복지시설은 같은 조 제4항에 따른 재무·회계에 관한 기준에 따른다. 보건복지부장관은 장기요양기관 재무·회계기준을 정할 때에는 장기요양기관의 특성 및 그 시행시기 등을 고려하여야 한다.

관련 법령

「노인장기요양보험법」

제35조의2(장기요양기관 재무 · 회계기준) ① 장기요양기관의 장은 보건복지부령으로 정하는 재무·회계에 관한 기준(이하 "장기요양기관 재무·회계기준"이라 한다)에 따라 장기요양기관을 투명하게 운영하여야 한다. 다만, 장기요양기관 중 「사회복지사업법」

제34조에 따라 설치한 사회복지시설은 같은 조 제4항에 따른 재무·회계에 관한 기준에 따른다. <개정 2021. 12. 21.>

② 보건복지부장관은 장기요양기관 재무·회계기준을 정할 때에는 장기요양기관의 특성 및 그 시행시기 등을 고려하여야 한다.

[본조신설 2016. 5. 29.]

2 재무 · 회계 규칙(보건복지부령)

1. 법인 및 시설 재무·회계 규칙

「사회복지법인 및 사회복지시설 재무·회계 규칙」은「사회복지사업법」제23조제4항, 제34조제4항, 제45조제2항 및 제51조제2항에 따라 사회복지법인 및 사회복지시설의 재무·회계, 후원금관리 및 회계감사에 관한 사항을 규정하여 재무·회계, 후원금관리 및 회계감사의 명확성·공정성·투명성을 기함으로써 사회복지법인 및 사회복지시설의 합리적인 운영에 기여함을 목적으로 규정하고 있다. 이 규칙은 사회복지법인 및 사회복지시설(장기요양기관 중「사회복지사업법」제34조에 따라 설치한 시설 포함) 재무·회계 운영의 기본법령이라 하겠다.

관련 법령

「사회복지법인 및 사회복지시설 재무 · 회계 규칙」

제1장 총칙

제1조(목적) 이 규칙은「사회복지사업법」제23조제4항, 제34조제4항, 제45조제2항 및 제51조제2항에 따라 사회복지법인 및 사회복지시설의 재무·회계, 후원금관리 및 회계감사에 관한 사항을 규정하여 재무·회계, 후원금관리 및 회계감사의 명확성·공정성·투명성을 기함으로써 사회복지법인 및 사회복지시설의 합리적인 운영에 기여함을 목적으로 한다. <개정 2012. 8. 7., 2019. 6. 12.>

[전문개정 2005. 7. 15.]

제2조(재무 · 회계운영의 기본원칙) 사회복지법인(이하 "법인"이라 한다) 및 사회복지시설(법인이 설치·운영하는 사회복지시설을 포함하며, 이하 "시설"이라 한다)의 재무·회계는 그 설립목적에 따라 건전하게 운영되어야 한다. <개정 2012. 8. 7.>

제2조의2(다른 법령과의 관계) 법인 및 시설의 재무 및 회계 처리에 관하여 다른 법령에 특별한 규정이 있는 경우를 제외하고는 이 규칙이 정하는 바에 따른다.

[본조신설 2012. 8. 7.]

제3조(회계연도) 법인 및 시설의 회계연도는 정부의 회계연도에 따른다. 다만, 「영유아보육법」 제2조에 따른 어린이집의 회계연도는 매년 3월 1일에 시작하여 다음 연도 2월 말일에 종료한다. <개정 2012. 8. 7., 2015. 12. 24.>

제4조(회계연도 소속구분) 법인 및 시설의 수입 및 지출의 발생과 자산 및 부채의 증감·변동에 관하여는 그 원인이 되는 사실이 발생한 날을 기준으로 하여 연도 소속을 구분한다. 다만, 그 사실이 발생한 날을 정할 수 없는 경우에는 그 사실을 확인한 날을 기준으로 하여 연도 소속을 구분한다. <개정 2012. 8. 7.>

제5조(출납기한) 1회계연도에 속하는 법인 및 시설의 세입·세출의 출납은 회계연도가 끝나는 날까지 완결하여야 한다. <개정 1993. 12. 27., 2012. 8. 7., 2015. 12. 24.>

제6조(회계의 구분) ① 이 규칙에서의 회계는 법인의 업무 전반에 관한 회계(이하 "법인회계"라 한다), 시설의 운영에 관한 회계(이하 "시설회계"라 한다) 및 법인이 수행하는 수익사업에 관한 회계(이하 "수익사업회계"라 한다)로 구분한다.

② 법인의 회계는 법인회계, 해당 법인이 설치·운영하는 시설의 시설회계 및 수익사업회계로 구분하여야 하며, 시설의 회계는 해당 시설의 시설회계로 한다.

[전문개정 2012. 8. 7.]

제6조의2(정보통신매체에 의한 재무 · 회계처리) ①법인 및 시설의 재무·회계는 컴퓨터 회계프로그램으로 처리할 수 있다. <개정 2012. 8. 7.>

② 보건복지부장관은 법인 및 시설의 재무·회계업무의 효율성 및 투명성을 높이기 위하여 「사회복지사업법」 제6조의2제2항에 따른 정보시스템으로서 법인 및 시설의 재무회계를 처리하기 위한 정보시스템을 구축·운영할 수 있다. <신설 2012. 8. 7.>

③ 보건복지부장관, 시·도지사, 시장(「제주특별자치도 설치 및 국제자유도시 조성을 위한 특별법」 제11조제2항에 따른 행정시장을 포함한다. 이하 같다)·군수·구청장(자치구의 구청장을 말한다. 이하 같다)은 법인 또는 시설에 대하여 제2항에 따른 시스템을 사용할 것을 권장할 수 있다. <신설 2012. 8. 7., 2015. 12. 24., 2018. 3. 30.>

④ 「사회복지사업법」 제42조에 따른 보조금을 받는 법인 및 시설과 보조금을 받지 아니하는 시설로서 「노인복지법」 제31조에 따른 노인복지시설 중 「노인장기요양보험법」 제31조에 따라 장기요양기관으로 지정받은 시설(이하 "노인장기요양기관"이라 한다)은 제1항에 따른 컴퓨터 회계프로그램 중 보건복지부장관이 검증한 표준연계모듈이 적용된 정보시스템 또는 제2항에 따른 정보시스템을 사용하여 재무·회계를 처리하여야 한다. 다만, 보건복지부장관이 정하는 법인 및 시설은 그러하지 아니하다. <신설 2012. 8. 7., 2018. 3. 30.>

⑤ 제1항에 따른 컴퓨터 회계프로그램 또는 제2항에 따른 시스템에 의하여 전자장부를 사용하는 경우에는 제24조에 따른 회계장부를 둔 것으로 본다. <개정 2012. 8. 7.>

[본조신설 2005. 7. 15.]

제2장 예산과 결산

제1절 예산

제7조(세입 · 세출의 정의) 1회계연도의 모든 수입을 세입으로 하고, 모든 지출을 세출로 한다.

제8조(예산총계주의원칙) 세입과 세출은 모두 예산에 계상하여야 한다.

[전문개정 1998. 1. 7.]

제9조(예산편성지침) ① 법인의 대표이사는 제2조의 취지에 따라 매 회계연도 개시 1개월 전까지 그 법인과 해당 법인이 설치·운영하는 시설의 예산편성 지침을 정하여야 한다. <개정 1998. 1. 7., 2012. 8. 7.>

② 법인 또는 시설의 소재지를 관할하는 시장·군수·구청장은 특히 필요하다고 인정되는 사항에 관하여는 예산편성지침을 정하여 매 회계연도 개시 2개월 전까지 법인 및 시설에 통보할 수 있다. <개정 1998. 1. 7., 2012. 8. 7., 2015. 12. 24.>

[제목개정 2012. 8. 7.]

제10조(예산의 편성 및 결정절차) ① 법인의 대표이사 및 시설의 장은 예산을 편성하여 각각 법인 이사회의 의결 및 「사회복지사업법」 제36조에 따른 운영위원회 또는 「영유아보육법」 제25조에 따른 어린이집운영위원회(이하 "시설운영위원회"라 한다)에의 보고를 거쳐 확정한다. 다만, 법인이 설치·운영하는 시설인 경우에는 시설운영위원회에 보고한 후 법인 이사회의 의결을 거쳐 확정한다. <신설 2012. 8. 7.>

② 법인의 대표이사 및 시설의 장은 제1항에 따라 확정한 예산을 매 회계연도 개시 5일 전까지 관할 시장·군수·구청장에게 제출(「사회복지사업법」 제6조의2제2항에 따른 정보시스템을 활용한 제출을 포함한다)하여야 한다. <개정 2009. 2. 5., 2012. 8. 7., 2015. 12. 24.>

③ 제1항에 따라 예산을 편성할 경우 법인회계와 시설회계의 예산은 별표 1부터 별표 4까

지에 따른 세입·세출예산과목 구분에 따라 편성해야 한다. 다만, 다음 각호의 시설은 각 호에서 정하는 바에 따라 편성한다. <개정 2009. 2. 5., 2010. 3. 19., 2012. 8. 7., 2018. 3. 30., 2022. 12. 28.>

1. 다음 각 목의 시설: 별표 5 및 별표 6에 따른 세입·세출예산과목 구분에 따라 편성
   가.「사회복지사업법」제34조의5에 따른 사회복지관
   나.「노인복지법」제36조제1항제1호에 따른 노인복지관
   다.「장애인복지법」제58조제1항제2호에 따른 장애인 지역사회재활시설
   라.「아동복지법」제44조의2에 따른 다함께돌봄센터
   마.「아동복지법」제52조제1항제8호에 따른 지역아동센터
   바. 그밖에 보건복지부장관이 정하여 고시하는 시설
2.「영유아보육법」제2조에 따른 어린이집: 별표 7 및 별표 8에 따른 세입·세출예산과목 구분에 따라 편성
3. 노인장기요양기관: 별표 9의 세입예산과목 구분 및 별표 10의 세출예산과목 구분에 따라 편성하되, 세출예산을 편성하는 때에는「노인장기요양보험법」제38조제4항에 따라 장기요양급여비용 중 그 일부를 보건복지부장관이 정하여 고시하는 비율에 따라 인건비로 편성

④ 시장·군수·구청장은 제2항에 따라 예산을 제출받은 때에는 20일 이내에 법인과 시설의 회계별 세입·세출명세서를 시(「제주특별자치도 설치 및 국제자유도시 조성을 위한 특별법」제10조제2항에 따른 행정시를 포함한다. 이하 같다)·군·구(자치구를 말한다. 이하 같다)의 게시판과 인터넷 홈페이지에 20일 이상 공고하고, 법인의 대표이사 및 시설의 장으로 하여금 해당 법인 및 시설의 게시판과 인터넷 홈페이지에 20일 이상 공고하도록 하여야 한다. <개정 2009. 2. 5., 2012. 8. 7., 2018. 3. 30.>

⑤ 제4항에 따른 공고는「사회복지사업법」제6조의2제2항에 따른 정보시스템에 게시하거나「영유아보육법」제49조의2제1항에 따라 공시하는 것으로 갈음할 수 있다. <개정 2015. 12. 24.>

[전문개정 1998. 1. 7.]

제11조(예산에 첨부하여야 할 서류) ① 예산에는 다음 각호의 서류가 첨부되어야 한다. 다만, 단식부기로 회계를 처리하는 경우에는 제1호·제2호·제5호 및 제6호의 서류만을 첨부할 수 있고, 국가·지방자치단체·법인 외의 자가 설치·운영하는 시설로서 거주자 정원 또는 일일 평균 이용자가 20명 이하인 시설(이하 "소규모 시설"이라 한다)은 제2호, 제5호(노인

장기요양기관의 경우만 해당한다) 및 제6호의 서류만을 첨부할 수 있으며,「영유아보육법」제2조에 따른 어린이집은 보건복지부장관이 정하는 바에 따른다. <개정 1993. 12. 27., 2012. 8. 7., 2018. 3. 30., 2019. 9. 27., 2020. 1. 7.>

1. 예산총칙 2. 세입·세출명세서 3. 추정재무상태표

4. 추정수지계산서 5. 임직원 보수 일람표

6. 예산을 의결한 이사회 회의록 또는 예산을 보고받은 시설운영위원회 회의록 사본

② 제1항제2호부터 제5호까지의 서류는 별지 제1호서식부터 별지 제4호서식까지에 따른다. 다만, 노인장기요양기관의 장이 첨부해야 하는 제1항제5호의 임직원 보수 일람표는 별지 제4호의2서식에 따른다. <개정 2018. 3. 30., 2020. 1. 7.>

제12조(준예산) 회계연도 개시 전까지 법인 및 시설의 예산이 성립되지 아니한 때에는 법인의 대표이사 및 시설의 장은 시장·군수·구청장에게 그 사유를 보고하고 예산이 성립될 때까지 다음의 경비를 전년도 예산에 준하여 집행할 수 있다. <개정 2012. 8. 7.>

1. 임·직원의 보수 2. 법인 및 시설운영에 직접 사용되는 필수적인 경비

3. 법령상 지급의무가 있는 경비

제13조(추가경정예산) ① 법인의 대표이사 및 시설의 장은 예산성립 후에 생긴 사유로 인하여 이미 성립된 예산에 변경을 가할 필요가 있을 때에는 제10조 및 제11조의 규정에 의한 절차에 준하여 추가경정예산을 편성·확정할 수 있다. 이 경우 노인장기요양기관의 장은 「노인장기요양보험법」 제38조제4항에 따라 장기요양급여비용 중 그 일부를 보건복지부장관이 정하여 고시하는 비율에 따라 인건비로 편성하여야 한다. <개정 2012. 8. 7., 2018. 3. 30.>

② 법인의 대표이사 및 시설의 장은 추가경정예산이 확정된 날로부터 7일 이내에 이를 시장·군수·구청장에게 제출하여야 한다. <개정 2012. 8. 7.>

제14조(예비비) 법인의 대표이사 및 시설의 장은 예측할 수 없는 예산 외의 지출 또는 예산의 초과지출에 충당하기 위하여 예비비를 세출예산에 계상할 수 있다. <개정 2012. 8. 7.>

[전문개정 1999. 3. 11.]

제15조(예산의 목적외 사용금지) 법인회계 및 시설회계의 예산은 세출예산이 정한 목적 외에 이를 사용하지 못한다.

제16조(예산의 전용) ① 법인의 대표이사 및 시설의 장은 관·항·목 간의 예산을 전용할 수 있다. 다만, 법인 및 시설(소규모 시설은 제외한다)의 관 간 전용 또는 동일 관내의 항 간 전용을 하려면 이사회의 의결 또는 시설운영위원회에의 보고를 거쳐야 하되, 법인이 설치·

운영하는 시설인 경우에는 시설운영위원회에 보고한 후 법인 이사회의 의결을 거쳐야 한다. <개정 1998. 1. 7., 2012. 8. 7.>

② 제1항에도 불구하고 예산총칙에서 전용을 제한하고 있거나 이사회 및 시설 예산심의 과정에서 삭감한 관·항·목으로는 전용하여서는 아니 되며, 노인장기요양기관의 장은 예산을 전용하는 때에는 「노인장기요양보험법」 제38조제4항에 따라 장기요양급여비용 중 그 일부를 보건복지부장관이 정하여 고시하는 비율에 따라 인건비로 편성하여야 한다. <신설 2012. 8. 7., 2018. 3. 30.>

③ 법인의 대표이사 및 시설의 장은 제1항에 따라 관·항 간 예산을 전용한 경우에는 관할 시장·군수·구청장에게 제19조 및 제20조에 따른 결산보고서를 제출할 때에 과목 전용조서를 첨부하여야 한다. <개정 2012. 8. 7.>

제17조(세출예산의 이월) 법인의 대표이사 및 시설의 장은 법인회계와 시설회계의 세출예산 중 경비의 성질상 당해회계연도 안에 지출을 마치지 못할 것으로 예측되는 경비와 연도 내에 지출원인행위를 하고 불가피한 사유로 인하여 연도 내에 지출하지 못한 경비를 각각 이사회의 의결 및 시설운영위원회에의 보고를 거쳐 다음 연도에 이월하여 사용할 수 있다. 다만, 법인이 설치·운영하는 시설인 경우에는 시설운영위원회에 사전 보고한 후 법인 이사회의 의결을 거쳐야 한다. <개정 1998. 1. 7., 2012. 8. 7.>

제18조(특정목적사업 예산) ① 법인의 대표이사 및 시설의 장은 완성에 수년을 요하는 공사나 제조 그밖의 특수한 사업을 위하여 2회계연도 이상에 걸쳐서 그 재원을 적립할 필요가 있는 때에는 회계연도마다 일정액을 예산에 계상하여 특정목적사업을 위한 적립금으로 적립할 수 있다. <개정 2012. 8. 7., 2017. 2. 14.>

② 적립금의 적립 및 사용 계획(변경된 계획을 포함한다)은 시장·군수·구청장에게 사전에 보고하여야 한다. <신설 2012. 8. 7.>

③ 적립금은 그 적립목적에만 사용해야 한다. 다만, 노인장기요양기관의 경우 「재난 및 안전관리 기본법」 제14조제1항에 따른 대규모 재난으로 인하여 인건비 지급이 어려운 경우로서 보건복지부장관이 정하는 기준에 해당하는 때에는 관할 시장·군수·구청장의 승인을 받아 한시적으로 인건비로 사용할 수 있다. <개정 2021. 9. 30.>

④ 시장·군수·구청장은 법인 및 시설의 재정 상태 등을 고려하여 적립금의 적립 여부, 규모 및 적립기간 등에 관하여 필요한 조치를 할 수 있다. <신설 2012. 8. 7.>

제2절 결산

제19조(결산서의 작성 제출) ① 법인의 대표이사 및 시설의 장은 법인회계와 시설회계의 세

입·세출 결산보고서를 작성하여 각각 이사회의 의결 및 시설운영위원회에의 보고를 거친 후 다음 연도 3월 31일까지(「영유아보육법」 제2조에 따른 어린이집의 경우에는 5월 31일까지를 말한다) 시장·군수·구청장에게 제출(「사회복지사업법」 제6조의2제2항에 따른 정보시스템을 활용한 제출을 포함한다)하여야 한다. 다만, 법인이 설치·운영하는 시설인 경우에는 시설운영위원회에 보고한 후 법인 이사회의 의결을 거쳐 제출하여야 한다. <개정 2012. 8. 7., 2015. 12. 24.>

② 시장·군수·구청장은 제1항에 따라 결산보고서를 제출받은 때에는 20일 이내에 법인 및 시설의 세입·세출결산서를 시·군·구의 게시판과 인터넷 홈페이지에 20일 이상 공고하고, 법인의 대표이사 및 시설의 장으로 하여금 해당 법인 및 시설의 게시판과 인터넷 홈페이지에 20일 이상 공고하도록 하여야 한다. <신설 1998. 1. 7., 2009. 2. 5., 2012. 8. 7.>

③ 제2항에 따른 공고는 「사회복지사업법」 제6조의2제2항에 따른 정보시스템에 게시하거나 「영유아보육법」 제49조의2제1항에 따라 공시하는 것으로 갈음할 수 있다. <개정 2015. 12. 24.>

제20조(결산보고서에 첨부해야 할 서류) ① 결산보고서에는 다음 각호의 서류가 첨부되어야 한다. 다만, 단식부기로 회계를 처리하는 경우에는 제1호부터 제3호까지 및 제14호부터 제23호까지의 서류만을 첨부할 수 있고, 소규모 시설의 경우에는 제1호 및 제17호의 서류(노인장기요양기관의 경우에는 제1호부터 제3호까지 및 제16호부터 제21호까지의 서류)만을 첨부할 수 있으며, 「영유아보육법」 제2조에 따른 어린이집은 보건복지부장관이 정하는 바에 따른다. <개정 1993. 12. 27., 1998. 1. 7., 2012. 8. 7., 2015. 12. 24., 2019. 9. 27., 2020. 1. 7.>

1. 세입·세출결산서 2. 과목 전용조서 3. 예비비 사용조서 4. 재무상태표 5. 수지계산서
6. 현금 및 예금명세서 7. 유가증권명세서 8. 미수금명세서 9. 재고자산명세서
10. 그밖의 유동자산명세서(제6호부터 제9호까지의 유동자산 외의 유동자산을 말한다)
11. 고정자산(토지·건물·차량운반구·비품·전화가입권)명세서
12. 부채명세서(차입금·미지급금을 포함한다) 13. 각종 충당금 명세서
14. 기본재산수입명세서(법인만 해당한다) 15. 사업수입명세서
16. 정부보조금명세서 17. 후원금수입 및 사용결과보고서(전산파일을 포함한다)
18. 후원금전용계좌의 입출금내역 19. 인건비명세서 20. 사업비명세서
21. 그밖의 비용명세서(인건비 및 사업비를 제외한 비용을 말한다)
22. 감사보고서 23. 법인세 신고서(수익사업이 있는 경우만 해당한다)

② 제1항제1호부터 제3호까지의 서류는 별지 제5호서식·별지 제5호의2서식부터 별지 제

5호의4서식까지 · 별지 제6호서식 및 별지 제7호서식에 따르고, 제1항제4호 및 제5호의 서류는 별지 제2호서식 및 별지 제3호서식에 따르며, 제6호부터 제17호까지의 서류는 별지 제8호서식부터 별지 제19호서식까지에 따르고, 제19호부터 제22호까지의 서류는 별지 제20호서식부터 별지 제23호서식까지에 따른다. 다만, 노인장기요양기관의 장이 첨부해야 하는 제1항제19호의 인건비명세서는 별지 제4호의2서식에 따른다. <개정 2005. 7. 15., 2012. 8. 7., 2018. 3. 30., 2020. 1. 7.>

[제목개정 2020. 1. 7.]

제3장 회계

제1절 총칙

제21조(수입 및 지출사무의 관리) ① 법인의 대표이사와 시설의 장은 법인과 시설의 수입 및 지출에 관한 사무를 관리한다.

② 법인의 대표이사와 시설의 장은 수입 및 지출원인행위에 관한 사무를 각각 소속직원에게 위임할 수 있다.

제22조(수입과 지출의 집행기관) ① 법인과 시설에는 수입과 지출의 현금출납업무를 담당하게 하기 위하여 각각 수입원과 지출원을 둔다. 다만, 법인 또는 시설의 규모가 소규모인 경우에는 수입원과 지출원을 동일인으로 할 수 있다.

② 제1항의 수입원과 지출원은 각각 그 법인의 대표이사와 시설의 장이 임면한다.

제23조(회계의 방법) 회계는 단식부기에 의한다. 다만, 법인회계와 수익사업회계에 있어서 복식부기의 필요가 있는 경우에는 복식부기에 의한다.

[전문개정 1993. 12. 27.]

제24조(장부의 종류) ① 법인 및 시설에는 다음의 회계장부를 둔다. <개정 1998. 1. 7.>

1. 현금출납부 2. 총계정원장 3. 삭제 <2012. 8. 7.> 4. 재산대장 5. 비품관리대장

② 노인장기요양기관의 장이 제10조에 따른 예산을 기한 내에 제출하지 않은 경우에는 제1항제1호 및 제2호에 따른 회계장부(해당 회계연도 1월부터 6월까지의 회계장부를 말한다)를 해당 회계연도 8월 15일까지 시장·군수·구청장에게 정보시스템을 사용하여 제출해야 한다. <신설 2018. 3. 30., 2020. 1. 7.>

③ 노인장기요양기관의 장이 제19조에 따른 결산보고서를 기한 내에 제출하지 않은 경우에는 제1항제1호 및 제2호에 따른 회계장부(해당 회계연도의 다음 연도 1월부터 6월까지의 회계장부를 말한다)를 해당 회계연도의 다음 연도 8월 15일까지 시장·군수·구청장에게 정보시스템을 사용하여 제출해야 한다. <신설 2020. 1. 7.>

④ 제1항제1호부터 제5호까지의 규정에 따른 회계장부는 별지 제24호서식, 별지 제24호의2서식, 별지 제25호서식, 별지 제25호의2서식 및 별지 제26호서식부터 별지 제28호서식까지에 따른다. <개정 2009. 2. 5., 2018. 3. 30., 2020. 1. 7.>

제2절 수입

제25조(수입금의 수납) ① 모든 수입금의 수납은 이를 금융기관에 취급시키는 경우를 제외하고는 수입원이 아니면 수납하지 못한다.

② 수입원이 수납한 수입금은 그다음 날까지 금융기관에 예입하여야 한다. <개정 1998. 1. 7.>

③ 제1항 및 제2항의 규정에 의한 수입금에 대한 금융기관의 거래통장은 제6조의 규정에 의한 회계별로 구분될 수 있도록 보관·관리하여야 한다. <신설 1998. 1. 7.>

제26조(과년도 수입과 반납금 여입) ① 출납이 완결한 연도에 속하는 수입 기타 예산 외의 수입은 모두 현 연도의 세입에 편입하여야 한다.

② 지출된 세출의 반납금은 각각 지출한 세출의 당해과목에 다시 넣을 수 있다. <개정 2019. 9. 27.>

제27조(과오납의 반환) 과오납된 수입금은 수입한 세입에서 직접 반환한다.

제3절 지출

제28조(지출의 원칙) ① 지출은 제21조의 규정에 의한 지출사무를 관리하는 자 및 그 위임을 받아 지출명령이 있는 것에 한하여 지출원이 행한다.

② 제1항의 지출명령은 예산의 범위 안에서 하여야 한다.

제29조(지출의 방법) ① 지출은 상용의 경비 또는 소액의 경비지출을 제외하고는 예금통장에 의하거나 「전자문서 및 전자거래 기본법」 제2조제5호에 따른 전자거래로 행하여야 한다. 다만, 시설에 지원되는 국가 또는 지방자치단체의 보조금 지출은 보조금 결제 전용카드나 전용계좌를 이용하여야 한다. <개정 2009. 2. 5., 2012. 8. 7., 2012. 8. 31., 2015. 12. 24.>

② 제1항에도 불구하고 지출원은 상용의 경비 또는 소액의 경비를 지출할 수 있으며, 이를 위하여 100만 원 이하의 현금을 보관할 수 있다. <개정 2009. 2. 5., 2012. 8. 7.>

③ 제1항 및 제2항에 따른 상용의 경비 또는 소액의 경비지출의 범위는 시·도지사가 정할 수 있다. <신설 2012. 8. 7.>

제30조(지출의 특례) ① 선금지급할 수 있는 경비의 범위는 다음과 같다. <개정 2009. 2. 5., 2019. 9. 27.>

1. 외국에서 직접 구입하는 기계, 도서, 표본 또는 실험용재료의 대가

2. 정기간행물의 대가 3. 토지 또는 가옥의 임대료와 용선료 4. 운임

5. 소속직원 중 특별한 사정이 있는 자에 대하여 지급하는 급여의 일부

6. 관공서(「공공기관의 운영에 관한 법률」에 따른 공공기관 및 특별법에 의하여 설립된 특수법인을 포함한다)에 대하여 지급하는 경비

7. 외국에서 연구 또는 조사에 종사하는 자에 대하여 지급하는 경비 8. 보조금 9. 사례금

10. 계약금액이 1천만 원 이상인 공사나 제조 또는 물건의 매입을 하는 경우에 계약금액의 100분의 50을 초과하지 아니하는 금액

② 추산지급할 수 있는 경비의 범위는 다음과 같다. <개정 2009. 2. 5., 2019. 9. 27.>

1. 여비 및 판공비

2. 관공서(「공공기관의 운영에 관한 법률」에 따른 공공기관 및 특별법에 의하여 설립된 특수법인을 포함한다)에 대하여 지급하는 경비

3. 보조금 4. 소송비용

제4절 계약

제30조의2(계약의 원칙) 계약에 관한 사항은 「지방자치단체를 당사자로 하는 계약에 관한 법률」, 같은 법 시행령 및 같은 법 시행규칙을 준용한다. 다만, 국가·지방자치단체·법인 외의 자가 설치·운영하는 시설의 경우에는 그러하지 아니하다. <개정 2012. 8. 7., 2015. 12. 24.>

[전문개정 2009. 2. 5.]

제31조(계약담당자) ① 계약에 관한 사무는 각각 그 법인의 대표이사와 시설의 장이 처리한다.

② 법인의 대표이사와 시설의 장은 계약체결에 관한 사무를 소속직원에게 위임할 수 있다.

제32조 삭제 <2009. 2. 5.> **제33조** 삭제 <2009. 2. 5.> **제34조** 삭제 <2009. 2. 5.>

제35조 삭제 <2009. 2. 5.> **제36조** 삭제 <2009. 2. 5.> **제37조** 삭제 <2009. 2. 5.>

제37조의2 삭제 <2009. 2. 5.>

제4장 물품

제38조(물품의 관리자와 출납원) ① 법인의 대표이사와 시설의 장은 그 소관에 속하는 물품(현금 및 유가증권을 제외한 동산을 말한다. 이하 같다)을 관리한다. <개정 1998. 1. 7.>

② 법인의 대표이사와 시설의 장은 그 소관에 속하는 물품관리에 관한 사무를 소속직원에게 위임할 수 있다.

③ 법인의 대표이사와 시설의 장(제2항의 규정에 의하여 위임을 받은 자를 포함한다. 이

하 "물품관리자"라 한다)은 물품의 출납보관을 위하여 소속직원 중에서 물품출납원을 지정하여야 한다.

제39조(물품의 관리의무) 물품관리자 및 물품출납원은 선량한 관리자의 주의로써 사무에 종사하여야 한다.

제40조(물품의 관리) ① 물품관리자는 물품을 출납하게 하고자 할 때에는 물품출납원에게 출납하여야 할 물품의 분류를 명백히 하여 그 출납을 명령하여야 한다.

② 물품출납원은 제1항의 규정에 의한 명령이 없이는 물품을 출납할 수 없다.

제40조의2(재물조사) 법인의 대표이사와 시설의 장은 연 1회 그 관리에 속하는 물품에 대하여 정기적으로 재물조사를 실시하여야 하며, 필요하다고 인정하는 때에는 정기재물조사 외에 수시로 재물조사를 할 수 있다.

[본조신설 1998. 1. 7.]

제41조(불용품의 처리) ① 법인과 시설의 물품관리자는 물품 중 그 사용이 불가능하거나 수리하여 다시 사용할 수 없게 된 물품이 있을 때에는 그 물품에 대하여 불용의 결정을 하여야 한다.

② 제1항의 규정에 의한 불용품을 매각한 경우 그 대금은 당해법인 또는 시설의 세입예산에 편입시켜야 한다.

제4장의2 후원금의 관리 〈신설 1998. 1. 7.〉

제41조의2(후원금의 범위등) ① 법인의 대표이사와 시설의 장은 「사회복지사업법」 제45조에 따른 후원금의 수입·지출 내용과 관리에 명확성이 확보되도록 하여야 한다. 시설거주자가 받은 개인결연후원금을 당해인이 정신질환 기타 이에 준하는 사유로 관리능력이 없어 시설의 장이 이를 관리하게 되는 경우에도 또한 같다. <개정 1999. 3. 11., 2012. 8. 7.>

② 삭제 <1999. 3. 11.>

[본조신설 1998. 1. 7.]

제41조의3 삭제 <1999. 3. 11.>

제41조의4(후원금의 영수증 발급 등) ① 법인의 대표이사와 시설의 장은 후원금을 받은 때에는 「소득세법 시행규칙」 제101조제20호의2에 따른 기부금영수증 서식 또는 「법인세법 시행규칙」 제82조제7항제3호의3에 따른 기부금영수증 서식에 따라 후원금 영수증을 발급하여야 하며, 영수증 발급목록을 별도의 장부로 작성·비치하여야 한다. <개정 2009. 2. 5., 2012. 8. 7.>

② 법인의 대표이사와 시설의 장은 금융기관 또는 체신관서의 계좌입금을 통하여 후원금

을 받은 때에는 법인명의의 후원금전용계좌나 시설의 명칭이 부기된 시설장 명의의 계좌(이하 "후원금전용계좌등"이라 한다)를 사용하여야 한다. 이 경우 후원자가 영수증 발급을 원하는 경우를 제외하고는 제1항에 따른 영수증의 발급을 생략할 수 있다. <개정 2009. 2. 5.>

③ 법인의 대표이사 및 시설의 장은 후원금을 받을 때에는 각각의 법인 및 시설별로 후원금전용계좌등을 구분하여 사용하여야 하며, 미리 후원자에게 후원금전용계좌등의 구분에 관한 사항을 안내하여야 한다. <신설 2012. 8. 7.>

④ 모든 후원금의 수입 및 지출은 후원금전용계좌등을 통하여 처리하여야 한다. 다만, 물품 형태의 후원금은 그러하지 아니하다. <신설 2012. 8. 7.>

[전문개정 2005. 7. 15.] [제목개정 2009. 2. 5.]

제41조의5(후원금의 수입 및 사용내용통보) 법인의 대표이사와 시설의 장은 연 1회 이상 해당 후원금의 수입 및 사용내용을 후원금을 낸 법인·단체 또는 개인에게 통보하여야 한다. 이 경우 법인이 발행하는 정기간행물 또는 홍보지 등을 이용하여 일괄 통보할 수 있다.

[본조신설 1998. 1. 7.]

제41조의6(후원금의 수입 · 사용결과 보고 및 공개) ① 법인의 대표이사와 시설의 장은 제19조 및 제20조에 따른 결산보고서를 제출할 때에 별지 제19호서식에 따른 후원금수입 및 사용결과보고서(전산파일을 포함한다)를 관할 시장·군수·구청장에게 제출(「사회복지사업법」 제6조의2제2항에 따른 정보시스템을 활용한 제출을 포함한다)하여야 한다. <개정 2005. 7. 15., 2009. 2. 5., 2012. 8. 7., 2015. 12. 24.>

② 시장·군수·구청장은 제1항에 따라 제출받은 후원금수입 및 사용결과보고서를 제출받은 날부터 20일 이내에 인터넷 등을 통하여 3개월 동안 공개하여야 하며, 법인의 대표이사 및 시설의 장은 해당 법인 및 시설의 게시판과 인터넷 홈페이지에 같은 기간 동안 공개하여야 한다. 다만, 후원자의 성명(법인 등의 경우는 그 명칭)은 공개하지 아니한다. <신설 2005. 7. 15., 2009. 2. 5., 2012. 8. 7., 2015. 12. 24.>

③ 제2항에 따른 공개는「사회복지사업법」제6조의2제2항에 따른 정보시스템에 게시하는 것으로 갈음할 수 있다. <신설 2015. 12. 24.>

[본조신설 1998. 1. 7.] [제목개정 2005. 7. 15.]

제41조의7(후원금의 용도외 사용금지) ① 법인의 대표이사와 시설의 장은 후원금을 후원자가 지정한 사용용도 외의 용도로 사용하지 못한다.

② 보건복지부장관은 후원자가 사용용도를 지정하지 아니한 후원금에 대하여 그 사용기

준을 정할 수 있다. <신설 2012. 8. 7.>

③ 후원금의 수입 및 지출은 제10조의 규정에 의한 예산의 편성 및 확정절차에 따라 세입·세출예산에 편성하여 사용하여야 한다. <개정 2012. 8. 7.>

[본조신설 1998. 1. 7.]

제5장 감사

제42조(감사) ① 법인의 감사는 당해법인과 시설에 대하여 매년 1회 이상 감사를 실시하여야 한다.

② 법인의 대표이사는 시설의 장과 수입원 및 지출원이 사망하거나 경질된 때에는 그 관장에 속하는 수입, 지출, 재산, 물품 및 현금 등의 관리상황을 감사로 하여금 감사하게 하여야 한다.

③ 제2항에 따른 감사를 실시할 때에는 전임자가 참관해야 하며, 전임자가 참관할 수 없으면 관계 직원 중에서 전임자의 전임자나 법인의 대표이사가 지정한 사람이 참관해야 한다. <개정 2019. 9. 27.>

④ 감사는 제1항 내지 제3항의 규정에 의하여 감사를 한 때는 감사보고서를 작성하여 당해법인의 이사회에 보고하여야 하며, 재산상황 또는 업무집행에 관하여 부정 또는 불비한 점이 발견된 때에는 시장·군수·구청장에게 보고하여야 한다.

⑤ 제4항의 감사보고서에는 감사가 서명 또는 날인하여야 한다. <개정 1998. 1. 7.>

제42조의2(회계감사) ① 시·도지사 또는 시장·군수·구청장은 법인 및 시설이 다음 각호의 어느 하나에 해당하는 경우 회계감사를 실시할 수 있다.

1.「사회복지사업법」 제40조제1항제4호에 따른 회계부정이나 불법행위 또는 그밖의 부당행위 등이 발견된 경우
2.「사회복지사업법」 제42조제3항제1호에 따라 거짓이나 그밖의 부정한 방법으로 보조금을 받은 경우
3.「사회복지사업법」 제42조제3항제2호에 따라 사업 목적 외의 용도에 보조금을 사용한 경우
4.「사회복지사업법」 또는「사회복지사업법」에 따른 명령을 위반한 경우
5. 제42조제4항에 따라 감사가 시장·군수·구청장에게 보고한 경우

② 제1항에서 규정한 사항 외에 공인회계사 또는 감사인의 추천 등 회계감사의 실시와 관련하여 필요한 사항은 해당 지방자치단체의 조례로 정한다.

[본조신설 2019. 6. 12.]

> 第6장 보칙
>
> 第43조(사무의 인계 · 인수) ① 회계사무를 담당하는 직원이 교체된 때에는 당해사무의 인계·인수는 발령일로부터 5일 이내에 행하여져야 한다. <개정 2012. 8. 7.>
>
> ② 인계자는 인계할 장부와 증빙서류 등의 목록을 각각 3부씩 작성하여 인계·인수자가 각각 서명 또는 날인한 후 각각 1부씩 보관하고, 1부는 이를 예금잔고증명과 함께 인계·인수보고서에 첨부하여 법인의 대표이사 및 시설의 장에게 제출하여야 한다. 이 경우 법인이 설치·운영하는 시설에 있어서는 시설의 장을 거쳐 제출하여야 한다. <개정 2012. 8. 7., 2015. 12. 24.>
>
> 第44조(시행세칙) 이 규칙의 시행을 위하여 필요한 세부사항은 보건복지부장관이 정한다. <개정 1998. 1. 7., 2008. 3. 3., 2010. 3. 19.>
>
> 第45조 삭제 <2018. 12. 28.>
>
> 부　　칙 <보건복지부령 제928호, 2022. 12. 28.>
>
> 이 규칙은 2023년 1월 1일부터 시행한다.

2. 장기요양기관 재무 · 회계 규칙

「장기요양기관 재무 · 회계 규칙」은 「노인장기요양보험법」 제35조의2에 따라 장기요양기관의 재무 · 회계에 관한 사항을 규정하여 재무 · 회계의 명확성 · 공정성 · 투명성을 기함으로써 장기요양기관의 합리적인 운영에 기여함을 목적으로 운영되고 있다.

3 법인 · 시설 관리안내(행정지침)

1. 법인 및 시설 관리안내

「사회복지법인 및 사회복지시설 재무 · 회계 규칙」 제44조에 "이 규칙의 시행을 위하여 필요한 세부사항은 보건복지부장관이 정한다."라고 규정하고 있어 보건복지부장관이 매년 제(개)정하고 있는 업무 편람(지침)이 「사회복지법인 관리안내」와 「사회복지시설 관리안내」이다.

관련 법령

「사회복지법인 및 사회복지시설 재무 · 회계 규칙」

제44조(시행세칙) 이 규칙의 시행을 위하여 필요한 세부사항은 보건복지부장관이 정한다. <개정 1998. 1. 7., 2008. 3. 3., 2010. 3. 19.>

「사회복지법인 관리안내」의 알리는 글에서 "이 편람은 사회복지법인 업무를 담당하고 있는 시·도 및 시·군·구 공무원과 법인의 실무자가 관련 법령 및 사업의 내용을 정확하게 이해하는 데 도움을 줌으로써 관련 업무를 효율적으로 처리하는 데 도움이 되도록 법인의 설립허가 및 관리·운영 등에 관하여 안내하는 지침서로 규정하고 있다.

「사회복지시설 관리안내」의 알리는 글에서 "이 지침은 보건복지부 소관 사회복지시설을 관리·감독하는 시·군·구 시설담당공무원의 업무편의를 위해 작성한 것으로, 사회복지시설 운영과 관련된 가장 기본적인 공통사항만을 간추려 작성했습니다. 그러므로 보다 상세한 정보가 필요하실 경우에는 「사회복지사업법」, 시설 관련 개별 법령 및 사업안내를 참고하시기 바랍니다."라고 각각 안내를 하고 있다.

2. 종사자 인건비 가이드라인

국가와 지방자치단체는 사회복지사 등의 보수가 사회복지전담공무원의 보수수준에 도달하도록 노력하여야 하며, 제3항에서 국가는 사회복지사 등의 적정 인건비에 관한 기준을 마련하여야 하며, 지방자치단체는 해당 기준을 준수하기 위하여 노력하여야 한다.

보건복지부장관은 실태조사 결과에 따른 사회복지사 등의 보수수준과 「사회보장급여의 이용·제공 및 수급권자 발굴에 관한 법률」 제43조에 따른 사회복지전담공무원의 보수수준을 비교하여 사회복지사 등의 보수수준에 관한 권고기준을 정할 수 있도록 규정하고 있다(「사회복지사 등의 처우 및 지위 향상을 위한 법률 시행령」 제3조 및 제4조).

이에 보건복지부에서는 매년「사회복지시설 종사자 인건비 가이드라인」을 마련하여 홈페이지에 게시하고 있으며, 사회복지시설 종사자 인건비 가이드라인 적용대상은「사회복지사업법」제2조에 따라 사회복지사업을 행할 목적으로 설립된 사회복지시설이다.「영유아보육법」에 따른 어린이집과「노인장기요양보험법」에 따른 노인의료복지시설과 재가노인복지시설은 제외된다. 국고지원 시설과 지방이양 시설 모두 포함하되, 세부기준은 개별사업지침 등을 참고로 시설이「근로기준법」등의 노동관계 법령을 준수하여야 한다.

3. 장기요양급여 제공기준 등(고시)

「노인장기요양보험법」제38조제6항에 따라 장기요양급여비용 중 그 일부를 보건복지부장관이 정하여 고시하는 비율에 따라 인건비로 편성해야 한다. 보건복지부장관이 정한 고시가「장기요양급여 제공기준 및 급여비용 산정방법 등에 관한 고시」이다.

4 법인 정관 및 운영 규정

1. 법인 정관

가. 사회복지법인(재단법인)

「사회복지사업법」제17조제1항에서 사회복지법인의 정관에는 i) 목적, ii) 명칭, iii) 주된 사무소의 소재지, iv) 사업의 종류, v) 자산 및 회계에 관한 사항, vi) 임원의 임면(任免) 등에 관한 사항, vii) 회의에 관한 사항, viii) 수익(收益)을 목적으로 하는 사업이 있는 경우 그에 관한 사항, ix) 정관의 변경에 관한 사항, x) 존립시기와 해산사유를 정한 경우에는 그 시기와 사유 및 남은 재산의 처리방법, xi) 공고 및 공고방법에 관한 사항이 포함되도록 규정하고 있다. 특히, 사회복지법인 자산 및 회계에 관한 사항을 모두 정관에 담기에는 한계가 있어 일반적으로 정관에서는 기본적인 운영방향을 정하고 규정으로 제정토록 위임하고 있다.

다음은 사회복지법인 나사함복지재단 재무·회계와 관련한 정관의 조문이다.

사회복지법인 나사함복지재단 정관

제5조(자산구분) ① 이 법인의 자산은 기본재산과 보통재산으로 구분하되, 기본재산은 목적사업용 기본재산과 수익용 기본재산으로 구분하여 관리한다.

② 기본재산은 다음 각호의 재산으로 하며, 평가가액에 변동이 있을 때는 정관변경 신고 허가를 받는다.

1. '별지 1'의 기본재산 목록에 기재된 재산
2. 이사회의 결의에 의하여 기본재산에 편입된 재산

③ 기본재산 이외의 모든 재산은 보통재산으로 한다.

제6조(자산의 관리) ① 기본재산을 매도, 증여, 교환, 임대 또는 담보에 제공하거나 그밖의 권리의 포기, 의무의 부담 등의 처분을 하고자 하는 때에는 이사회의 의결을 거쳐 주무관청의 사전 허가를 얻어야 한다.

② 법인이 매수, 기부채납, 후원 등의 방법으로 재산을 취득한 때는 지체 없이 이를 법인재산으로 편입 조치하여야 한다.

③ 기본재산과 보통재산의 운영과 관리에 관하여는 법령과 이 정관에 따로 정한 경우를 제외하고는 별도의 규정이 정하는 바에 의한다.

제7조(경비와 유지방법) 이 법인의 운영비는 기본재산에서 발생하는 과실, 수익사업의 수익금, 기부금과 그밖의 수입으로 충당한다.

제8조(회계의 구분) ① 이 법인의 회계는 법인에 속하는 법인 일반회계와 시설 운영에 필요한 시설회계, 수익사업에 속하는 수익사업회계, 복지시설 운영에 속하는 시설회계 및 기타 특별회계로 구분한다.

② 법인, 일반회계 및 수익사업 회계는 대표이사가 집행하고, 시설회계는 그 시설의 장이 각각 집행한다.

제9조(회계의 처리) 이 법인의 회계처리는 「사회복지사업법」, 「사회복지법인 및 사회복지시설 재무·회계 규칙」 및 관계 법규에서 따로 정한 경우를 제외하고는 별도의 규정이 정하는 바에 따른다.

제10조(회계연도) 이 법인의 회계연도는 정부의 회계연도에 따른다.

제11조(사업계획 및 예산) 이 법인의 매 회계연도의 사업계획 및 예산은 대표이사가 작성하여 매 회계연도 5일 전까지 이사회의 의결을 거쳐 「사회복지법인 및 사회복지시설 재무·회

계 규칙」이 정하는 서류를 첨부하여 주무관청에 제출한다.

제12조(사업실적 및 결산) 이 법인의 매 회계연도의 사업실적 및 결산은 다음 연도 3월 31일까지 대표이사가 작성하여 감사의 감사를 거친 후 이사회의 승인을 얻어 「사회복지법인 및 사회복지시설 재무회계 규칙」이 정하는 서류를 첨부하여 주무관청에 제출하여야 한다.

제13조(잉여금의 처리) 이 법인의 매 회계연도 결산 잉여금은 차입금 상환 또는 다음 회계연도에 이월 사용하는 것을 원칙으로 하되 이사회의 결의에 의하여 사회복지 관련 사업을 위한 기금으로 적립할 수 있다.

제14조(예산외의 채무부담) 수지 예산으로 정한 것 이외의 의무부담 또는 권리의 포기는 이사회의 의결을 거쳐야 한다.

제25조(의결사항) 이사회는 다음 사항을 심의·의결한다.

5. 사업계획·실적 및 예산·결산에 관한 사항
6. 재산의 취득·처분 및 관리에 관한 사항

제34조(후원회 구성) ① 이 법인 운영의 활성화를 위하여 후원회를 구성한다.

② 후원회의 구성 및 운영에 관한 사항은 별도의 규정으로 정한다.

출처: 사회복지법인 나사함복지재단 홈페이지(http://www.nshwf.or.kr): 법인소개 > 법인 정관·규정

나. 공익법인(사단·재단법인)

「공익법인의 설립·운영에 관한 법률」 제3조에서 공익법인은 정관에 ⅰ) 목적, ⅱ) 명칭, ⅲ) 사무소의 소재지, ⅳ) 설립 당시의 자산의 종류·상태 및 평가액, ⅴ) 자산의 관리방법과 회계에 관한 사항, ⅵ) 이사 및 감사의 정수(定數)·임기 및 그 임면(任免)에 관한 사항, ⅶ) 이사의 결의권 행사 및 대표권에 관한 사항, ⅷ) 정관의 변경에 관한 사항, ⅸ) 공고 및 공고 방법에 관한 사항, ⅹ) 존립시기와 해산사유를 정한 경우에는 그 시기와 사유 및 잔여재산의 처리방법, ⅺ) 업무감사와 회계검사에 관한 사항을 적도록 규정하고 있으며, 「공익법인의 설립·운영에 관한 법률 시행령」에서 공익법인은 「공익법인의 설립·운영에 관한 법률」 제3조에서 정한 것 외에 ⅰ) 사업에 관한 사항, ⅱ) 사단법인인 경우에는 사원 및 사원총회에 관한 사항, ⅲ) 기타 공익법인의 운영에 관한 기본적 사항을 적도록 규정하고 있으며, 특히 사업에 관한 사항은 구체적으로 명확하게 정하여야 한다.

다. 민법법인(사단·재단법인)

「민법」 제40조에서 사단법인의 설립자는 ⅰ) 목적, ⅱ) 명칭, ⅲ) 사무소의 소재지, ⅳ) 자산에 관한 규정, ⅴ) 이사의 임면에 관한 규정, ⅵ) 사원 자격의 득실에 관한 규정, ⅶ) 존립시기나 해산사유를 정하는 때에는 그 시기 또는 사유를 기재한 정관을 작성하여 기명날인하여야 하며, 제43조에서 재단법인의 설립자는 일정한 재산을 출연하고 ⅰ) 목적, ⅱ) 명칭, ⅲ) 사무소의 소재지, ⅳ) 자산에 관한 규정, ⅴ) 이사의 임면에 관한 규정을 기재한 정관을 작성하여 기명날인하도록 하고 있다.

2. 재무·회계·세무 관리규정

비영리법인 운영 규정은 정관의 위임에 따라 규정(안)을 마련하여 이사회(사단법인일 경우에는 사원총회) 심의·의결을 받은 비영리법인의 규범으로, 비영리법인의 성격, 설립 목적, 사업의 종류 등에 맞게 운영 규정을 제정하여야 한다. 운영규정은 지방자치단체의 조례와 같은 성격을 가지고 있다. 규정 시행내규는 정관 또는 운영 규정의 위임에 따라 시행내규(안)을 마련하여 법인의 대표이사(또는 시설의 장)가 결재한 비영리법인의 규범으로 반드시 있어야 하는 것은 아니다.

따라서 비영리법인에서 고정적·반복적·지속적 업무에 대해서는 규정으로 제정하되, 규정 제정 시 ⅰ) 상위 법령과 자치법규 조문에 있는 내용은 법령 등 조명칭만 담고, ⅱ) 내용을 보다 구체적으로 하며, ⅲ) 세부적인 사항은 법인의 대표이사 및 시설의 장이 계획, 지침 등의 형태로 운영하는 것이 효율적이다 할 것이다.

가. 재무·회계·세무 관리규정

비영리법인·시설 운영에 있어 재무·회계·세무 관리가 가장 중요하다 할 것이다. 재무·회계·세무 관리 업무는 법령 등에서 시기, 절차, 위반 시 처벌 등이 따르기 때문에 「재무·회계·세무 관리에 관한 규정」을 마련하며 매뉴얼처럼 활용하면 업무를 보다 효율적으로 처리하면 될 것이다.

다음은 비영리법인·시설 재무·회계·세무 운영 관련 규정인 「사회복지법인 나사함복지재단 재무·회계 및 세무 관리에 관한 규정」이다.

사회복지법인 나사함복지재단 재무·회계·세무 및 자산관리에 관한 규정

제정 2024. 3. 7.

제1장 총칙

제1조(목적) 이 규정은 사회복지법인 나사함복지재단 및 사회복지시설의 재무·회계·세무 등 관리와, 후원금관리 및 회계감사의 명확성·공정성·투명성을 기함으로써 합리적인 운영에 기여함을 목적으로 한다.

제2조(운영의 기본원칙) 사회복지법인 나사함복지재단(이하 "법인"이라 한다.) 및 사회복지시설(이하 "시설"이라 한다) 재무·회계는 그 설립목적에 따라 건전하게 운영되어야 한다.

제3조(다른 법령과의 관계) 법인 및 시설의 재무 및 회계 처리에 관하여 「사회복지사업법」 및 「사회복지법인·사회복지시설 재무·회계 규칙」, 「지방재정법」, 「지방회계법」, 「지방자치단체 보조금 관리에 관한 법률」 등 법령, 「사회복지법인 관리안내」 및 「사회시설 관리안내」 등 행정규칙에 특별한 규정이 있는 경우를 제외하고는 이 규정이 정하는 바에 따른다.

제4조(회계연도와 구분) ① 법인 및 시설의 회계연도는 정부의 회계연도인 매년 1월 1일에 시작하여 12월 31일에 종료한다.

② 1회계연도에 속하는 법인 및 시설의 세입·세출의 출납은 회계연도가 끝나는 날까지 완결하여야 한다.

제5조(정보통신매체에 의한 재무·회계처리) ① 법인 및 시설의 재무·회계는 컴퓨터 회계프로그램인 사회복지시설정보시스템 및 사회보장정보시스템(희망이음)으로 처리하여야 한다.

② 제1항에 따른 정보통신매체에 의하여 전자장부를 사용하는 경우에는 「사회복지법인 및 사회복지시설 재무·회계 규칙」 제24조에 따른 회계장부를 둔 것으로 본다.

제2장 예산

제6조(세입·세출의 정의) ① 1회계연도의 모든 수입을 세입으로 하고, 모든 지출을 세출로 한다. 세입과 세출은 모두 예산에 계상하여야 한다.

② 임대차 계약 보증금, 임·직원 소득세(지방소득세 포함) 원천징수액, 사회보험 근로자부담 원천징수액 및 사용자부담금 등 일시적 보관을 위하는 경우에는 세입세출외현금으로 관리한다.

제7조(예산의 편성 및 결정) ① 법인의 대표이사는 제2조의 취지에 맞게 매 회계연도 개시 1개월 전까지 법인 및 시설의 예산편성 지침을 정하여야 한다.

② 대표이사 및 시설장은 다음 각호에 따라 예산을 편성해야 하며, 예측할 수 없는 예산 외의 지출 또는 예산의 초과지출에 충당하기 위하여 예비비를 세출예산에 계상할 수 있으며, 예비비는 총예산액의 1% 내외로 한다.

1. 법인 예산: 「사회복지법인 및 사회복지시설 재무·회계 규칙」 별표 1부터 별표 2까지에 따른 법인회계 세입·세출예산과목 구분
2. 시설 예산: 「사회복지법인 및 사회복지시설 재무·회계 규칙」 별표 3부터 별표 4까지에 따른 시설회계 세입·세출예산과목 구분

③ 법인의 대표이사 및 시설장은 다음 각호의 절차에 따라 예산을 편성한다. 편성한 예산을 다음 각호에 따라 결재를 받아야 한다. 시설 예산편성 시에 사전에 경영이사 협의를 받아야 한다.

1. 법인예산: 예산 편성 후 대표이사 결재
2. 시설예산: 예산 편성 후 시설장 결재

④ 시설장은 편성한 예산(안)을 시설운영위원회에 보고하고 의견을 듣고 예산을 조정하여야 한다.

⑤ 시설에서 편성한 예산(안)은 심의·의결을 위한 이사회 개최일 20일 전까지 법인(경영기획실)에 제출하여야 한다.

⑥ 법인(경영기획실)은 법인 및 시설에서 편성한 예산을 취합하여 예산(안)을 이사회 회의 안건으로 상정하여 법인 이사회의 심의·의결을 거쳐 확정한다.

⑦ 법인의 대표이사 및 시설의 장은 제4항에 따라 확정한 예산을 매 회계연도 개시 5일 전까지 관할 구청장에게 제출(「사회복지사업법」 제6조의2제2항에 따른 정보시스템을 활용한 제출을 포함한다)하여야 하며, 예산에는 다음 각호의 서류가 첨부되어야 한다. 다만, 단식부기일 경우에는 제1호부터 제4호의 서류만을 첨부할 수 있다.

1. 예산총칙 2. 세입·세출명세서 3. 임직원 보수 일람표
4. 예산을 의결한 이사회 회의록 또는 예산을 보고받은 시설운영위원회 회의록 사본
5. 추정재무상태표 6. 추정수지계산서

⑧ 법인의 대표이사 및 시설의 장은 세입·세출명세서를 법인 및 시설의 게시판과 인터넷 홈페이지에 20일 이상 공고하여야 한다. 공고는 「사회복지사업법」 제6조의2제2항에 따른 정보시스템에 게시하는 것으로 갈음할 수 있다.

제8조(준예산) 회계연도 개시 전까지 법인 및 시설의 예산이 성립되지 아니한 때에는 법인의 대표이사 및 시설의 장은 관할 구청장에게 그 사유를 보고하고 예산이 성립될 때까지 다음 각호의 경비를 전년도 예산에 준하여 집행할 수 있다.

1. 임·직원의 보수
2. 법인 및 시설운영에 직접 사용되는 필수적인 경비
3. 법령상 지급의무가 있는 경비

제9조(추가경정예산) ① 법인의 대표이사 및 시설의 장은 예산성립 후에 생긴 사유로 인하여 이미 성립된 예산에 변경을 가할 필요가 있을 때에는 제8조 규정에 의한 절차에 준하여 추가경정예산을 편성·확정할 수 있다.

② 법인의 대표이사 및 시설의 장은 추가경정예산이 확정된 날로부터 7일 이내에 이를 구청장·군수에게 제출하여야 한다.

제10조(예산의 전용) ① 법인의 대표이사 및 시설의 장은 관·항·목 간의 예산을 전용할 수 있다. 다만, 시설의 관간 전용 또는 동일 관내의 항 간 전용을 하려면 시설운영위원회에 보고한 후 법인 이사회의 의결을 거쳐야 한다.

② 제1항에도 불구하고 예산총칙에서 전용을 제한하고 있거나 이사회 및 시설 예산심의 과정에서 삭감한 관·항·목으로는 전용하여서는 아니 된다.

③ 법인의 대표이사 및 시설의 장은 제1항에 따라 관·항 간 예산을 전용한 경우에는 관할 구청장에게 「사회복지법인·사회복지시설 재무·회계 규칙」 제19조 및 제20조에 따른 결산보고서를 제출할 때에 과목 전용조서를 첨부하여야 한다.

제11조(세출예산의 이월) 시설의 장은 법인회계와 시설회계의 세출예산 중 경비의 성질상 당해회계연도 안에 지출을 마치지 못할 것으로 예측되는 경비와 연도 내에 지출원인행위를 하고 불가피한 사유로 인하여 연도 내에 지출하지 못한 경비를 시설운영위원회에 사전 보고한 후 법인 이사회의 의결을 거쳐 다음 해에 이월하여 집행할 수 있다.

제3장 수입·지출회계

제12조(회계연도 소속구분) 법인 및 시설의 수입 및 지출의 발생과 자산 및 부채의 증감·변동에 관하여는 그 원인이 되는 사실이 발생한 날을 기준으로 하여 연도 소속을 구분한다. 다만, 그 사실이 발생한 날을 정할 수 없는 경우에는 그 사실을 확인한 날을 기준으로 하여 연도 소속을 구분한다.

제13조(수입지출계정) ① 법인의 대표이사 및 시설의 장은 수입·지출 사무를 관리하기 위해 일반회계 계정을 운영한다.

② 제1항의 규정에 외에 보조금사업, 공모 및 수탁사업 등 필요한 경우에는 별도의 계정을 운영할 수 있다.

제14조(수입지출외현금 계정) ① 법인의 대표이사 및 시설장은 제6조에 규정한 것 외에 다음 각호에 해당하는 경우에 일시보관금을 처리하기 위해 수입지출외현금 계정을 운영한다. 수입지출외계정 관리를 위한 별도 계좌를 개설·운영한다.

1. 「소득세법」 및 「지방소득세법」에 의한 직원 소득세 및 지방소득세 원천징수액
2. 국민연금·건강보험(장기요양보험 포함)·고용보험·산재보험 근로자 부담금과 사용자 부담금
3. 법인 및 시설 임대보증금 등

④ 수입지출현금을 받았을 때에는 납부자에게 영수증을 교부하고 세입세출외현금 출납부를 정리한다.

⑤ 세입세출외현금을 지출한 경우에는 세입세출외현금 출납부를 정리하여야 하며, 「지방자치단체 회계관리에 관한 훈령」 제61조(세입세출외현금의 운영), 제62조(세입세출외현금의 수납절차), 제62조(세입세출외현금의 수납절차)를 준용한다.

제15조(예산집행품의) ① 법인의 대표이사 및 시설의 장은 다음 각호와 같이 예산집행 품의를 각각 전결로 처리하게 한다.

1. 경영이사 및 시설장: 추정금액 2천만 원 이하의 제조·용역 또는 물건의 매입과 그 외의 것으로서 2천만 원 이하의 집행에 관한 사항
2. 실장 및 국·부장
   가. 추정금액 1백만 원 이하의 제조·용역 또는 물건의 매입과 그 외의 것으로서 1백만 원 이하의 집행에 관한 사항
   나. 봉급 및 수당, 공공요금 및 제세공과금 등 법령에 따라 지출의무가 있는 사항

② 제1항의 규정에도 불구하고 다음 각호의 어느 하나에 해당하는 경우에는 예산집행 품의를 생략할 수 있다.

1. 직무수행경비 2. 공공요금 3. 제세공과금 4. 인건비 5. 여비 6. 일상경비

③ 제2항에 따른 예산집행 품의는 「지방자치단체 회계관리에 관한 훈령」 제11조를 준용한다.

제16조(수입결의 등) ① 법인의 대표이사 및 시설장은 수입이 있을 경우 수입결의서를 작성하여 전결규정에 따라 결재를 득하고 문서로 관리·보존하여야 한다.

② 수입결의서 서식은 「지방자치단체 회계관리에 관한 훈령」 [별지 6호서식]을 준용한다.

제17조(세출예산 집행기준) ① 법인의 대표이사 및 시설장은 세출예산 집행의 효율성과 책임성을 높이기 위하여 다음 각호와 집행 및 사용기준에 따라 집행한다.

1. 세출예산 집행기준:「지방자치단체 회계관리에 관한 훈령」제13조제1호 [별표 2] 세출예산 성질별 분류에 따른 집행기준
2. 신용카드 사용기준:「지방자치단체 회계관리에 관한 훈령」제13조제2호 [별표 4] 지방자치단체구매카드 발급 및 사용기준

제18조(지출결의서 작성) ① 법인의 대표이사 및 시설장은 지출결의서 작성 시「지방자치단체 회계관리에 관한 훈령」에서 정한 다음 각호의 서식을 준용하여 작성한다.

1. 일반 지출:「지방자치단체 회계관리에 관한 훈령」[별지 37] 일반 지출결의서
2. 인건비 지출:「지방자치단체 회계관리에 관한 훈령」[별지 38] 인건비 지출결의서
3. 여비 지출:「지방자치단체 회계관리에 관한 훈령」[별지 39] 여비 지출결의서
4. 물품(기타) 지출:「지방자치단체 회계관리에 관한 훈령」[별지 40] 물품(기타) 구입 지출결의서
5. 공사(용역) 집행(수리 · 수선):「지방자치단체 회계관리에 관한 훈령」[별지 41] 공사(용역) 집행(수리 · 수선) 지출결의서

② 법인의 대표이사 및 시설장은 제1항의 규정에도 불구하고 사회복지시설정보시스템 등 정보화시스템에서 정한 지출결의서로 작성할 수 있다. 이 경우 제1항의 규정에 따라 작성한 것으로 본다.

③ 법인의 대표이사 및 시설장은 제1항 및 제2항의 규정에 따라 작성한 지출결의서는 전결규정에 따라 결재(전결)를 득한 후 문서로 관리 · 보존 하여야 한다.

제19조(수입 및 지출사무의 관리) ① 법인의 대표이사 및 시설의 장은 각각 수입 및 지출에 관한 사무를 관리한다.

② 법인 및 시설의 장은 수입 및 지출원인행위에 관한 사무를 각각 소속직원에게 위임할 수 있다.

제20조(수입과 지출의 집행기관) ① 법인 및 시설에는 수입과 지출의 현금출납업무를 담당하게 하기 위하여 각각 수입원과 지출원을 둔다. 다만, 시설 직원이 1명인 경우에는 수입원과 지출원을 동일인으로 할 수 있다.

② 제1항의 수입원과 지출원은 각각 법인의 대표이사 및 시설의 장이 임면한다.

제21조(회계의 방법) 회계는 단식부기에 의한다. 다만, 복식부기의 필요가 있는 경우에는 복식부기에 의할 수 있다.

제22조(장부의 종류) ① 시설에는 다음의 회계장부를 둔다.

1. 현금출납부 2. 총계정원장 3. 재산대장 4. 비품관리대장

② 제1항의 규정에 따른 회계장부는 「사회복지법인·사회복지시설 재무·회계 규칙」 [별지 제24호의2서식], [별지 제25호의2서식] 및 [별지 제27호서식]부터 [별지 제28호서식]까지에 의한다.

제23조(수입) ① 모든 수입금의 수납은 이를 금융기관에 취급시키는 경우를 제외하고는 수입원이 아니면 수납하지 못한다.

② 수입원이 수납한 수입금은 그다음 날까지 금융기관에 예입하여야 한다.

③ 제1항 및 제2항의 규정에 의한 수입금에 대한 금융기관의 거래통장은 회계별로 구분될 수 있도록 보관·관리하여야 한다.

④ 출납이 완결한 연도에 속하는 수입 기타 예산 외의 수입은 모두 현 년도의 세입에 편입하여야 한다.

⑤ 과오납된 수입금은 수입한 세입에서 직접 반환한다.

제24조(지출의 원칙) ① 법인의 대표이사 및 시설의 장은 세출예산이 정한 목적 외에 이를 사용하지 못한다.

② 지출은 지출사무를 관리하는 자 및 그 위임을 받아 지출명령이 있는 것에 한하여 지출원이 행한다. 지출명령은 예산의 범위 안에서 하여야 한다.

제25조(지출의 방법) ① 지출은 예금통장에 의하거나 「전자문서 및 전자거래 기본법」 제2조제5호에 따른 전자거래로 행하여야 한다. 다만, 시설에 지원되는 국가 또는 지방자치단체의 보조금 지출은 보조금 결제 전용카드나 전용계좌를 이용하여야 한다.

② 지출된 세출의 반납금은 각각 지출한 세출의 당해과목에 다시 넣을 수 있다.

제26조(지출의 특례) ① 지출원은 제20조제1항에도 불구하고 부산광역시장이 정한 상용의 경비 또는 소액의 경비를 지출할 수 있으며, 이를 위하여 100만 원 이하의 현금을 보관할 수 있다.

② 선금을 지급할 수 있는 경비의 범위는 다음 각호와 같다.

1. 외국에서 직접 구입하는 기계, 도서, 표본 또는 실험용재료의 대가
2. 정기간행물의 대가
3. 토지 또는 가옥의 임대료와 용선료
4. 운임
5. 소속직원 중 특별한 사정이 있는 자에 대하여 지급하는 급여의 일부

6. 관공서(「공공기관의 운영에 관한 법률」에 따른 공공기관 및 특별법에 의하여 설립된 특수법인을 포함한다)에 대하여 지급하는 경비
7. 외국에서 연구 또는 조사에 종사하는 자에 대하여 지급하는 경비
8. 보조금 및 사례금
9. 계약금액이 1천만 원 이상인 공사나 제조 또는 물건의 매입을 하는 경우에 계약금액의 100분의 50을 초과하지 아니하는 금액

③ 추산지급할 수 있는 경비의 범위는 다음 각호와 같다.

1. 여비 및 판공비
2. 관공서(「공공기관의 운영에 관한 법률」에 따른 공공기관 및 특별법에 의하여 설립된 특수법인을 포함한다)에 대하여 지급하는 경비
3. 보조금
4. 소송비용

제4장 계약

제27조(계약) ① 계약에 관한 사무는 법인의 대표이사 및 시설의 장이 처리한다. 대표이사 및 시설의 장은 계약체결에 관한 사무를 소속직원에게 위임할 수 있다.

② 계약에 관한 사항은 「지방자치단체를 당사자로 하는 계약에 관한 법률」, 같은 법 시행령 및 같은 법 시행규칙을 준용한다.

제5장 후원금

제28조(후원금의 관리) ① 법인의 대표이사 및 시설의 장은 「사회복지사업법」 제45조에 따른 후원금의 수입·지출 내용과 관리에 명확성이 확보되도록 하여야 한다. 시설이용자가 받은 개인결연후원금을 당해인이 정신질환 기타 이에 준하는 사유로 관리능력이 없어 시설의 장이 이를 관리하게 되는 경우에도 또한 같다.

② 법인의 대표이사 및 시설의 장은 후원금을 받은 때에는 「소득세법 시행규칙」 제101조제20호의2에 따른 기부금영수증 서식 또는 「법인세법 시행규칙」 제82조제7항제3호의3에 따른 기부금영수증 서식에 따라 후원금 영수증을 발급하여야 하며, 영수증 발급목록을 별도의 장부로 작성·비치하여야 한다.

③ 법인의 대표이사 및 시설의 장은 금융기관 또는 체신관서의 계좌입금을 통하여 후원금을 받은 때에는 법인명의의 후원금전용계좌나 시설의 명칭이 부기된 시설장 명의의 계좌(이하 "후원금전용계좌등"이라 한다)를 사용하여야 한다. 이 경우 후원자가 영수증 발급을 원하는 경우를 제외하고는 제2항에 따른 영수증의 발급을 생략할 수 있다.

④ 법인의 대표이사 및 시설의 장은 후원금을 받을 때에는 각각의 법인 및 시설별로 후원금전용계좌등을 구분하여 사용하여야 하며, 미리 후원자에게 후원금전용계좌등의 구분에 관한 사항을 안내하여야 한다.

⑤ 모든 후원금의 수입 및 지출은 후원금전용계좌등을 통하여 처리하여야 한다. 다만, 물품 형태의 후원금은 그러하지 아니하다.

⑥ 법인의 대표이사 및 시설의 장은 연 1회 이상 해당 후원금의 수입 및 사용내용을 후원금을 낸 법인·단체 또는 개인에게 통보하여야 한다. 이 경우 법인이 발행하는 정기간행물 또는 홍보지 등을 이용하여 일괄 통보할 수 있다.

⑦ 법인의 대표이사 및 시설의 장은 제18조 및 제19조에 따른 결산보고서를 제출할 때에 「사회복지법인·사회복지시설 재무·회계 규칙」 별지 제19호서식에 따른 후원금수입 및 사용결과보고서(전산파일을 포함한다)를 관할 구청장에게 제출(「사회복지사업법」 제6조의2제2항에 따른 정보시스템을 활용한 제출을 포함한다)하여야 한다.

⑧ 법인의 대표이사 및 시설의 장은 해당 법인 및 시설의 게시판과 인터넷 홈페이지에 3개월 동안 공개하여야 한다. 다만, 후원자의 성명(법인 등의 경우는 그 명칭)은 공개하지 아니한다. 공개는 「사회복지사업법」 제6조의2제2항에 따른 정보시스템에 게시하는 것으로 갈음할 수 있다.

⑨ 법인의 대표이사 및 시설의 장은 후원금을 후원자가 지정한 사용용도 외의 용도로 사용하지 못한다. 후원자가 사용용도를 지정하지 아니한 후원금에 대하여 보건복지부장관이 정한 「사회복지시설 관리안내」 규정에 따라 사용해야 한다.

⑩ 후원금의 수입 및 지출은 제2장의 규정에 의한 예산의 편성 및 확정절차에 따라 세입·세출예산에 편성하여 사용하여야 한다.

제28조(후원금 영수증 발급 신고) 법인의 대표이사 및 시설의 장은 기부금영수증을 발급하는 법인은 해당 사업연도의 기부금영수증 총발급 건수 및 금액 등이 적힌 「법인세법 시행규칙」 [별지 제75호의3서식] "기부금영수증 발급합계표"를 해당 사업연도의 종료일이 속하는 달의 말일부터 6개월 이내에 관할 세무서장에게 제출하여야 한다. 다만, 전자기부금영수증을 발급한 경우에는 그러하지 아니하다.

제6장 자산 및 물품관리

제29조(자산관리) ① 법인은 자산을 기본재산과 보통재산으로 구분하여 관리한다.

② 제1항의 규정에 의한 법인의 기본재산은 다음 각호에 해당하는 재산으로 하고, 그밖의 재산은 보통재산으로 한다.

1. 부동산
2. 정관에서 기본재산으로 정한 재산
3. 이사회의 결의에 의하여 기본재산으로 편입된 재산

③ 법인은 전년도에 취득한 재산에 대해 취득상황을 매년 3월 31일까지 시·도지사에게 보고해야 한다

제30조(기본재산 처분) ① 법인은 기본재산의 매도·증여·교환·임대·담보제공 또는 용도변경 등 처분에 관한 허가를 받고자 하는 경우에는 시·도지사 허가를 받아야 한다.

② 제1항의 규정에 의한 기본재산을 처분하는 경우에는 「사회복지사업법 시행규칙」 [별지 제11호서식] "기본재산처분 허가신청서"에 다음 각호의 서류를 첨부하여 시·도지사에게 제출하여야 한다. 기본재산에 관한 임대계약을 기존 계약조건과 동일한 조건으로 갱신하는 경우는 제외한다.

1. 기본재산의 처분을 결의한 이사회 회의록 사본 1부
2. 처분하는 기본재산의 명세서 1부
3. 처분하는 기본재산의 감정평가서(교환의 경우에는 취득하는 재산의 감정평가서를 포함하며, 개별공시지가서 확인서로 첨부서류에 대한 정보를 확인할 수 있는 경우에는 그 확인으로 첨부서류를 갈음한다) 1부

제31조(장기차입 허가) ① 법인은 장기차입하고자 하는 금액을 포함한 장기차입금의 총액이 기본재산 총액에서 차입 당시의 부채총액을 공제한 금액의 100분의 5에 상당하는 금액 이상을 장기차입하고자 하는 경우에는 시·도지사 허가를 받아야 한다.

② 제1항의 규정에 의한 금액을 장기차입하고자 하는 경우에는 「사회복지사업법 시행규칙」 [별지 제12호서식]의 장기차입 허가신청서에 다음 각호의 서류를 첨부하여 시·도지사에게 제출하여야 한다.

1. 이사회 회의록 사본 1부
2. 차입목적 또는 사유서(차입용도를 포함한다) 1부
3. 상환계획서 1부

제32조(물품관리) ① 법인의 대표이사 및 시설의 장은 소속직원에게 물품관리자를 지정할 수 있다.

② 제1항의 물품관리자 및 물품출납원은 선량한 관리자의 주의로써 사무에 종사하여야 한다.

③ 물품관리자는 물품을 출납하게 하고자 할 때에는 물품출납원에게 출납하여야 할 물품

의 분류를 명백히 하여 그 출납을 명령하여야 한다.

④ 물품출납원은 제1항의 규정에 의한 명령이 없이는 물품을 출납할 수 없다.

⑤ 법인과 시설의 물품관리자는 물품 중 그 사용이 불가능하거나 수리하여 다시 사용할 수 없게 된 물품이 있을 때에는 그 물품에 대하여 불용의 결정을 하여야 하며, 불용품을 매각한 경우 그 대금은 당해법인 또는 시설의 세입예산에 편입하고 수입처리하여야 한다.

⑥ 법인의 대표이사와 시설의 장은 연 1회 그 관리에 속하는 물품에 대하여 정기적으로 재물조사를 실시하여야 하며, 필요하다고 인정하는 때에는 정기 재물조사 외에 수시로 재물조사를 할 수 있다.

제7장 결산

제33조(결산서의 작성 제출) ① 법인의 대표이사 및 시설의 장은 법인회계와 시설회계의 세입·세출 결산보고서를 작성하여(시설은 시설운영위원회에 보고한 후) 법인 이사회의 의결을 거쳐 다음 연도 3월 31일까지 관할 구청장에게 제출(「사회복지사업법」 제6조의2제2항에 따른 정보시스템을 활용한 제출을 포함한다)하여야 한다.

② 시설의 장은 결산보고서를 법인 및 시설의 게시판과 인터넷 홈페이지에 20일 이상 공고하여야 한다. 공고는 「사회복지사업법」 제6조의2제2항에 따른 정보시스템에 공시하는 것으로 갈음할 수 있다.

제34조(결산보고서에 첨부해야 할 서류) ① 결산보고서에는 다음 각호의 서류가 첨부되어야 한다. 다만, 단식부기로 회계를 처리하는 경우에는 제1호부터 제3호까지 및 제14호부터 제21호까지의 서류만을 첨부할 수 있다.

1. 세입·세출결산서 2. 과목 전용조서 3. 예비비 사용조서 4. 재무상태표
5. 수지계산서 6. 현금 및 예금명세서 7. 유가증권명세서 8. 미수금명세서
9. 재고자산명세서
10. 그밖의 유동자산명세서
11. 고정자산(토지·건물·차량운반구·비품·전화가입권) 명세서
12. 부채명세서(차입금·미지급금을 포함한다)
13. 각종 충당금 명세서
14. 사업수입명세서
15. 정부보조금명세서
16. 후원금수입 및 사용결과보고서(전산파일을 포함한다)

17. 후원금전용계좌의 입출금내역
18. 인건비명세서
19. 사업비명세서
20. 그밖의 비용명세서(인건비 및 사업비를 제외한 비용을 말한다)
21. 감사보고서

② 제1항제1호부터 제3호까지의 서류는「사회복지법인 및 사회복지시설 재무·회계 규칙」[별지 제5호의3서식]·[별지 제5호의4서식], [별지 제6호서식] 및 [별지 제7호서식]에 따르고, 제6호부터 제13호까지 서류는「사회복지법인 및 사회복지시설 재무·회계 규칙」[별지 제8호서식]부터 [별지 제23호서식]에 따른다.

제8장 보조금 관리

제35조(보조금의 구분) ① 보조금은 국가보조금과 지방보조금으로 구분한다.

② "국가보조금"이란 국가 외의 자가 수행하는 사무 또는 사업에 대하여 국가가 이를 조성하거나 재정상의 원조를 하기 위하여 교부하는 보조금(지방자치단체에 교부하는 것과 그밖에 법인·단체 또는 개인의 시설자금이나 운영자금으로 교부하는 것만 해당한다), 부담금, 그밖에 상당한 반대급부를 받지 아니하고 교부하는 급부금을 말한다.

③ "지방보조금"은 지방자치단체가 법령 또는 조례에 따라 다른 지방자치단체, 법인·단체 또는 개인 등이 수행하는 사무 또는 사업 등을 조성하거나 이를 지원하기 위하여 교부하는 보조금 등을 말한다. 다만, 출자금 및 출연금과 국고보조재원에 의한 것으로서 지방자치단체가 교부하는 보조금은 제외한다.

제36조(다른 법률과의 관계) ① 국가보조금 예산의 편성·집행 등 그 관리에 관하여는 다른 법률에 특별한 규정이 있는 것을 제외하고는「보조금 관리에 관한 법률」및 같은 법 시행령이 정하는 바에 따른다.

② 지방보조금 예산의 편성·집행 등 그 관리에 관하여는 다른 법률에 규정이 있는 것을 제외하고는「지방자치단체 보조금 관리에 관한 법률」, 같은 법 시행령 및 시행규칙이 정하는 바에 따른다.

③ 개인정보의 보호에 관하여는 제1항 및 제2항의 법에 특별한 규정이 있는 경우를 제외하고는「개인정보 보호법」에서 정하는 바에 따른다.

제37조(보조금의 용도 외 사용금지) ① 법인의 대표이사 및 시설의 장은 법령, 보조금 교부 결정의 내용 또는 법령에 따른 지방자치단체의 장의 처분에 따라 선량한 관리자의 주의로 보조사업을 수행하여야 하며, 해당 보조금을 다른 용도에 사용하여서는 아니 된다.

② 법인의 대표이사 및 시설의 장은 사정의 변경으로 보조사업의 내용을 변경하거나 지방보조사업에 드는 경비의 배분을 변경하려면 지방자치단체의 장의 승인을 받아야 한다. 다만, 지방자치단체의 장이 정하는 경미한 내용 변경이나 경비 배분의 경우에는 그러하지 아니하다.

제38조(보조사업 수행 상황 점검 등) ① 법인의 대표이사 및 시설의 장은 지방자치단체의 장이 정하는 바에 따라 지방보조사업의 수행 상황을 지방자치단체의 장에게 보고하여야 한다.

② 법인의 대표이사 및 시설의 장은 보조사업의 수행과 관련된 다음 각호의 자료를 5년 동안 보관하여야 한다.

1. 계산서: 지방보조사업자가 취급한 회계사무의 집행실적을 기간별로 합산한 서류
2. 증거서류: 제1호의 계산서 내용을 증명하는 서류
3. 첨부서류: 제1호의 계산서 또는 제2호의 증거서류의 내용을 설명하기 위하여 필요한 서류

제39조(보조사업의 실적 보고) ① 법인의 대표이사 및 시설의 장은 다음 각호의 어느 하나에 해당하는 때에는 「지방자치단체 보조금 관리에 관한 법률 시행령」 제9조에서 정하는 기한까지 그 보조사업의 실적보고서를 작성하여 지방자치단체의 장에게 제출하여야 한다. 이 경우 실적보고서에는 그 보조사업에 든 경비를 재원별로 명백히 한 정산보고서 및 지방자치단체의 장이 정하는 서류를 첨부하여야 한다. 다만, 지방보조사업자가 「보조금 관리에 관한 법률」 제27조에 따른 실적보고를 한 때에는 실적보고를 완료한 것으로 볼 수 있다.

1. 지방보조사업을 완료하였을 때
2. 지방보조사업 폐지의 승인을 받았을 때
3. 회계연도가 끝났을 때

② 보조사업에 대한 보조금의 총액이 3억 원 이상인 지방보조사업자는 「주식회사 등의 외부감사에 관한 법률」 제2조제7호 및 제9조에 따른 감사인으로부터 정산보고서의 적정성에 대하여 검증을 받아야 한다.

제40조(특정보조사업자 회계감사) ① 법인의 대표이사 및 시설의 장은 각각 같은 회계연도 중 교부받은 보조금의 총액이 10억 원 이상인 경우에는 「주식회사 등의 외부감사에 관한 법률」 제2조제7호 및 제9조에 따른 감사인이 해당 회계연도를 기준으로 작성한 감사보고서를 지방보조금을 교부한 지방자치단체의 장에게 제출하여야 한다. 다만, 2년 이상 계속하여 지방보조금을 교부받은 경우로서 직전 회계연도에 감사보고서를 제출한 경우에는 해당 회계연도에 대한 감사보고서의 작성·제출을 생략할 수 있다.

② 제1항에도 불구하고 다른 법률에 따라 회계감사를 받는 경우에는 감사보고서를 갈음하여 해당 법률에 따라 작성된 감사 관련 보고서를 제출할 수 있다. 이 경우 감사 관련 보고서에는 보조사업에 관한 감사의견이 포함되어야 한다.

③ 제1항부터 제2항까지에서 규정한 사항 외에 감사인 선정, 회계감사의 기준 및 감사보고서의 작성·제출 등에 필요한 사항은 「지방자치단체 보조금 관리에 관한 법률 시행령」을 따른다.

④ 법인의 대표이사 및 시설의 장은 제1항부터 제3항까지의 규정에 따른 회계감사 용역비를 집행할 수 있다.

제41조(재산 처분의 제한) ① 법인의 대표이사는 보조금으로 취득하거나 그 효용이 증가된 것으로서 부동산과 종물(從物)에 대해서는 그 현재액과 증감을 명백히 하여야 하고 그 현황을 지방자치단체의 장에게 보고하여야 한다.

② 법인의 대표이사 및 시설의 장은 해당 보조사업을 완료한 후에도 지방자치단체의 장의 승인 없이 중요재산에 대하여 다음 각호의 행위를 하여서는 아니 된다.

1. 교부 목적 외 용도로의 사용
2. 양도, 교환 또는 대여
3. 담보의 제공

제42조(중요재산의 부기등기) ① 법인의 대표이사는 중요재산 중 부동산에 대한 소유권 등기를 할 때에는 다음 각호에서 정한 사항을 표기내용으로 하는 부기등기(附記登記)를 하여야 한다.

1. 해당 부동산은 보조금을 교부받아 취득하였거나 그 효용가치가 증가한 재산이라는 사항
2. 지방자치단체의 장이 정한 기간 내에 해당 부동산을 지방보조금의 교부 목적 외의 용도로 사용, 양도, 교환, 대여하거나 담보로 제공하려는 경우에는 지방자치단체의 장의 승인을 받아야 한다는 사항

② 제1항에 따른 부기등기는 소유권보존등기, 소유권이전등기 또는 토지·건물표시변경등기와 동시에 하여야 한다. 다만, 지방보조금의 교부로 부동산의 등기내용이 변경되지 아니하는 경우에는 실적보고서 제출 전까지 부기등기를 하여야 한다.

제43조(지방보조금 관리) ① 법인의 대표이사 및 시설의 장은 교부받은 보조금에 대하여 별도의 계정(計定)을 설정하고 자체의 수입 및 지출을 명백히 구분하여 회계처리하여야 한다.

② 지방보조금 관리에 관한 사항은「지방자치단체 보조금 관리에 관한 법률」, 같은 법 시행령 및 시행규칙과「지방보조금 관리기준」(행정안전부예규)을 따른다.

제9장 세무 관리 등

제44조(법인의 세무확인 및 회계감사) ① 법인은 과세기간별 또는 사업연도별로 출연받은 재산의 공익목적사업 사용 여부 등에 대하여「상속세 및 증여세법 시행령」으로 정하는 기준에 해당하는 2명 이상의 변호사, 공인회계사 또는 세무사를 선임하여 세무확인을 받아야 한다.

② 제1항에 따라 외부전문가 세무확인 결과를 관할 세무서장에게 보고하여야 한다.

③ 제1항부터 제2항까지 세무확인 항목, 세무확인의 절차·방법, 보고서의 작성 및 세 무확인 결과의 보고절차 등은「상속세 및 증여세법 시행령」이 정하는 바에 따른다.

제45조(법인의 결산서류 등의 공시) ① 법인은 다음 각호의 서류 등을 사업연도 종료일부터 4개월 이내에「상속세 및 증여세법 시행령」으로 정하는 바에 따라 국세청의 인터넷 홈페이지에 게재하는 방법으로 공시하여야 한다.

1. 재무제표
2. 기부금 모집 및 지출 내용
3. 해당 공익법인 등의 대표자, 이사, 출연자, 소재지 및 목적사업에 관한 사항
4. 출연재산의 운용소득 사용명세
5. 제49조에 따른 감사보고서와 그 감사보고서에 첨부된 재무제표
6. 주식보유 현황 등「상속세 및 증여세법 시행령」으로 정하는 사항

② 제1항에 따른 결산서류 등의 공시 등은「상속세 및 증여세법 시행령」으로 정하는 바에 따른다.

③ 법인의 대표이사 및 시설의 장은 제50조 및 51조에 따른 업무에 대해 세무사 등을 대리인으로 지정하여 처리할 수 있다. 이 경우 용역비를 집행할 수 있으며, 그 비용은 법인 및 시설이 전년도 결산액 비율대로 부담한다.

제46조(소득세 등 원천징수 및 납부) ① 법인의 대표이사 및 시설의 장은 다음 각호의 소득을 지급할 때에는 소득세를 원천징수하고 관할 세무서에 신고하여야 한다.

1. 근로소득 2. 퇴직소득 3. 기타소득

② 제1항에서 원천징수한 소득세는 원천징수한 달이 속하는 달의 다음 달 10일까지 관할 국세청에 납부하여야 한다.

③ 제1항에 따라 소득세를 원천징수하는 때에는 소득세의 10%인 지방소득세를 원천징수

하여야 하며, 원천징수한 지방소득세는 원천징수한 달이 속하는 달의 다음 달 10일까지 관할 구·군에 납부하여야 한다.

제47조(근로소득 등 간이지급명세서 제출) ① 법인의 대표이사 및 시설의 장은 다음 각호의 어느 하나에 해당하는 소득을 지급한 경우에는 간이지급명세서를 그 소득 지급일이 속하는 달의 다음 달 말일까지 원천징수 관할 세무서장에게 제출하여야 한다. 다만, 2025. 12. 31.까지는 그 소득 지급일이 속하는 반기의 다음 달 말일까지 제출할 수 있다.

1. 일용직이 아닌 직원에게 지급하는 근로소득
2. 원천징수대상 사업소득
3. 다수인에게 강연을 하고 강연료 등 대가를 받는 기타소득

② 제1항의 간이지급명세서 기재 사항을 「국세기본법」 제2조제18호에 따른 정보통신망을 통하여 제출하거나 디스켓 등 전자적 정보저장매체로 제출하여야 한다.

제48조(근로소득 등 지급명세서 제출) ① 법인의 대표이사 및 시설의 장은 다음 각호의 어느 하나에 해당하는 소득을 지급한 경우에는 지급명세서를 그 지급일이 속하는 과세기간의 다음 연도 3월 10일까지 원천징수 관할 세무서장에게 제출하여야 한다.

1. 원천징수대상 사업소득
2. 근로소득 또는 퇴직소득
3. 기타소득(봉사료 제외) 등

② 지급명세서를 제출하는 경우 지급명세서의 기재 사항을 「국세기본법」 제2조제18호에 따른 정보통신망에 의하여 제출하거나 디스켓 등 전자적 정보저장매체로 제출하여야 한다.

제49조(고용 · 산재보험 보수총액 신고) ① 법인의 대표이사 및 시설의 장은 전년도에 직원에게 지급한 보수총액을 매년 3월 15일까지 근로복지공단에 신고하여야 한다.

② 신고는 고용·산재보험 토탈서비스 전자신고(http://total.comwel.or.kr)로 한다.

제10장 보칙

제50조(적용법령 등) ① 이 규정에 정하지 아니한 사항은 사회복지사업법령 및 장애인복지법령, 지방계약법령, 지방재정법령 및 지방회계법령 등 관련 법령과 보건복지부 「사회복지시설 관리안내」 및 「장애인복지시설 사업안내」 등을 따른다.

② 보조금에 대해서는 사회복지사업법령, 지방재정법령 및 지방회계법령, 보조금 관리에 관한 법령 및 지방자치단체 보조금 관리에 관한 법령 등 관련 법령과 「지방보조금 관리기준」(행정안전부 예규) 등을 따른다.

③ 세무 등에 관해서는 소득세법령 및 상속세 및 증여세법령 등 관련 법령을 따른다.

제51조(사무의 인계 · 인수) ① 회계사무를 담당하는 직원이 교체된 때에는 당해사무의 인계·인수는 발령일로부터 5일 이내에 행하여져야 한다.
② 인계자는 인계할 장부와 증빙서류 등의 목록을 각각 3부씩 작성하여 인계·인수자가 각각 서명 또는 날인한 후 각각 1부씩 보관하고, 1부는 이를 예금잔고증명과 함께 인계·인수보고서에 첨부하여 시설의 장에게 제출하여야 한다.

부칙

제1조(시행일) 이 규정은 2024. 3. 8.부터 시행한다.
제2조(경과조치) 이 규정 시행 전에 종전의 규정 등에 따라 시행한 것은 이 규정에 의해 시행된 것으로 본다.
제3조(규정 폐지) 이 규정 시행 전에 종전의 관련 규정은 폐지한다.

나. 후원금품 관리에 관한 규정

대부분의 비영리법인·시설은 보조금을 제외하면 후원금품이 주요 세입 재원이다. 보다 많은 후원자의 개발을 위해서는 i) 적극적인 후원개발, ii) 후원자 개인정보의 보호, iii) 후원금품의 목적 외 사용 금지, iv) 후원금품 수입 지출내역 통보 및 공개 등 체계적인 후원자 관리가 필요한 실정이다. 이를 위해 후원금품 등 관리규정을 제정하여야 한다.

다음은「사회복지법인 나사함복지재단 후원자 및 후원금품 관리에 관한 규정」이다.

사회복지법인 나사함복지재단 후원자 및 후원금품 관리에 관한 규정

제정 2024. 3. 7.

제1장 총칙

제1조(목적) 이 규정은 사회복지법인 나사함복지재단「정관」제34조제2항에 따라 사회복지법인 나사함복지재단과 설치·신고한 사회복지시설 후원자 및 후원금품 관리에 관한 사항을 규정하여 후원금품 관리의 명확성·공정성·투명성을 기여함을 목적으로 한다.

제2조(정의) 이 규정에서 사용하는 용어의 뜻은 다음 각호와 같다.

1. "법인"이란 사회복지법인 나사함복지재단 업무를 총괄하는 주체이며, 대표자는 대표이사를 말한다.
2. "시설"이란 사회복지법인 나사함복지재단이 설치·신고한 사회복지시설을 말하며, 시설의 장은 대표이사의 권한을 위임받은 운영을 총괄하는 자를 말한다.
3. "후원금"이란 아무런 대가 없이 무상으로 받은 금품을 말하며, "후원금품"이란 아무런 대가 없이 무상으로 받은 금품이나 그밖의 자산을 말한다.
4. "CMS"란 Cash Management Service의 약어이며 은행 및 금융투자회사(증권사) 등 금융회사와 금융결제원이 공동으로 운영하는 서비스로서, 쉽고 편리하게 이용기관의 고객계좌에서 자금을 출금하거나 고객계좌로 자금을 입금하는 서비스를 말한다.

제3조(적용범위) 이 규정의 적용범위는 사회복지법인 나사함복지재단(이하 "법인"이라 한다.) 운영 및 법인이 설치·운영하는 사회복지시설(이하 "시설"이라 한다.)로 다음 각호와 같다.

1. 사회복지법인 나사함복지재단 2. 나사함발달장애인복지관 3. 나사함주간보호센터
4. 나사함나눔공동가정 5. 나사함공동생활가정 6. 나사함공동생활가정

제4조(운영원칙) ① 법인의 대표이사 및 시설장은 후원자 개발에 적극 노력하여야 하며, 후원자가 후원한 후원금품을 공정·투명·정확하게 집행하여야 하며, 후원자 개인정보는 보호하여야 한다.

② 후원자의 후원금은 모두 수입·지출예산에 편성하고 관련 법령에서 정한 기준에 맞게 집행하여야 하며, 후원금품은 후원자의 후원내용에 맞게 배부되고 정확하게 관리되어야 한다.

③ 법인 및 시설은 후원자의 명예를 실추시키는 일이 없도록 하고, 후원자를 위한 다양한 시책사업을 추진하여야 한다.

제5조(다른 법령과의 관계) 법인 및 시설의 후원자 및 후원금품 관리에 대해서는「사회복지사업법」제45조 및「사회복지법인 및 사회복지시설 재무·회계 규칙」, 보건복지부장관이 정하는「사회복지법인 관리안내」및「사회복지시설 관리안내」등 다른 법령 및 행정규칙에 특별한 규정이 있는 경우를 제외하고는 이 규정이 정하는 바에 따른다.

제2장 후원금품 관리

제6조(후원금품 접수 등) ① 법인의 대표이사와 시설의 장은 각각 후원자 발굴에 적극 노력하여야 한다.

② 법인의 대표이사와 시설의 장은 후원금품 접수 시 후원신청서와 개인정보 활용 및 제공동의서를 받아야 한다. 후원신청서와 개인정보 활용 및 제공동의서 서식은 법인의 대표이사와 시설의 장이 정한다.

③ 법인의 대표이사와 시설의 장의 후원금 접수는 CMS시스템 이용, 통장입금, 자동이체, 현금 등 다양한 방법을 활용할 수 있다. 현금으로 접수한 경우 접수증을 발급하고 현금은 후원금계좌에 즉시 입금하여야 한다.

④ 법인의 대표이사와 시설의 장은 후원금품 접수 시 사회서비스정보시스템에 후원자 기본정보와 후원약속사항을 입력하여야 한다.

⑤ 법인의 대표이사와 시설의 장은 CMS 자금이체 결과 출금액을 수입예산으로 처리하고, 출금액과 통장입금액의 차액은 금융기관 수수료로 지출예산으로 처리여야 한다.

⑥ 법인의 대표이사와 시설의 장은 금융결재원 대량자금이체 수수료를 지급하여야 한다.

제7조(CMS시스템 활용) ① 법인의 대표이사와 시설의 장은 금융결재원 CMS정보를 활용한 후원금을 받을 수 있다. 이 경우 후원신청서 접수 시 후원자의 CMS후원 신청서와 개인정보 이용 및 제공 동의서를 함께 받아야 한다.

② 법인의 대표이사와 시설의 장은 CMS 후원 신청을 받은 경우 사회서비스정보시스템에 후원자별 기본정보와 후원약속사항 등을 입력하여야 한다.

③ 법인의 대표이사와 시설의 장은 CMS를 통한 자금이체 요청은 후원자가 지정한 후원일 이전에 하여야 한다.

④ CMS를 통한 자금이체 결과 출금액을 후원금 수입으로 처리하고 출금액과 통장입금액의 차액(금융기관 결제 수수료)은 지출로 처리한다.

제8조(후원금의 용도외 사용금지) ① 법인과 시설이 각각 받은 후원금품은 후원자의 후원 목적대로 사용되어야 하며, 후원금품은 법인 및 시설 상호 간에 상호 전출할 수 없다.

② 법인의 대표이사와 시설의 장은 후원금을 후원자가 지정한 사용용도 외의 용도로 사용하지 못한다. 후원자가 사용용도를 지정하지 아니한 후원금에 대하여 「사회복지법인 및 사회복지시설 재무 · 회계 규칙」 제44조에 따라 보건복지부장관이 정한 「사회복지법인 관리안내」 및 「사회복지법인 관리안내」에 따라 집행한다.

③ 후원금의 수입 및 지출은 「사회복지법인 및 사회복지시설 재무 · 회계 규칙」 제10조의 규정에 의한 예산의 편성 및 확정절차에 따라 세입 · 세출예산에 편성하여 사용하여야 한다.

제9조(후원금의 영수증 발급 등) ① 법인의 대표이사와 시설장은 후원금을 받은 때에는 「소득

세법 시행규칙」 제101조제20호의2에 따른 기부금영수증 서식 또는 「법인세법 시행규칙」 제82조제7항제3호의3에 따른 기부금영수증 서식에 따라 후원금 영수증을 발급하여야 하며, 영수증 발급목록을 별도의 장부로 작성 · 비치하여야 한다.

② 법인의 대표이사와 시설의 장은 금융기관 또는 체신관서의 계좌입금을 통하여 후원금을 받은 때에는 법인명의의 후원금전용계좌나 시설의 명칭이 부기된 시설장 명의의 계좌(이하 "후원금전용계좌등"이라 한다)를 사용하여야 한다. 이 경우 후원자가 영수증 발급을 원하는 경우를 제외하고는 제1항에 따른 영수증의 발급을 생략할 수 있다.

③ 법인의 대표이사 및 시설의 장은 후원금을 받을 때에는 각각의 법인 및 시설별로 후원금전용계좌등을 구분하여 사용하여야 하며, 미리 후원자에게 후원금전용계좌등의 구분에 관한 사항을 안내하여야 한다

④ 모든 후원금의 수입 및 지출은 후원금전용계좌등을 통하여 처리하여야 한다. 다만, 물품 형태의 후원금은 그러하지 아니하다.

⑤ 법인의 대표이사 및 시설의 장은 국세청 연말정산간소화 자료를 매년 초에 사회서비스정보시스템에 후원금 연말정산 자료를 생성하여야 한다.

제10조(후원금의 수입 및 사용내용 통보) ① 법인의 대표이사와 시설의 장은 연 1회 이상 해당 후원금의 수입 및 사용내용을 후원금을 낸 법인·단체 또는 개인에게 통보하여야 한다. 이 경우 법인이 발행하는 정기간행물 또는 홍보지 등을 이용하여 일괄 통보할 수 있다.

② 법인의 대표이사와 시설의 장은 법인 및 시설 공동으로 대표이사 명의의 소식지를 발행할 수 있다. 이 경우 후원자 또는 후원금액이 많은 법인 또는 시설에서 그 업무를 추진할 수 있으며, 우편료 등 비용은 각각 비율대로 부담한다.

제11조(후원금의 수입 · 사용결과 보고 및 공개) ① 법인의 대표이사와 시설의 장은 관할 구에 결산보고서를 제출할 때에 후원금수입 및 사용결과보고서(전산파일을 포함한다)를 관할 구청장에게 제출(이 경우 정보시스템을 활용한 제출을 포함한다)하여야 한다.

② 법인의 대표이사 및 시설의 장은 해당 법인 및 시설의 게시판과 인터넷 홈페이지에 3개월 동안 공개하여야 한다. 다만, 후원자의 성명(법인 등의 경우는 그 명칭)은 공개하지 아니한다. 공개는 「사회복지사업법」 제6조의2제2항에 따른 정보시스템에 게시하는 것으로 갈음할 수 있다.

③ 법인의 대표이사 및 시설의 장은 「법인세법 시행령」 제39조제6항 및 「법인세법 시행규칙」 제19조의2제1항에 따라 공익법인 등 의무이행 여부 보고서를 「법인세법 시행규칙」 [별지 제63호의10서식]에 따라 공익법인 등 의무이행 여부 보고서를 사업연도 종료일부

터 4개월 이내에 국세청장에게 보고해야 한다. 보고는 국세청 정보시스템(홈택스)에 게시하는 것으로 갈음할 수 있다.

제3장 후원회 운영위원회

제12조(회원) 법인 및 시설 후원회(이하 "후원회"라 한다)는 후원 신청서(개인정보 이용 동의 포함)를 제출하고 정기적인 후원을 하는 자를 회원으로 함을 원칙으로 한다.

제13조(운영위원회 구성) ① 법인 및 시설 후원회(이하 "후원회"라 한다) 운영의 활성화를 위해 다음 각호의 사항을 자문하기 위하여 후원회 운영위원회(이하 "운영위원회"라 한다)를 둘 수 있다.

1. 법인 및 시설 후원 활성화 방안
2. 법인 및 시설 후원금 개발 및 집행에 관한 사항
3. 법인 및 시설 "후원의 집" 명판 부착 대상자 선정
4. 법인 대표이사 또는 회장 감사장 수여 대상자 선정
5. 후원의 밤 개최 등 후원자 격려에 관한 사항

② 법인 및 시설 운영위원회는 회장 1명, 부회장 1명을 포함하여 10명 내외 위원으로 구성하며, 위원은 다음 각호의 사람 중에서 법인의 대표이사가 위촉한다. 법인 및 시설 임·직원은 위원이 될 수 없다.

1. 발달장애에 대한 전문적 지식을 갖추고 후원의 뜻을 가진 사람
2. 사업장 소재지나 주소를 부산광역시에 둔 기업가 및 기관·단체 대표 등

③ 법인 및 시설 운영위원회 회장과 부회장은 위원 중에서 호선한다. 임기는 각각 2년으로 하며 연임할 수 있다.

제14조(임원의 직무) ① 회장은 후원회 및 운영위원회를 대표하며, 운영위원회 사무를 총괄한다.

② 회장이 부득이한 사유로 직무를 수행할 수 없을 때는 부회장이 그 직무를 대행한다.

제15조(회의) ① 회장은 후원회의 회의를 소집하고, 그 의장이 된다.

② 정기회는 매년 초에 개최하며, 수시회의는 회장이 소집한다.

③ 후원회는 재적위원 과반수의 출석으로 개의하고, 출석위원 과반수의 찬성으로 의결한다.

제16조(위원의 해촉) 법인의 대표이사 및 시설의 장은 다음 각호의 어느 하나에 해당하는 경우에는 해당 회원을 해촉할 수 있다.

1. 심신장애로 인하여 직무를 수행할 수 없게 된 경우

2. 비위사실, 직무태만, 품위손상이나 그밖의 사유로 인하여 회원으로 적합하지 아니하다 고 인정되는 경우

제17조(간사) ① 운영위원회 업무를 처리하기 위하여 간사 1명을 둔다.

② 간사는 법인 및 시설의 후원업무 담당자가 된다. 공동생활가정의 경우 시설의 장이 간사가 될 수 있다.

제18조(수당 등) 법인 및 시설에서는 위원회 회의 참석위원에 대해서 예산의 범위에서 수당과 여비를 지급할 수 있다.

제19조(후원자의 명예) ① 법인의 대표이사 및 시설의 장은 고액 후원자에 대해서는 매년 연말에 법인 대표이사 및 시설의 장과 후원회 회장 명의로 감사장(패)을 수여할 수 있다.

② 법인 및 시설은 정기적인 고액 후원자에 대해서는 법인의 대표이사(또는 시설의 장)와 후원회 회장 공동명의의 명패를 제작하여 부착할 수 있다.

부칙

제1조(시행일) 이 규정은 2024. 3. 8.부터 시행한다.

제2조(경과조치) 이 규정 시행 전에 종전의 규정 등에 따라 시행한 것은 이 규정에 의해 시행된 것으로 본다.

제3조(규정 폐지) 이 규정 시행 전에 종전의 관련 규정은 폐지한다.

5 지방계약법령과 행정규칙

1. 법인 및 시설 재무·회계 규칙

「사회복지법인 및 사회복지시설 재무·회계 규칙」 제30조의2에 국가·지방자치단체·법인이 설치·운영하는 시설의 계약에 관한 사항은 「지방자치단체를 당사자로 하는 계약에 관한 법률」, 같은 법 시행령 및 같은 법 시행규칙을 준용하도록 규정하고 있다.

2. 지방계약법령과 행정규칙

「지방자치단체를 당사자로 하는 계약에 관한 법률」(약칭: 지방계약법)은 이 법은 지방자치단체를 당사자로 하는 계약에 관한 기본적인 사항을 정함으로써 계약업무를 원활하게 수행할 수 있도록 함을 목적으로 하고 있다.

국가·지방자치단체·법인이 설치·운영하는 시설의 경우에 계약에 관한 사항은 「지방자치단체를 당사자로 하는 계약에 관한 법률」, 같은 법 시행령 및 같은 법 시행규칙을 준용하여야 한다.

지방계약법령에는 「지방자치단체를 당사자로 하는 계약에 관한 법률」 및 같은 법 시행령과 같은 법 시행규칙이 있으며, 행정규칙에는 「지방자치단체 입찰 및 계약집행기준」(행정안전부 예규) 및 「지방자치단체 입찰시 낙찰자 결정기준」(행정안전부 예규)이 있다.

전자조달 법령은 「전자조달의 이용 및 촉진에 관한 법률」 및 같은 법 시행령과 같은 법 시행규칙이 있으며, 전자조달 시스템 이용을 위한 행정규칙에는 「국가종합전자조달시스템 구축 및 운용에 관한 규정」 [조달청고시]와 「국가종합전자조달시스템을 이용한 계약사무처리요령」 [조달청고시]가 있다.

제2절 보조사업 적용 법령

1 국가보조금법령

1. 사회복지사업법

국가는 사회복지사업을 하는 자 중 i) 사회복지법인, ii) 사회복지사업을 수행하는 비영리법인, iii) 사회복지시설 보호대상자를 수용하거나 보육·상담 및 자립지원을 하기 위하여 사회복지시설을 설치·운영하는 개인에게 운영비 등 필요한 비용의 전부 또는 일부를 보조할 수 있다. 보조금과 관련하여 「사회복지사업법」에서 규정한 사항 외에는 「보조금 관리에 관한 법률」을 따른다(「사회복지사업법」 제42조 및 같은 법 시행령 제20조).

2. 국가보조금법령

「보조금 관리에 관한 법률」은 국가 외의 자가 수행하는 사무 또는 사업에 대하여 국가가 이를 조성하거나 재정상의 원조를 하기 위하여 교부하는 보조금(지방자치단체에 교부하는 것과 그밖에 법인·단체 또는 개인의 시설자금이나 운영자금으로 교부하는 것만 해당) 등, 그밖에 상당한 반대급부를 받지 아니하고 교부하는 급부금으로서 보조금 예산의 편성, 교부 신청, 교부 결정 및 사용 등에 관하여 기본적인 사항을 규정함으로써 효율적인 보조금 예산의 편성 및 집행 등 보조금 예산의 적정한 관리를 도모함을 목적으로 하고 있다(「보조금관리에 관한 법률」 제1조 및 제2조).

2 지방보조법령

1. 사회복지사업법

지방자치단체는 사회복지사업을 하는 자 중 i) 사회복지법인, ii) 사회복지사업을 수행하는 비영리법인, iii) 사회복지시설 보호대상자를 수용하거나 보육·상담 및 자립지원을 하기 위하여 사회복지시설을 설치·운영하는 개인에게 운영비 등 필요한 비용의 전부 또는 일부를 보조할 수 있다. 보조금과 관련하여 「사회복지사업법」에서 규정한 사항 외에는 「지방재정법」을 따른다(「사회복지사업법」 제42조 및 같은 법 시행령 제20조).

2. 지방보조금법령

지방보조금과 관련하여 「사회복지사업법」에서 규정한 사항 외에는 「지방재정법」을 따라야 한다. 이 조문은 2016. 2. 3. 「사회복지사업법」 개정으로 추가된 사항이었다. 지방보조금과 관련한 「지방재정법」 조문은 "제2장의2 지방보조금관리(제32조의2~제32조의11) 및 제14장 별칙(제97조~제98조)" 조문은 2016. 2. 3. 신설되었으며, 「지방자치단체 보조금 관리에 관한 법률」이 제정되면서 2021. 1. 12. 삭제되었다.

2021. 1. 12. 제정(2021. 7. 13. 시행)된 「지방자치단체 보조금 관리에 관한 법률」은 지방보조금 예산의 편성, 교부 신청과 결정 및 사용 등의 기본적인 사항을 규정함으로써 지방보조금 예산의 효율적인 편성 및 집행 등 지방보조금 예산의 투명하고 적정한 관리를 목적으로 하고 있다. 「지방자치단체 보조금 관리에 관한 법률」 제2조제1호에서 지방자치단체가 법령 또는 조례에 따라 다른 지방자치단체, 법인·단체 또는 개인 등이 수행하는 사무 또는 사업 등을 조성하거나 이를 지원하기 위하여 교부하는 보조금이다.

지방보조금법령은 「지방자치단체 보조금 관리에 관한 법률」, 같은 법 시행령 및 같은 법 시행규칙이 있다.

3. 지방보조금 관리기준

지방자치단체 회계 관련 행정규칙은 행정안전부 예규인 「지방보조금 관리기준」이 있으며, 그 내용은 다음과 같다.

지방보조금 관리기준

[시행 2024. 1. 1.] [행정안전부예규 제273호, 2023. 12. 21., 일부개정]

행정안전부(재정협력과), 044-205-3735, 3738

제1장 총 칙

제1조(목적) ① 이 기준은 「지방재정법 시행령」 제29조제5항에 따라 지방자치단체의 보조금

예산에 대한 교부신청, 교부결정 및 사용 등에 관하여 필요한 사항에 대한 기준을 제시하고, 「지방자치단체 지방보조금 관리에 관한 법률」(이하 "법"이라 한다) 제6조, 제7조, 제8조, 제9조, 제10조, 제16조, 제17조, 제18조, 제21조, 제25조, 제26조, 제27조, 제36조의3 및 제36조의4와 「지방자치단체 보조금 관리에 관한 법률 시행령」(이하 "시행령"이라 한다) 제4조, 제10조, 제11조, 제12조 및 제21조의2 등에 관련한 세부사항을 규정하는 것을 목적으로 한다.

② 지방보조금 예산의 편성·집행에 관하여는 「지방자치단체 예산편성 운영기준」과 「지방자치단체 회계관리에 관한 훈령」에 규정이 있는 것을 제외하고는 이 기준에서 정하는 바에 따른다.

제2조(지방보조금 예산편성의 원칙) ① 지방자치단체의 장은 법 제6조에 따라 지방보조금 예산을 편성하고자 할 때에는 지방보조금관리위원회(이하 "위원회"라 한다)의 심의를 거쳐 사업별로 편성하여야 한다.

② 이 기준을 따르는 법 제2조제1호의 지방보조금의 종류는 별표 1과 같다.

③ 지방보조사업자의 기본적인 업무수행에 필요한 인건비, 사무실 임차료, 공과금, 사무관리비 등 운영비 지원 목적의 지방보조금은 법령에 명시적 근거가 있는 경우에 한하여 지원할 수 있다. 이 경우 '민간단체 법정운영비 보조' 또는 '사회복지시설 법정운영비 보조'예산으로 편성한다.

④ 국가 및 공공기관(시설)의 신설·확장·이전·운영과 관련된 비용 등에 관한 포괄적 지방보조금 예산은 법령에 구체적 근거가 있는 경우에 한하여 편성할 수 있다.

⑤ 강사료, 원고료, 출장 여비 등은 지방자치단체가 적용하는 공통기준을 지방보조사업자에게 제시하여 동일 지방자치단체 내에서 지급단가를 통일한다. 다만, 법령 또는 조례 등에서 다르게 기준을 제시한 경우에는 그러하지 아니하다.

⑥ 기금에 지방보조금 예산을 편성하는 경우에도 제1항에 따른 위원회의 심의를 거쳐야 한다.

제2조의2(지방보조금 예산의 관리) ① 지방자치단체의 장은 법 제28조에 따른 지방보조금통합관리망을 통해 지방보조금 예산의 통지, 교부 신청, 집행, 정산 등과 관련하여 지방보조사업을 관리한다.

② 지방보조사업의 관리 및 명칭부여, 운용 기준은 각각 별표 1의2 및 별표 1의3을 따른다.

제2장 지방보조금 예산의 교부신청 및 결정

제3조(지방보조사업자 선정기준) ① 지방자치단체의 장은 동일 지방보조사업자에 대한 지방보조금 계속 지원 여부를 결정하기 위하여 지방보조사업자의 지방보조사업 신청 시 수급이력과 실적을 제출하게 할 수 있다.

② 지방보조사업자가 지방자치단체인 경우, 지방자치단체의 장은 해당 지방자치단체의 지방비 부담 가능성과 지방재정영향평가 결과, 부지확보 여부 등 사전 행정절차 이행 여부 등을 고려해야 한다.

③ 지방자치단체의 장은 지방보조사업자 선정 및 지방보조금 규모 산정 시, 다음 각호의 사항을 고려하여야 한다.

1. 법 제32조에 따라 지방보조사업의 수행대상에서 배제되거나 지방보조금의 교부를 제한받은 경우가 있는지 여부
2. 중복 수급 해당 여부
3. 지방보조금을 신청한 법인·단체 또는 개인의 지방세 및 세외수입 체납 여부

④ 지방자치단체의 장은 지방보조사업자가 제3항제1호 및 제2호에 해당하는 경우, 지방보조사업자 선정에서 제외하여야 한다.

제4조(지방보조사업자 공모 및 선정) ① 지방자치단체의 장은 2개 이상의 법인·단체 또는 개인이 수행할 수 있는 지방보조사업은 공모를 통해 지방보조사업자를 선정해야 한다. 다만, 법 제7조제2항 각호에 해당하는 경우에는 그러하지 아니하다.

② 지방자치단체의 장이 공모방식을 통해 지방보조사업자를 선정하고자 하는 경우에는 다음 각호의 내용을 포함한 사업자 선정 공고문을 해당 지방자치단체의 홈페이지, 공보 또는 지방보조금통합관리망 등을 통해 공고하여야 한다.

1. 사업 추진 기본방향
2. 지원대상사업
3. 지원사업 대상 기관 및 응모 방법
4. 지원 및 선정 절차
5. 수행 일정
6. 그밖에 지방자치단체의 장이 게시가 필요하다고 인정한 사항

③ 제2항의 지방보조사업자 선정 공고에 부합하는 지방보조사업자가 없는 경우에는 재공모하여야 한다.

④ 지방자치단체의 장은 지방보조사업자 공모 시 15일 이상의 접수기간을 부여하여야 한

다. 다만, 다음 각호의 어느 하나에 해당하는 경우에 지방자치단체의 장은 사업의 시급성 등을 고려하여 접수 기간을 조정할 수 있다.

1. 재공모인 경우
2. 국가 또는 지방자치단체의 재정정책 상 예산의 조기 집행을 위해 필요한 경우
3. 국가사업 또는 지방자치단체의 다른 사업과 연계되어 사업의 일정 조정을 위하여 불가피한 경우
4. 긴급한 행사 또는 긴급한 재해 예방·복구 등을 위하여 필요한 경우

⑤ 지방자치단체의 장은 예산의 범위 내에서 법 제7조제2항의 공모 절차에 따른 신청자를 대상으로 위원회의 심의를 거쳐 지방보조사업자를 선정한다. 다만, 공공단체 보조사업자 공모 대상 중 학교에 대해서는 위원회 심의에서 제외할 수 있다.

⑥ 제5항 본문에도 불구하고 「비영리민간단체 지원법 시행령」 제6조에 따른 공익사업선정위원회 등 법 제26조에서 규정하고 있는 위원회 구성요건 등을 충족하는 다른 법령 및 조례에 따른 위원회가 지방보조사업자 선정에 관한 심의를 완료한 경우에는 이를 위원회에 의한 선정 심의로 대체할 수 있다.

⑦ 제6항에 따른 지방보조사업자 선정에 관한 대체 심의가 완료된 경우에는 그 내용과 결과를 예산부서에 즉시 통보하여야 한다.

제5조(지방보조금의 교부 신청) ① 지방보조금의 교부를 받고자 하는 자는 법 제7조제1항의 교부신청서와 함께 다음 사항을 기재한 사업계획서를 지방자치단체의 장에게 제출하여야 한다. 다만, 지방자치단체의 장이 정하는 경우에는 사업계획서의 기재 사항 중 일부를 생략하거나 추가할 수 있다.

1. 신청자가 경영하는 주된 사업의 개요
2. 신청자의 자산과 부채에 관한 사항
3. 지방보조사업의 수행계획에 관한 사항
4. 교부받으려는 지방보조금 금액의 산출기초
5. 지방보조사업에 드는 경비의 사용 방법
6. 지방보조사업에 드는 경비 중 지방보조금으로 충당되는 부분 외의 경비를 부담하는 자의 성명 또는 명칭과 부담하는 금액 및 부담하는 방법
7. 지방보조사업의 효과
8. 지방보조사업을 수행함에 따라 발생할 수입금액에 관한 사항
9. 그밖에 지방자치단체의 장이 정하는 사항

② 지방보조사업자는 지방보조사업비 보조비목(편성목)을 산정하고, 이를 포함한 사업계획서를 지방자치단체의 장에게 제출하여야 한다. 이 경우, 지방보조사업비 보조비목(편성목) 및 보조세목(통계목)의 구분은 「지방자치단체 예산편성 운영기준」의 '세출예산 성질별 분류'에 따른다.

제6조(지방보조사업 사업계획서 및 비목별 산정기준) ① 지방자치단체의 장은 지방보조사업의 특성에 따라 지방보조사업비의 보조비목별 산정기준을 구체화할 수 있다.

② 시제품, 시험설비, 제작설치물 등을 지방보조사업자가 자체 제작하는 경우에는 인건비 및 운영비 등의 보조비목으로 계상하여야 하며, 별도의 항목으로 일괄 계상할 수 없다. 다만, 외부기관이 제작하는 경우에는 적절한 보조비목으로 일괄 계상할 수 있다.

③ 사업기간이 1년 미만인 경우 사무기기 및 집기 등은 임차비로 계상한다. 다만, 지방자치단체의 장이 불가피하다고 인정하는 경우 유형자산 비목으로 계상할 수 있다.

제7조(수급자격 등 확인 · 점검) ① 지방자치단체의 장은 지방보조사업자에 대한 중복수급 여부를 확인·점검하여야 한다.

② 지방자치단체의 장 또는 지방보조사업자는 지방보조사업자 또는 지방보조금수령자에 대한 수급자격의 적격 여부를 확인·점검하여야 한다.

③ 지방자치단체의 장은 지방보조금통합관리망을 통해 제1항 및 제2항에 따른 확인·점검을 실시할 수 있다.

제8조(지방보조금 교부조건) ① 지방자치단체의 장은 법 제9조에 따라 교부조건을 붙이는 경우에 다음 각호에 관한 사항을 명시하여야 한다.

1. 다음 각 목에 해당하는 행위로 인해 지방보조금 교부결정의 전부 또는 일부를 취소할 수 있다는 사실
   가. 허위의 신청이나 기타 부정한 방법으로 지방보조금을 교부받은 경우
   나. 지방보조금을 다른 용도에 사용한 경우
   다. 지방보조사업자가 법령의 규정, 지방보조금의 교부조건의 내용 또는 법령에 의한 지방자치단체의 장의 처분에 위반한 경우
   라. 해당 지방보조금 지원과 직접 관련된 전제 조건이 사후에 충족되지 아니하는 경우
   마. 동일 또는 유사한 사업계획으로 다른 기관으로부터 중복하여 국고보조금 또는 지방보조금을 받은 경우
2. 부정수급 행위 시 다음 각 목의 제재 및 벌칙을 부과할 수 있다는 사실
   가. 법 제30조에 따른 명단공표

나. 법 제32조에 따른 수행배제

다. 법 제35조에 따른 제재부가금

라. 법 제37조 및 제38조에 따른 벌칙

3. 지방보조금을 최소 2차례 이상으로 나누어 교부할 때, 잔여 지방보조금의 교부 여부 결정을 위하여 법 제16조제1항에 따라 수행상황 점검을 할 수 있다는 사실

② 지방자치단체의 장은 '지방보조금 교부결정통지서'를 작성하는 경우 별지 제1호서식의 예를 참조할 수 있다.

③ 지방자치단체의 장은 민간에 대한 지방보조금 교부 결정 시 지방보조사업자로부터 별지 제2호서식의 '보조금청렴사용서약서'를 제출받아야 한다.

④ 지방자치단체의 장은 지방보조사업자가 사업수행자를 선정하는 경우, 「지방계약법령」에서 정한 절차에 따라 계약을 체결하여 이행하도록 이를 보조금 교부조건에 명시하도록 하여야 한다. 다만, 다음 각호의 어느 하나에 해당하는 때에는 그러지 아니하다.

1. 다른 법령, 지방자치단체 조례 또는 중앙부처의 보조금 관련 지침에 사업자 선정 절차가 구체적으로 명시된 경우
2. 전체 사업비 중 보조사업자의 자비 부담률이 50% 이상인 경우
3. 문화재 공사(문화재와 연결된 시설공사를 포함한다) 및 종자·종묘·종균의 구입(신설) 사업 등 사업의 특성상 보조사업자가 직접 수행자를 선정하는 것이 타당한 경우
4. 농작물재배 또는 가축사육, 양식에 대한 시험 연구 결과를 현장에 적용하여 수행하는 시범적인 사업인 경우(공동 개발된 농자재·농기계 포함)
5. 기타 지방계약법령을 적용하여 사업자를 선정하는 경우, 이행이 곤란하거나 예산낭비의 요인이 되는 경우

제9조(지방보조금 교부방법) ① 지방보조금의 교부는 지방보조사업자 명의의 보조금 전용계좌로 입금하여야 한다.

② 지방자치단체의 장은 제1항에도 불구하고 지방보조금통합관리망을 통해 지방보조사업자(지방자치단체가 지방보조사업자인 경우를 제외한다)에게 지방보조금을 교부하려는 경우에는 해당 지방자치단체 명의의 지방보조금 전용계좌로 지방보조금을 예치하여 교부할 수 있다.

③ 지방자치단체의 장은 지방보조금을 최소 2차례 이상으로 나누어 교부하고, 1차 교부와 최종교부 사이에 교부된 지방보조금이 당초 목적대로 사용되고 있는지 여부를 점검하여 그 결과에 따라 잔여 지방보조금의 교부 여부를 결정하여야 하며 지방보조사업자가

계약을 체결하여 추진하는 사업은 낙찰차액이 발생하는 경우 이를 감안하여 교부한다. 다만. 해당 지방보조금이 다음 각호의 어느 하나에 해당하는 경우에는 지방보조금 교부방법을 달리 정할 수 있다.

1. 일정한 요건을 갖추면 지원대상이 되는 경상보조성격의 사업인 경우
2. 다른 법령에 따라 지방보조금 교부 방법 및 절차가 정해진 경우
3. 추가경정예산으로 사업이 신설된 경우
4. 지방보조사업자가 공공기관인 경우
5. 그밖에 지방자치단체의 장이 필요하다고 인정하여 별도의 교부방법을 조례 또는 규칙으로 정한 경우

④ 원칙적으로 지방보조금 교부결정 통지 전에 시행한 공사나 사업에 대하여는 지방보조금을 교부할 수 없으나 불가피한 사유로 사전에 자치단체장의 승인을 받은 사항은 예외적으로 교부할 수 있다.

⑤ 기타 사업 또는 운영경비는 지방보조사업 특성에 따라 미리 또는 추진상황에 따라 교부한다. 다만, 공공기관에 대하여는 사업 완성 전 또는 사업연도 만료 전이라도 보조금을 교부할 수 있다.

⑥ 지방보조금 중 공사비는 사업 진도에 따라 실적비로 교부한다. 다만, 지방보조사업자가 선금 집행을 요청하고 지방자치단체의 장이 필요하다고 인정하는 경우, 「지방자치단체 입찰 및 계약 집행기준」에서 정한 선금 지급 범위 내에서 연내 집행 가능 사업량에 대해 사전 교부할 수 있다. 이 경우 지방자치단체의 장은 지방보조사업자의 선금 집행의 적정성을 확보하기 위해 필요한 사항을 교부조건에 명시하여야 한다.

제9조의2(지방보조금 전용계좌 등의 개설 및 관리) ① 지방보조금을 예치하기 위한 지방자치단체 명의의 전용계좌 및 지방보조금의 집행을 위한 지방보조사업자 명의의 전용카드 개설은 각각 별표 2 및 별표 3에 따른 지방자치단체와 금융기관 간 표준협약서에 의한다.

② 지방자치단체의 장은 제1항에 따른 지방보조금 전용계좌와 지방보조금 전용카드를 관리하기 위하여 보조금관리관과 보조금담당을 둘 수 있다.

③ 지방보조금 전용계좌 개설에 따른 통장 날인은 지방자치단체의 장 또는 보조금관리관의 직인으로 한다.

④ 지방보조금 전용계좌에 대한 입·출금은 지방보조금통합관리망을 사용하는 경우로 한정한다. 다만, 지방보조금통합관리망을 사용할 수 없는 중대한 장애 등이 발생한 경우에는 그러하지 아니하다.

제3장 지방보조금의 사용

제10조(지방보조사업 관리통장 등) ① 지방자치단체의 장은 지방보조사업자가 민간일 경우, 자부담을 포함한 보조금만을 별도 관리할 수 있도록 1개 사업에 1개의 통장(계좌)을 별도 개설하도록 하고 그 사본을 지방보조금 교부신청 시 제출하게 할 수 있다.

② 제1항에도 불구하고 다음 각호의 어느 하나에 해당하여 지방자치단체의 장이 보조금 집행 및 정산에 문제가 없다고 판단하는 경우에는 기존의 통장을 사용할 수 있다.

1. 100만 원 범위 내에서 개인에게 지급하는 경우
2. 기존 통장의 잔고를 0원으로 하여 보조금 전용통장으로 사용하는 경우

③ 지방보조사업자는 보조금 전용통장을 개설할 때, 지방보조사업자가 법인일 경우 법인 명의로, 기타 단체일 경우 단체명과 대표자명이 함께 들어간 통장으로 개설해야 한다. 다만, 고유번호나 납세번호가 있는 단체의 경우에는 단체명만으로 개설할 수 있다.

④ 지방보조사업자가 법인 또는 단체인 경우, 자부담 및 정산의 명확화를 위해 자부담 전용통장과 보조금 전용통장을 각각 사용할 수 있다. 다만, 제9조 제2항에 따라 지방보조금을 예치하여 교부하는 경우에는 해당 지방자치단체의 보조금 전용계좌를 사용한다.

⑤ 제3항과 제4항에 해당하는 경우, 지방자치단체의 장은 지방보조사업자에 대해 입금서류 보관 등에 대한 교육 등 필요한 조치를 하여 정산에 철저를 기해야 한다.

⑥ 자부담이 있는 경우 자부담금 예치 여부를 확인하기 위하여 지방보조금 교부 전 통장 사본(또는 계좌번호 지정서)을 제출하여야 한다.

⑦ 지방보조사업자는 지방보조사업 수행과정에서 수익금이 발생할 경우에도 지방보조사업비와 구분하여 별도의 계좌를 개설하여 관리하여야 한다.

제11조(지방보조금 사용 방법) ① 지방보조금은 지방보조금 입·출금 계좌에서의 계좌이체(지로를 포함한다) 또는 지방보조사업비 카드(신용카드 또는 체크카드를 구분하지 아니한다)를 사용하여 집행하여야 한다. 다만, 지방자치단체의 장이 정하는 바에 따라 소상공인 간편결제시스템(소상공인의 결제수수료 부담을 줄이고자 중소벤처기업부장관이 정한 운영기관이 운영하는 결제시스템을 말한다)을 인정할 수 있다.

② 지방보조금 지출거래 시 세금계산서는 전자세금계산서를 사용하여야 한다.

③ 제1항과 제2항에도 불구하고 교통, 통신시설 미비 등으로 계좌이체, 카드사용, 전자세금계산서 등의 사용이 곤란한 경우에는 그러하지 아니하다.

④ 지방보조사업자는 지방보조사업비를 일괄 인출하여 사후 정산하는 형태의 회계처리를 하여서는 아니 된다.

⑤ 지방보조사업자는 지방보조금 지출 시 지출결의서를 작성, 대표자의 결재를 득한 후 지출하게 하는 등 집행관리를 철저히 하여야 한다. 다만, 지방보조사업자가 개인인 경우에는 이를 생략할 수 있다.

⑥ 지방보조사업자는 강사료, 인건비, 원고료 등 수당 지급 시 관련 세법에 따라 원천(특별)징수한 후 법인 또는 단체의 관할 세무서 등에 납부하여야 한다.

제12조(사전 사용승인 제도) ① 지방보조금은 교부결정 통지일 이전에 집행한 사업비를 지방보조금으로 보전하는 형태로 집행하여서는 아니 된다. 다만, 지방자치단체의 장은 지방보조사업자가 선정된 사업에 한하여 지방보조사업의 시급성·타당성 등을 종합 검토하여 제한적으로 사전 사용승인 제도를 운용할 수 있다.

② 제1항에 따른 사전승인 제도를 운용함에 있어서 교부결정 전 집행액은 당초 지방보조사업계획에 포함된 자부담 외 별도의 추가 자부담으로 처리해야 하며, 지방보조사업 정산 시 추가 자부담은 해당 지방보조사업의 예산 범위 내에서 지방보조금으로 보전한다.

③ 지방자치단체의 장은 지방보조금 교부 후에 사전승인을 위반한 집행액 발견 시에는 해당 금액만큼 환수하여야 한다.

제13조(카드사용 및 제한) ① 지방보조사업자는 지방보조금 입출금계좌와 연결된 은행의 지방보조금 결제 전용 지방보조사업비 카드를 발급받아 사용함을 원칙으로 하며, 복수 발급하여 사용할 수 있다.

② 지방보조사업자는 지방보조금의 적정한 사용을 위하여 별표 4의 업종에는 지방보조사업비를 사용할 수 없다.

③ 지방자치단체의 장은 카드사와 협의하여 지방보조사업비 카드의 연회비가 발생하지 않도록 하여야 한다.

제14조(지방보조사업 관련 계약) 지방보조사업 관련 계약업무는 「지방자치단체를 당사자로 하는 계약에 관한 법률」에 따른다. 다만, 다른 법률에 따라 계약업무를 하는 경우에는 다른 법률을 우선 적용할 수 있다.

제15조(지방보조사업자의 자기부담금 집행) ① 지방보조사업자는 자기부담금을 포함하여 지방보조사업을 추진하는 경우 자기부담금의 집행도 지방보조금의 집행기준과 동일하게 집행하여야 하며, 지방자치단체의 장은 해당 지방보조사업자로 하여금 자기부담금을 우선 집행하도록 하여야 한다.

② 제1항에도 불구하고, 다음 각호의 어느 하나에 해당하는 경우에는 지방보조사업자는 자기부담금을 우선 집행하지 아니할 수 있다.

1. 지방보조사업 연간사업계획에 반영되지 않은 추가 자부담의 경우
2. 시·도비 매칭사업의 경우(시·도비와 시·군·구비 매칭 사업에 한한다)
3. 그밖에 지방자치단체의 장이 지방보조사업자 또는 지방보조사업 특성에 따라 자부담금 집행을 달리 정한 사업인 경우

③ 지방자치단체의 장은 제2항제2호의 경우 시·군·구청장이 자기부담분 확보 이전에 지방보조금을 교부하여 사업을 우선 추진하도록 할 수 있다.

④ 지방자치단체의 장은 제1항에도 불구하고 민간지방보조사업자의 자기부담금 확보가 불가피하게 어렵다고 판단하는 경우, 전년도 자기부담금 확보 및 지방보조사업의 집행실적을 고려하여 자기부담금 확보 이전에도 지방보조금을 교부할 수 있다.

⑤ 지방자치단체의 장은 지방보조사업자가 법 제17조제1항에 따른 지방보조사업 실적보고 사유가 발생한 날까지 자기부담금을 확보하지 못한 경우 지방보조사업자에게 지방보조금을 반납하도록 하거나 다음 연도 예산편성 시 감액 조치를 할 수 있다.

⑥ 지방자치단체의 장은 지방보조사업의 자기부담금 집행 비율이 당초 사업계획보다 낮을 경우, 총 집행액을 기준으로 지방보조금과 자기부담금 비율로 나누어 정산 후 반환토록 조치해야 한다.

제16조(지방보조사업비의 이월) ① 지방자치단체의 장은 지방보조사업을 특별한 사유가 없는 한 그 회계연도 내에 완료토록 하고, 회계연도 말까지 집행하여야 한다.

② 지방자치단체의 장은 제1항에도 불구하고 지방보조사업의 특성상 불가피하게 회계연도를 넘어 사업의 완료가 예상되는 경우, 지방보조금 교부 시 집행 및 정산 등에 관한 사항을 구체적으로 명시하여야 한다.

제17조(지방보조사업비 등의 변경) ① 지방보조사업자는 보조비목(편성목) 및 보조세목(통계목)을 신설하는 경우에는 그 사유와 보조비목 등을 명시하여 지방자치단체의 장의 승인을 받아야 한다.

② 지방자치단체의 장은 다른 지방자치단체로부터 교부받은 지방보조금 예산에 대하여 예산편성 이후 사정의 변경 등으로 (민간)경상사업보조를 (민간)자본보조로 변경하는 등 보조비목(편성목)을 변경하고자 하는 경우에는 지방보조금을 교부한 지방자치단체와 협의하여야 한다. 다만, 사업계획에 포함된 세부항목 간 변경사용, 통계목 내 항목 간 변경사용 등 경미한 사항의 경우에는 목적 사업의 범위 내에서 협의를 거치지 아니할 수 있다.

③ 지방보조사업자는 지방보조금을 교부받은 후 원칙적으로 다음 회계연도에 이월하여 사용할 수 없다. 다만, 다음 각호에 해당하는 경우 지방보조사업자는 다음 회계연도로 이

월하여 사용할 수 있으며, 제2호의 경우 재이월하여 사용할 수 있다.

1. 연도 내에 지출원인행위를 하고 불가피한 사유로 연도 내에 지출하지 못한 경비와 지출원인행위를 하지 아니한 그 부대 경비
2. 인건비 등 경상적 경비, 재해복구 경비, 입찰공고 후 장기간이 소요되거나 협상에 의한 계약 등으로 장기간이 소요되는 경비
3. 그밖에 이월이 불가피하다고 지방자치단체의 장이 인정하는 경우

④ 지방보조사업자는 제3항에 따른 이월과 재이월을 위해서 이월금액, 이월 사유, 이월액 집행계획 등을 포함한 이월신청서를 제출하여 지방자치단체의 장의 승인을 받아야 하며, 이월액은 다른 용도로 사용할 수 없다.

⑤ 다른 법령 등에서 별도로 정한 경우는 해당 규정을 우선 적용할 수 있다.

제18조(지방보조금에 대한 이자의 계산) ① 지방자치단체의 장은 지방보조금으로 인해 금융기관의 통장계좌에서 발생한 이자를 반환받아야 한다.

② 제1항의 이자는 지방보조금을 최초 교부받은 때부터 정산 후 집행잔액을 반환할 때까지 실제 발생한 모든 이자를 포함한다. 다만, 이자반환금에 대한 10원 미만의 끝수 처리에 대하여는 「지방회계법」 제55조의 규정에 따라 지방자치단체의 장이 결정하는 바에 따른다.

③ 반환이자 산정을 위한 금리는 금융기관의 해당 지방보조금 지정계좌의 약정 금리를 적용하여 산정하되, 금리 약정이 없는 등 발생이자 산정이 곤란한 경우에는 「민법」 제379조의 법정이율인 연 5%를 적용하여 산정한다.

④ 지방보조금 최종 정산반환이 완료된 이후 법 제12조에 따른 지방보조금 교부 결정 취소가 있는 경우 지방보조금 반환일까지의 이자는 해당 지방보조금 통장에서 실제로 발생하지 않은 이자인바 원칙적으로 반환을 요구할 수는 없으나 이에 대해 시와 지방보조사업자 간 별도의 협약이 있는 경우 그 협약한 기준을 적용하여 이자를 산정할 수 있다.

⑤ 지방보조금 반환 기한을 경과한 기간의 이자의 경우, 반환 기한을 경과한 날부터 실제 반환일까지의 이자는 시와 지방보조사업자 간 별도 협약에 따르되, 별도의 협약이 없는 경우 「민법」에 따른 지연이자를 적용하여 산정한다.

제19조(지방보조사업 실적보고 및 집행잔액 등 반납) ① 지방자치단체의 장은 지방보조사업이 완료되었을 때, 폐지의 승인을 한 때 또는 회계연도가 끝났을 때에는 법 제17조와 시행령 제10조에 따라 지방보조사업자등으로부터 정산보고서 등이 포함된 실적보고서를 제출받아야 하며 집행잔액과 지방보조금으로 발생한 이자, 지방보조사업의 수익금(교부목적

에 위배되지 않는 범위 내에서 지방보조금으로 인해 발생한 수익금을 반환하도록 교부조건에 명시한 경우에 한한다)을 반납받아야 한다.

② 지방보조사업 시행으로 발생한 부가가치세 환급금 등은 세외수입으로 계상하는 것을 원칙으로 한다. 다만, 부가가치세 환급금을 동일한 사업에 재투자하고자 할 경우에는 그 내역을 명확히 하여 사업계획에 미리 반영하거나 사업계획을 변경하여 사용할 수 있다.

③ 지방자치단체의 장은 지방보조금 집행잔액과 이자, 지방보조사업의 수익금의 반납기한을 반납금액, 결산일정 등을 감안하여 정하되 사업이 완료된 해의 다음 연도 내에는 반납이 완료될 수 있도록 하여야 한다.

④ 지방자치단체의 장은 정당한 사유 없이 지방보조사업의 실적보고서를 제출하지 않은 지방보조사업자에 대해서는 지방보조금을 추가로 교부하여서는 아니 된다.

⑤ 지방자치단체의 장은 지방보조사업자의 재정부담능력을 고려하여 법 제17조제2항에 따른 정산보고서의 검증 비용을 지방보조금에서 지출하는 것을 승인할 수 있다.

제4장 지방보조사업의 관리

제20조(지방보조사업 집행점검) ① 지방자치단체의 장은 법 제16조제2항에 따라 보조사업 등의 수행상황을 점검하며 다음 각호의 지방보조사업 등을 주요 점검대상으로 한다.

1. 총사업비 중 지방보조금 규모가 30억 원 이상인 보조사업의 경우
2. 공모에 의하지 아니하고 지방보조사업자를 선정한 지방보조사업의 경우
3. 부정수급이 발생하였거나 발생할 우려가 높은 지방보조사업의 경우
4. 지방보조금관리위원회가 점검이 필요하다고 인정한 지방보조사업의 경우
5. 그밖에 지방자치단체의 장이 지방보조사업의 집행점검이 필요하다고 인정하는 경우

② 지방자치단체의 장은 점검결과에 따라 필요한 경우 현장조사를 실시할 수 있으며, 현장조사는 조사개시 7일 전까지 서면으로 통지하여야 한다. 다만, 현장조사를 실시하기 전에 관련 사항을 미리 통지하는 때에는 증거인멸 등으로 현장조사의 목적을 달성할 수 없다고 판단되는 경우, 현장조사의 개시와 동시에 조사대상자에게 구두로 통지할 수 있다.

③ 지방자치단체의 장은 조사 결과에 따라 지방보조금 교부결정 취소, 지방보조금 반환, 강제징수, 제재부가금 부과, 지방보조사업 수행 제한 등의 필요한 조치를 하여야 하며 지방보조금 반환 결정은 검찰의 공소제기 시까지 하여야 한다.

④ 지방자치단체의 장은 조사 결과 고의, 거짓 등의 방법으로 부정수급을 행한 사실이 있다고 판단되는 때에는 「형사소송법」 제234조제2항에 따라 고발하여야 한다.

⑤ 국비 매칭 사업의 경우, 지방자치단체의 장이 「국고보조금 통합관리지침」 제32조에 따

라 집행점검을 실시한 경우 이 기준에 따른 집행점검을 완료한 것으로 본다.

제21조(검증증거의 문서화 및 보관) ① 법 제17조제2항의 감사인은 검증보고서 작성의 근거가 되는 중요한 증거에 관한 사항과 관련 기준에 의하여 검증업무가 수행되었음을 입증할 수 있는 증거를 문서화(이하 본 조에서는 '검증 조서'라 한다)해야 한다.

② 감사인이 직접 작성한 검증조서는 감사인이 5년간 보관하며, 해당 지방자치단체의 장 및 지방보조사업자가 요구하기 전에는 외부로 유출되지 않도록 한다.

제22조(감사인의 책임 등) ① 법 제17조제2항의 감사인은 지방보조사업의 정산보고서에 대한 검증업무를 수행하는 기간 중에는 그 지방보조사업을 수행하는 지방보조사업에 대하여 다음 각호에 해당하는 업무를 수행할 수 없다. 다만, 지방보조사업자가 해당 지방자치단체의 장의 승인을 받은 경우에는 예외로 한다.

1. 회계기록과 재무제표의 작성
2. 외부회계감사
3. 내부감사업무의 대행
4. 재무정보체제의 구축 또는 운영
5. 그밖에 지방보조사업비 검증업무와 이해상충의 소지가 있는 업무

② 감사인은 검증과정에서 지방보조사업비 집행과정에 중대한 문제점을 발견하는 경우 지방자치단체의 장과 지방보조사업자에게 보고하고, 검증보고서에 개선방안을 포함하여야 한다.

③ 지방자치단체의 장은 법 제17조제2항에 따른 감사인의 정산결과의 오류나 누락이 외부기관의 감사 등에 의하여 발견된 경우 지방보조사업자가 각호의 조치를 취하도록 할 수 있다.

1. 지방보조사업자는 검증기관의 고의 또는 중과실로 중대한 오류나 누락이 발생한 경우, 해당 사실을 안 날부터 3년간 해당 기관을 검증기관으로 선정하는 것을 제한
2. 지방보조사업자는 검증기관의 부주의 또는 과실로 중대한 오류나 누락이 발생한 경우, 해당 사실을 안 날부터 2년간 해당 기관을 검증기관으로 선정하는 것을 제한
3. 지방보조사업자는 검증기관의 부주의 또는 과실로 경미한 오류나 누락이 발생한 경우 또는 정당한 사유 없이 검증을 지체하거나 검증 조서의 작성·관리가 부실한 경우 주의 조치를 취하며 연간 3번 이상 주의 조치를 받은 경우, 해당 기관을 검증기관으로 선정하는 것을 1년간 제한

제23조(검증 관련 보고서의 제출) ① 지방보조사업자는 법 제17조제1항 각호의 사유가 발

생한 날부터 2개월 이내에 검증 관련 보고서를 지방자치단체의 장에게 제출하여야 한다. 이 경우 지방보조사업자는 본문에 따른 기간 내에 검증 관련 보고서의 작성이 완료되기 곤란하다고 판단하는 경우에는 해당 지방자치단체의 장에게 2개월의 범위 내에서 제출 기간의 연장을 요청할 수 있다.

② 지방자치단체의 장은 제1항 후단에 따른 제출 기간의 연장을 요청받은 경우 기간의 연장이 필요하다고 인정하는 경우에는 2개월의 범위 내에서 그 기간을 연장할 수 있다.

제24조(감사보고서의 작성 및 제출) ① 특정지방보조사업자는 법 제18조제1항의 감사보고서의 작성을 위하여 감사 대상 사업연도에 대한 재무제표 또는 결산서(이하 "재무제표 등"이라 한다)를 작성하여 사업연도 종료 후 3개월 이내에 감사인에게 제출하여야 한다. 이 경우 재무제표는 다음 각호의 서류를 말한다.

1. 재무상태표
2. 손익계산서 또는 포괄손익계산서
3. 자본변동표와 현금흐름표
4. 별지 제3호서식에 따른 주석사항

② 영 제11조제4항의 회계연도가 지방보조사업의 사업연도와 다른 경우에는 사업연도를 회계연도로 간주하여 작성한다.

③ 감사인은 감사결과를 기술한 감사보고서를 작성하여 제4항의 특정지방보조사업자의 감사보고서 제출일로부터 5일 이전까지 제출하여야 한다.

④ 특정지방보조사업자는 감사보고서가 첨부된 재무제표 등을 사업연도 종료일로부터 4개월 이내에 지방자치단체의 장에게 제출하여야 한다.

⑤ 지방자치단체의 장은 특정지방보조사업자의 재정부담능력을 고려하여 법 제18조제1항에 따른 감사보고서의 작성 비용을 지방보조금에서 지출하는 것을 승인할 수 있다.

제25조(회계감사의 적용범위) ① 법 제18조제1항에 따라 같은 회계연도 중 지방자치단체의 장으로부터 교부받은 지방보조금의 총액이 10억 원 이상인 지방자치단체를 제외한 지방보조사업자(이하 "특정지방보조사업자"라 한다)는 재무제표 등을 작성하여 독립된 외부의 감사인(이하 "감사인"이라 한다)에 의한 회계감사를 받아야 한다.

② 지방보조사업자는 제1항에 있는 재무제표에 대해서는 다음 각호의 기준을 적용한다.

1. 일반기업회계기준
2. 중소기업회계기준
3. 공기업·준정부기관 회계기준

4. 공익법인회계기준
5. 그밖에 감사인의 감사에 통일성과 객관성이 확보될 수 있는 회계기준

③ 지방자치단체의 장은 제1항에도 불구하고 특정지방보조사업자가 다음 각호에 해당하는 경우 회계감사 대상에서 제외할 수 있다.

1. 특정지방보조사업자가 국제기구인 경우
2. 특정지방보조사업자가 지방보조금의 대부분을 지방보조금수령자에게 다시 지급하여 특정지방보조사업자가 직접 집행하는 금액이 5억 원 미만인 경우
3. 그밖에 지방자치단체의 장이 특정지방보조사업자의 특성상 감사보고서를 작성 · 제출하기에 적합하지 아니하다고 인정하는 경우

제26조(회계감사인의 권한 및 책임 등) ① 감사인은 언제든지 특정지방보조사업자의 회계에 관한 장부와 서류를 열람 또는 등사하거나 회계에 관한 자료의 제출을 요구할 수 있으며, 그 직무를 수행하기 위하여 특별히 필요한 경우 특정지방보조사업자의 업무와 재산상태를 조사할 수 있다.

② 감사인은 다음 각호의 어느 하나에 해당하는 경우 사업연도 중에 감사계약을 해지할 수 있다.

1. 독립성이 훼손된 경우 등 시행령 제11조제2항에 따른 회계감사기준에서 정하는 사유가 발생한 경우
2. 「공인회계사법」 제43조제1항에 따른 직업윤리에 관한 규정에서 정한 감사인의 독립성이 훼손된 경우
3. 특정지방보조사업자가 사업연도 중 감사보수의 지급에 관한 감사계약상의 의무를 이행하지 아니한 경우
4. 감사계약을 체결한 후 특정지방보조사업자의 합병, 분할 또는 사업의 양도 · 양수로 주요 사업부문의 성격이나 특정지방보조사업자의 규모가 현저히 달라졌으나 감사보수에 대한 재계약이 이루어지지 않은 경우
5. 감사의견과 관련하여 특정지방보조사업자로부터 부당한 요구나 압력을 받은 경우

③ 감사인은 제2항에 따라 감사계약을 해지한 경우에는 지체 없이 그 사실을 지방자치단체의 장 또는 지방보조사업자에게 보고하여야 한다.

④ 특정지방보조사업자의 감사인은 다음 각호의 행위를 하여서는 아니 된다.

1. 특정지방보조사업자를 대신하여 재무제표 등을 작성하는 행위
2. 특정지방보조사업자의 재무제표 등의 작성과 관련된 회계처리에 대한 자문에 응하는

행위

3. 특정지방보조사업자의 재무제표 등의 작성에 필요한 계산 또는 회계분개를 대신하여 해 주는 행위

4. 특정지방보조사업자의 재무제표 등의 작성과 관련된 구체적인 회계처리 방법의 선택이나 결정에 관여하는 행위

⑤ 감사인은 그 직무를 수행할 때 특정지방보조사업자의 직무수행에 관하여 부정행위 또는 법령이나 정관에 위반되는 중대한 사실을 발견하면 지방자치단체의 장 또는 지방보조사업자에게 보고하여야 한다.

⑥ 감사인은 특정지방보조사업자의 회계처리 등에 관하여 회계처리기준을 위반한 사실을 발견한 경우 지방자치단체의 장 또는 지방보조사업자에게 보고하여야 한다.

⑦ 다만 다른 법률에 따라 회계감사를 받는 경우 다른 법률에 따른다.

제27조(위원회의 운영) 위원회는 법 제26조제2항제1호에 따른 '지방보조금 예산을 편성할 때'에는 예산편성 일정 등 여건을 고려하여 보조금 과목별·사업별 규모, 공모 대상 보조금 규모, 보조사업 유형별 재원 분담의 적정성 여부 등을 심의할 수 있으며, 다음 각호의 어느 하나에 해당하는 경우에는 목록에 의한 심의로 대체 할 수 있다.

1. 법령에 근거한 연례 반복사업

2. 당초예산(직전예산 또는 본예산을 의미한다)대비 30% 이하 증액 사업

② 지방자치단체의 장은 제1항 전단에 따른 위원회의 지방보조금 예산편성 심의 결과(부적정으로 심의된 사업 내역 포함)를 지방의회에 제출해야 한다. 이 경우 부정적 사업 내역은 별표 5의 예를 참고하여 작성한다.

제27조의2(분과위원회) ① 위원회는 문화·예술·경제 등 전문성을 요하는 분야에 대하여 그 효율적 운영을 위하여 조례가 정하는 바에 따라 분과위원회를 구성하여 운영할 수 있다.

② 분과위원회의 심의·의결사항은 위원회에 총괄적으로 보고되어야 하며, 위원회는 그 심의 절차를 간소화하여 운영할 수 있다.

제5장 보조사업 사후관리

제28조(지방보조사업 운용평가) ① 지방자치단체의 장은 법 제27조에 따라 지방보조사업에 대하여 매년 사업 완료 후 다음 연도 7월 말까지 성과평가를 실시하여야 한다.

② 지속적으로 이루어지는 보조사업에 대하여 3년마다 유지필요성 평가를 제1항에 따른 성과평가 시기에 실시하여야 하며, 이 경우 그 연도 중에 실시하는 성과평가를 유지필요성 평가로 대체하여 실시할 수 있다.

③ 평가는 사업계획, 사업관리, 사업성과 등 3개 분야로 구분하여 실시한다. 이 경우 평가 결과는 매우우수·우수·보통·미흡· 매우미흡 5개 등급으로 구분하고, 등급별로 일정 비율을 할당하여야 한다.

④ 제1항에 따른 성과평가 결과가 미흡 등급인 지방보조사업의 경우에는 지방보조금 예산을 증액할 수 없고, 매우미흡 등급인 지방보조사업의 경우에는 지방보조금 예산을 삭감하거나 지방보조금 지원을 중단해야 한다.

⑤ 제2항에 따른 유지필요성 평가 결과가 미흡과 매우미흡 등급인 지방보조사업의 경우에는 해당 지방보조사업을 폐지한다. 다만, 미흡 등급인 지방보조사업의 경우에는 지방보조금관리위원회 심의를 거쳐 해당 지방보조사업을 폐지하지 아니할 수 있다.

⑥ 제1항에 따른 성과평가 및 제2항에 따른 유지필요성 평가의 세부기준은 각각 별표 6과 별표 7의 예를 따른다.

⑦ 지방자치단체의 장은 제1항 및 제2항에 따른 지방보조사업 운용평가 결과와 제4항 및 제5항의 규정에 따라 지방보조금 예산이 삭감·지원중단되거나 사업이 폐지된 지방보조사업 내역을 지방의회에 제출해야 한다. 이 경우 예산 삭감·지원중단 및 사업 폐지 지방보조사업 내역은 별표 8의 예를 참고하여 작성한다.

⑧ 국고보조사업(시·군·구의 경우 시 ·도비 보조사업을 포함한다), 국제행사 또는 전국단위 시도 순회 행사에 따른 보조사업, 예비군육성지원보조사업, 운수업계보조사업, 교육기관보조사업은 원칙적으로 평가대상에서 제외할 수 있으나, 이 중 지방자치단체의 장의 선택적 희망 사업은 평가대상에 포함할 수 있다.

제29조(자료보관) 지방보조사업자는 지방보조사업의 수행, 정산, 회계감사 등과 관련된 자료를 5년간 보관하여야 한다. 다만, 카드사, 국세청 등으로부터 카드사용 내역, 세금계산서 등을 정보처리시스템을 통해 전송받은 경우, 종이 영수증 원본을 별도로 출력하여 보관하지 않고 전자적으로 보관할 수 있다.

제30조(부정수급 점검) 각 지방자치단체의 장은 매년 말까지 다음 각호의 사항을 점검하고 점검 결과를 행정안전부장관에게 보고하여야 한다.

1. 법 제30조에 따른 명단공표 대상자 수 및 명단
2. 법 제31조제1항 또는 제34조에 따른 지방보조금 반환 건수 및 반환 금액
3. 법 제32조에 따른 지방보조사업 수행 배제 건수 및 대상자 명단
4. 법 제35조에 따른 제재부가금 및 가산금 징수 건수 및 금액
5. 법 제36조의3에 따른 신고포상금 지급 건수 및 지급 금액

제31조(중요재산의 보고 및 공시) ① 지방보조사업자 등의 중요재산 보고는 법 제21조제1항과 시행령 제12조제1항 및 제2항에 따르며 별지 제4호서식의 '중요재산 현황'을 작성하여 중요재산 취득 후 15일 이내에 해당 지방자치단체의 장에게 보고하고 이후 중요재산 처분제한기간 이전까지 매년 6월과 12월에 변동현황을 보고하여야 한다. 다만, 변동사항이 없거나 미미한 경우에는 보고를 생략할 수 있다.

② 법 제21조의 현재액은 시장에서 형성된 가격이며 시장가격이 없는 경우에는 감정평가사 등 자산평가업무에 전문성 있는 평가인의 평가에 의한 가격으로 한다. 단, 지방자치단체의 장은 시행령 제12조제5항에 따른 금액을 산정할 때 복수의 감정평가사 등으로 하여금 현재가치를 평가하게 할 수 있다.

③ 지방자치단체의 장은 시행령 제12조제2항 및 제3항에 따라 지방보조사업자가 보고한 중요재산 취득현황과 변동현황을 확인·점검하여야 한다. 이때, 취득현황은 보고를 받은 날부터 1개월 이내에 지방자치단체가 설치·운영하는 인터넷 홈페이지에 공시하고, 변동현황은 매년 6월 말과 12월 말까지 공시해야 한다. 이 경우 공시 기간은 최초 공시일로부터 다음 각호의 기간으로 한다.

1. 부동산과 그 종물의 경우 10년
2. 선박, 부표, 부잔교, 부선거와 그 종물의 경우 10년
3. 항공기의 경우 10년
4. 그밖의 기계, 장비 등 중요재산의 경우 5년

④ 지방보조사업자는 제1항에 따라 중요재산을 관리하되 취득가액이 50만 원 이하는 그러하지 아니하다. 다만, 지방자치단체의 장이 지방보조금 교부목적을 달성하기 위해 인정한 50만 원 이하 내구성 재산은 포함하여야 한다.

⑤ 지방자치단체의 장은 지방보조사업자로 하여금 중요재산 취득가액 및 시기, 사용 장소, 재정 지원 내용 등의 재산정보를 표기한 안내문 등을 부착하여 관리하게 할 수 있다.

제32조(신고 포상금 지급 등) ① 법 제36조의3과 시행령 제21조의2에 따라 포상금을 지급하는 경우에는 지방자치단체의 장은 신고 또는 고발한 자에게 별지 제5호서식의 '신고포상금신청서' 제출을 요청하게 할 수 있다.

② 시행령 제21조의2제3항에 따라 포상금 지급기한은 통보한 날로부터 60일 이내로 하되 행정심판, 소송 등이 진행되는 기간은 포함하지 아니한다.

③ 지방자치단체의 장은 법 제36조의3에 따라 지급된 포상금이 신고 또는 고발한 자가 허위, 그밖의 부정한 방법으로 포상금을 지급받은 경우, 그밖에 착오 등의 사유로 포상금

이 잘못 지급된 경우(다른 법령 등에 따라 동일한 사항에 대해 중복하여 지급한 경우를 포함한다)는 포상금의 전부 또는 일부를 환수하여야 한다.

④ 포상금 지급에 관여한 심의위원 또는 공무원은 신고 또는 고발한 자의 신원 또는 신고내용 등에 관하여 비밀을 유지하여야 한다.

⑤ 지방자치단체의 장은 신고포상금 지급과 관련하여 신고자의 신분, 신고내용 등이 외부에 공개된 경우에는 관련 사실을 조사하여 필요한 조치를 할 수 있다.

제6장 기타

제33조(재검토기한) 행정안전부장관은 「훈령·예규 등의 발령 및 관리에 관한 규정」에 따라 이 예규에 대하여 2024년 1월 1일을 기준으로 매 3년이 되는 시점(매 3년째의 12월 31일까지를 말한다)마다 그 타당성을 검토하여 개선 등의 조치를 하여야 한다.

부칙 <제273호, 2023. 12. 21.>

이 예규는 2024년 1월 1일부터 시행한다.

3 지방재정법령

1. 사회복지사업법

지방자치단체는 사회복지사업을 하는 자 중 i) 사회복지법인, ii) 사회복지사업을 수행하는 비영리법인, iii) 사회복지시설 보호대상자를 수용하거나 보육·상담 및 자립지원을 하기 위하여 사회복지시설을 설치·운영하는 개인에게 운영비 등 필요한 비용의 전부 또는 일부를 보조할 수 있다. 보조금과 관련하여 「사회복지사업법」에서 규정한 사항 외에는 「지방재정법」을 따른다(「사회복지사업법」 제42조 및 같은 법 시행령 제20조).

2. 지방재정법령

「지방재정법」은 지방자치단체의 수입·지출 활동과 지방자치단체의 자산 및 부채를 관리·처분하는 모든 활동에 대하여 기본원칙을 정함으로써 지방재정의 건전하고 투명한 운용과 자율성을 보장함을 목적으로 하고 있다(「지방재정법」 제1조).

지방재정법령에는 「지방재정법」 및 같은 법 시행령과 「지방재정법 시행령 제33조제1항 본문에 따른 지방자치단체 경비부담의 기준 등에 관한 규칙」이 있다.

3. 예산편성 운영기준

예산 운용과 관련한 행정규칙으로는 행정안전부 훈령인 「지방자치단체 예산편성 운용에 관한 규칙」이 있다. 이 규칙에서 지방자치단체 세출예산의 분야·부문은 기능별로 세부적으로 분류하고, 정책·단위·세부사업은 지방자치단체가 분야·부문의 기능에 맞게 설정·운영하며, 세출예산의 성질별 분류는 목그룹, 편성목, 통계목으로 분류한다.

관련 법령

「지방자치단체 예산편성 운영기준」

제6조(세출예산 과목구분과 설정) ① 세출예산의 분야·부문은 기능별로 별표 9와 같이 세부적으로 분류하고, 정책·단위·세부사업은 지방자치단체가 분야·부문의 기능에 맞게 별표 10과 같이 설정·운영한다.

② 세출예산의 성질별 분류는 목그룹, 편성목, 통계목으로 분류하며, 세부분류 내용은 별표 11과 같다

[별표 10] 세출예산 사업별 분류(정책·단위·세부사업)

[별표 11] 세출예산 성질별 분류(목그룹·편성목·통계목)

「지방자치단체 예산편성 운용 기준」 제6조에서 정하고 있는 지방자치단체 세출예산 과목구분과 설정의 비영리법인 지원 세출예산의 성질별 분류는 목그룹, 편성목, 통계목으로 분류하며, 세부분류 내용은 다음과 같다.

그룹	편성목	설정(통계목 포함)	비고
300	307 민간 이전	**02. 민간경상사업보조** 1. 민간이 행하는 사업에 대하여 자치단체가 이를 권장하기 위하여 교부하는 것으로 자본적 경비를 제외한 보조금 ※ 민간경상사업보조를 받은 자는 보조금교부조건에 특별한 규정이 없는 한 제삼자에게 재위탁 불가 2. 「지방재정법」 제17조의 보조제한 사유에 해당되지 않는 경우에 한하여 지원 **03. 민간단체 법정운영비보조** 1. 「지방재정법」 제17조 및 「지방보조금법」 제6조제2항 따라 운영비를 지원할 수 있는 단체 등에 지원하는 경비 2. 사회복지시설에 대한 운영비 지원은 '사회복지시설 법정운영비보조' 예산에 편성 3. 지원대상 및 지원범위 • 「지방재정법」 제17조 및 「지방보조금법」 제6조제2항에 따라 법령에 명시적으로 운영비를 지원할 수 있는 경우로서 보조금을 지원할 수 있는 단체 • 지원범위는 관련 근거법령에 따른 지원기준과 당해 단체의 비용부담능력 등에 따라 적정한 수준으로 편성 • 운영비 이외의 경상사업비 및 자본사업비는 편성할 수 없음 **04. 민간행사사업보조** 1. 민간이 주관 또는 주최하는 행사에 대하여 자본적 경비를 제외한 보조금 ☞ 단체운영비(사무실임차료, 상근직원인건비 등) 지원 불가 ☞ 지방자치단체가 행사를 사실상 주관하여 시행하는 행사의 경우에는 보조금 예산으로 편성 금지 **05. 민간위탁금** 1. 국가 또는 지방자치단체가 법령 및 조례에 의하여 민간인에게 위탁관리시키는 사업 중 기금성격의 사업비로서 사업이 종료되거나 위탁이 폐지될 때에는 전액 국고 또는 지방비로 회수가 가능한 사업 2. 지방자치단체가 「지방자치법」 제117조에 따른 위임 또는 위탁, 대행사무에 수반되는 경비로서 위임 또는 위탁, 대행하는 자에게 지급하는 자본형성적 경비 이외의 부담경비 • 시가지·도로 청소대행사업비 등 ☞ 보조금 관계법령, 보조금 관리조례 등에 따라 집행하여야 할 민간보조사업을 위탁금으로 예산편성 금지	

그룹	편성목	설정(통계목 포함)	비고
300	307 민간 이전	**10. 사회복지시설 법정운영비 보조** 1. 주민 복지를 위해 법령의 명시적 근거에 따라 사회복지시설에 대하여 운영비 지원 목적으로 편성하는 보조금 2. 지원대상 및 지원범위는 다른 법령에 특별한 규정이 없는 한 '민간단체 법정운영비보조'예산W의 편성기준에 따름 ☞ 사회복지시설 법정운영비보조는 세출예산 기능별 분류 중 사회복지분야(080) 사업으로 함 **11. 사회복지사업보조** 1. 주민 복지를 위해 법령 또는 조례상 지원기준에 따라 의무적으로 지출하는 보조금 또는 자치단체가 권장하는 다음 각호의 사업을 위하여 지급하는 보조금으로서 자본적 경비를 제외한 경비 • 생활이 곤궁한 자의 보호 및 지원 사업 • 노인·아동·심신장애인·청소년 및 부녀의 보호와 복지증진을 위한 사업 • 기타 이에 준하는 복지 관련 사업 ☞ 사회복지사업보조는 세출예산 기능별 분류 중 사회복지분야(080) 사업으로 한정하며, 운영비 지원을 위한 예산은 사회복지시설 법정운영비보조 예산으로 편성 **12. 민간인위탁교육비** 1. 법령 또는 조례 등에 따라 자치단체 사무를 위해 민간인을 위탁교육할 경우 위탁기관에 지급할 위탁교육비 ※「지방회계법 시행령」제11조 결산검사위원 위탁교육비 등	

4 지방회계법령

1. 사회복지사업법

지방자치단체는 사회복지사업을 하는 자 중 ⅰ) 사회복지법인, ⅱ) 사회복지사업을 수행하는 비영리법인, ⅲ) 사회복지시설 보호대상자를 수용하거나 보육·상담 및 자립지원을 하기 위하여 사회복지시설을 설치·운영하는 개인에게 운영비 등 필요한 비용의 전부 또는 일부를 보조할 수 있다. 보조금과 관련하여「사회복지사업법」에서 규정한 사항 외에는「지방재정법」을 따른다.

관련 법령

「사회복지사업법」

제42조(보조금 등) ① 국가나 지방자치단체는 사회복지사업을 하는 자 중 대통령령으로 정하는 자에게 운영비 등 필요한 비용의 전부 또는 일부를 보조할 수 있다. <개정 2016. 2. 3.>

④ 제1항에 따른 보조금과 관련하여 이 법에서 규정한 사항 외에는 「보조금 관리에 관한 법률」 및 「지방재정법」을 따른다. <신설 2016. 2. 3.>

[전문개정 2011. 8. 4.]

2. 지방회계법령

「지방재정법」에서 지방회계 관련 조문은 제1조(목적), 제6조(회계연도), 제8조(출납폐쇄기한 및 출납사무 완결기한), 제14조(일시차입금), 제15조(수입금 직접 사용 금지), 제16조(수입 대체 경비의 직접 사용), 제51조(결산서의 작성 및 제출), 제51조의2(결산서의 첨부서류), 제52조(결산잉여금의 처리), 제52조(지방회계기준과 재무제표) 등에서 규정하고 있었다. 「지방회계법」이 제정되면서 2016. 5. 29. 삭제되었다.

「지방회계법」은 지방자치단체의 회계 및 자금관리에 관한 기본적인 사항을 정하여 지방자치단체의 회계를 투명하게 처리하고, 자금을 효율적으로 관리하도록 하는 것을 목적으로 하고 있다.

관련 법령

「지방회계법」

제1조(목적) 이 법은 지방자치단체의 회계 및 자금관리에 관한 기본적인 사항을 정하여 지방자치단체의 회계를 투명하게 처리하고, 자금을 효율적으로 관리하도록 하는 것을 목적으로 한다.

제4조(다른 법률과의 관계) 지방자치단체의 일반회계·특별회계, 기금의 회계 및 결산에 관하여는 다른 법률에 특별한 규정이 있는 경우를 제외하고는 이 법에서 정하는 바에 따른다.

보조금을 지원받는 i) 사회복지법인, ii) 사회복지사업을 수행하는 비영리법인, iii) 사회복지시설 보호대상자를 수용하거나 보육·상담 및 자립지원을 하기 위하여 사회복지시설을 설치·운영하는 개인은 보조금과 관련하여 「사회복지사업법」에서 규정한 사항 외에는 지방회계법령과 행정규칙을 따라야 한다.

3. 회계관리에 관한 훈령

행정규칙은 행정안전부 훈령인 「지방자치단체 회계관리에 관한 훈령」이 있으며 훈령에 근거한 지방자치단체 규칙으로는 「지방자치단체 회계관리에 관한 규칙」이 있다.

「지방자치단체 회계관리에 관한 훈령」 제13조에는 지방자치단체가 세출예산 집행의 효율성과 책임성을 높이기 위한 i) 지방자치단체 세출예산 성질별 분류에 따른 집행기준과 ii) 지방자치단체구매카드 발급 및 사용 기준 기본원칙과 기준을 규정하고 있다.

관련 법령

「지방자치단체 회계관리에 관한 훈령」

제13조(세출예산 집행 기준) 지방자치단체가 세출예산 집행의 효율성과 책임성을 높이기 위한 기본원칙과 기준은 다음 각호와 같다.

1. 지방자치단체 세출예산 성질별 분류에 따른 집행기준은 별표 2와 같다.
2. 지방자치단체구매카드 발급 및 사용 기준은 별표 4와 같다.

[별표 2] 세출예산 성질별 분류에 따른 집행기준

[별표 4] 지방자치단체구매카드 발급 및 사용기준

「지방자치단체 회계관리에 관한 훈령」 제13조에는 정하고 있는 지방자치단체 세출예산 성질별 분류에 따른 집행기준의 민간 이전 내용은 다음과 같다.

≪지방자치단체 세출예산 성질별 분류에 따른 집행기준(민간 이전)≫

11. 민간 이전(307목)

11-1. 민간경상사업보조(307-02), 민간단체 법정운영비보조(307-03), 민간행사사업보조(307-04), 사회복지시설 법정운영비보조(307-10), 사회복지사업보조(307-11)

o 지방보조금의 교부결정, 수행상황 점검, 정산 및 운용평가 등은「지방보조금법」및「지방보조금 관리기준」(행정안전부 예규), 조례 등에서 정한 바에 따르며,「지방자치단체 보조금관리조례」에 의한 집행절차와「지방자치단체 회계관리에 관한 훈령」에 의한 회계부서 등 합의를 받고 집행한다.

- 사업기간이 2개월을 초과하는 민간경상사업보조의 경우 지방재정신속집행 지침에 따라 해당 연도 보조금을 일괄 교부할 수 있다. 이 경우 사업부서 담당자는 부적절한 집행이 발생하지 않도록 보조사업 수행상황을 수시로 점검해야 한다.

o 당해연도에 집행잔액을 반납할 경우에는「지방회계법」제27조에 따라 세출과목으로 반납[출납폐쇄기간 이후에는 재원별 성격에 따라 보조금등반환금(국비는 715-01, 시·도비는 715-02), 자체보조금등반환수입(223-02), 그외수입(224-07)으로 세입조치]하고, 발생된 이자는 기타이자수입(216-03)[국비, 시·도비에서 발생된 이자는 보조금등반환금(국비는 715-01, 시·도비는 715-02)]으로 세입 조치한다.

11-2. 민간위탁금(307-05)

o 민간수탁자 선정 및 민간위탁의 이행 등에 관한 사항은 해당 법령 또는 조례에서 정한 절차에 따라야 한다.

- 다만, 해당 법령 또는 조례에서 정한 절차가 없는 경우에는 지방회계 관련 법령에서 정한 절차를 따른다.

o 위탁경비 산출 및 사후정산

-「지방계약법령」에 따른 계약방식을 적용할 경우에는「지방자치단체 입찰 및 계약 집행기준」(행정안전부 예규) 제2장「예정가격 작성요령」등에 의하여 소요비용을 산정하고, 해당 사업의 특성상 사후정산이 필요한 경우에는 개산계약 또는 사후원가 검토 조건부로 계약을 체결하여야 한다.

-「지방계약법령」이외의 다른 법령 등에 따라 위탁한 경우로서 예상수입이 소요비용을 초과하는 경우에는 계약 시 초과수입액을 확정하여 사업종료 후 초과수입액을 지방자치단체에 납부토록 조치하고 업무효율성 향상, 이자발생 등에 따라 비용이 계약

금액보다 절감되는 부분은 당해 자치단체에 정산하여 귀속한다.

11-3. 민간인위탁교육비(307-12)

ㅇ「지방회계법 시행령」 제11조에 따른 결산검사위원 교육 등 법령 또는 조례 등에 따라 자치단체 사무를 위해 민간인을 위탁교육할 경우, 그 교육기관의 장이 정하는 교육비를 지급한다.

「지방자치단체 회계관리에 관한 훈령」 제13조에는 정하고 있는 지방자치단체구매카드 발급 및 사용 기준은 다음과 같다.

≪지방자치단체구매카드 발급 및 사용 기준≫

공통사항

ㅇ 지방자치단체구매카드*는 지출원 또는 일상경비 등 출납원(회계관직이 없는 경우 해당 실·과 주무담당, 이하 '담당공무원') 책임하에 카드분실·훼손 등의 사례가 발생하지 않도록 엄정 관리하고, 사적 용도로 사용하거나 개인카드의 업무상 사용을 금지한다.

- 지방자치단체구매카드를 개인적인 용도로 사용한 후 이용대금을 입금하는 행위와 개인카드를 업무용으로 사용한 후 자치단체 경비로 회계 처리하는 행위를 원칙적으로 금지한다. 다만, 불가피하게 사용한 경우 사용경위 소명 후 즉시 적합한 카드로 변경 결제한다.

*「여신전문금융업법」 제2조제3호 및 제6호에 따른 신용카드·직불카드 또는 「전자금융거래법」 제2조제13호에 따른 직불전자지급수단(제로페이 등), 「조세특례제한법」 제126조의3에 따른 현금영수증 증빙제도(현금영수증카드)

ㅇ「지방회계법 시행령」 제41조제2항에 따라 직불카드·직불전자지급수단은 일상경비 등으로서 행정안전부장관이 정하는 경비로 교부된 경우에 한하여 사용할 수 있다.

ㅇ 지방자치단체구매카드를 결제수단으로 사용한 경우 사용금액을 정확하게 확인하여야 하고, 지방재정관리시스템(e호조)으로 사용내역을 확인한 후 사용자의 실명

을 반드시 입력하여 지방자치단체구매카드 사용에 따른 책임을 명확히 구분하여야 한다.

ㅇ 회계관계공무원은 지방자치단체구매카드 사용에 따른 회계절차를 위반하는 부당한 사용이 발생하지 않도록 관리하여야 한다.

ㅇ 부서별로 발급된 지방자치단체구매카드는 지방자치단체구매카드 발급대장에 등재 및 지출원에게 통보(카드수령일로부터 3일 이내)하여, 지출원이 해당 기관의 모든 지방자치단체구매카드 발급현황을 관리하도록 한다.

ㅇ 지방자치단체구매카드 계좌에서 이자가 발생하는 경우 담당공무원은 지방회계법에 따라 해당 실·과에서 직접 세입조치토록 하여야 한다.

ㅇ 담당공무원은 매월 1회 신용카드, 현금영수증 사용내역(홈페이지 검색 등)을 분임재무관(실·과장)까지 보고(결재)하고, 분임재무관은 이를 확인하여야 한다.

※ 현금영수증 사용내역에 대한 보고가 이루어지지 않을 경우 분임재무관이 직접 인터넷 등을 통하여 확인

ㅇ 현금영수증카드에 의한 예산집행에 관하여 그 성격에 반하지 않는 한도 내에서 신용카드에 관한 사항을 준용한다.

1. 지방자치단체구매카드 발급, 등록 및 관리

1-1. 발급 · 등록 및 사용제한

ㅇ 「여신전문금융업법」에 따라 신용카드 발급이 가능한 금융기관에 해당 부서별로 '클린카드(Clean Card)'를 공용카드로 발급한다.

※ 다만, 일반카드의 불가피한 사용이 있는 경우를 대비하여 지방자치단체별로 본청 및 의회의 회계부서에서 5개 이내에서 별도 일반카드 발급 가능

- 현금영수증 카드의 경우 지방자치단체별로 국세청 현금영수증 홈페이지에서 사업자회원으로 가입 후, 부서별로 발급되어 사용 중인 기존의 신용카드를 현금영수증 카드로 사용할 수 있도록 카드번호를 등록한다.(회계담당공무원이 전체 카드를 일괄등록)

ㅇ 클린카드의 사용 업종은 클린카드 제도*에서 정한 사항을 따라야 한다.

* 국민권익위원회 '공무원 행동강령 업무편람' 준용

- 현금영수증카드 사용에 대한 제한업종(클린카드)은 설정할 수 없으나, 유흥, 퇴폐, 향락, 사행업종과 같이 공공부문 업무와 관련이 적은 업종에 대하여는 사용할 수 없다.

ㅇ 지방자치단체는 의무적 제한업종 이외 해당 자치단체의 특성을 고려, 추가업종(자율적 제한업종)을 설정할 수 있다.

ㅇ 지방자치단체구매카드 발급을 신청할 때에는 카드별로 비밀번호를 부여하고 담당공무원이 교체되는 경우에는 변경하여야 하며, 담당공무원이 교체되거나 직제의 개폐 등이 있는 경우 전·후임은 지방자치단체구매카드 사용내역을 상호 확인하고 이 사항을 서면(내부결재)으로 인계인수하여 사용내역에 따른 책임을 명확히 구분하여야 한다.

ㅇ 지방자치단체구매카드는 국외에서 사용할 필요가 있는 경우를 제외하고는 국내전용카드로 발급하여야 한다.

ㅇ 카드를 분실하였거나 교체할 때에는 해당 금융기관 및 해당 카드사에 신속히 신고하고, 재발급받아 사용한다.(카드분실 및 재발급 상황도 지출원에게 즉시 통보)

의무적 제한업종

- 유흥업종(한국표준산업분류에 따라 접객요원을 두고 술을 판매하는 일반유흥주점, 무도시설을 갖추고 술을 판매하는 무도유흥주점)
  - 일반유흥주점: 룸살롱, 단란주점, 가라오케, 가요주점, 요정, 비어홀, 바 등
  - 무도유흥주점: 클럽, 극장식 주점, 나이트클럽, 스탠드바, 카바레 등

  ※ 의무적 제한업종이 아닌 '기타주점'에서 음주 목적의 부적정 사용 제한(권고)
- 위생업종: 이·미용실, 피부미용실, 사우나, 안마시술소, 발마사지, 스포츠마사지, 네일아트, 지압원 등 대인서비스
- 레저업종: 골프장, 골프연습장, 스크린골프장, 노래방, 사교춤, 전화방, 비디오방, 당구장, 헬스클럽, PC방, 스키장
- 사행업종: 카지노, 복권방, 오락실
- 기타업종: 성인용품점, 총포류 판매점

1-2. 보관 · 관리방안

ㅇ 지방자치단체구매카드를 발급한 때에는 발급대장(아래)을 작성·비치하고 카드번호 및 비밀번호에 대하여는 보안을 유지하여야 한다.

- 신용카드를 현금영수증 발급용으로 등록한 경우에는 현금영수증카드 사용대장(아래)을 작성·비치하고 카드번호 및 비밀번호에 대하여는 보안을 유지하여야 한다.

《지방자치단체구매카드 발급대장》

발급 일자	발급 매수	금융기관		카드번호 (비밀번호)	보 관 책임자 (직 · 성명)	결 재		
		기관명	계좌번호			담당자	팀장	과장

《현금영수증카드 사용대장》

사용 일시	사 용 자			사용 내역	결 재		
	직	성명	사용금액		담당자	팀장	과장

○ 지방자치단체구매카드 결제계좌는 지출원 또는 일상경비 등 출납원의 책임하에 기관명의로 개설하되, 지출원 또는 일상경비 등 출납원이 없는 실·과에서는 해당 실·과 주무담당이 개설하며, 사용부서단위(실·과 단위) 1개 개설을 원칙으로 한다.

- 법인개별(지정)카드는 관련 공무원이 국외출장 등의 경우 현지에서 공적 용도로 사용하는 경우 외에는 사용할 수 없다. 이 경우 지방자치단체구매카드 서명란에 개인명의로 서명하여 사용한다.
- 신용카드 사용에 따른 인센티브를 받기 위해 별도의 인센티브카드(포인트 카드 등)를 발급받아야 할 경우 담당공무원 책임하에 발급하고 인센티브를 관리한다.

○ 각종 행사 및 업무성격상 동일부서(실·과) 단위에서 부득이 지방자치단체구매카드를 다수 발급할 필요가 있는 경우에는 그 사유를 명확히 하여 회계부서의 협조를 받아 해당 부서장의 결재를 득한 후 추가로 발급하여 사용할 수 있다.

○ 지방자치단체구매카드와 개인카드를 오인하여 잘못 사용한 경우에는 즉시 해당 카드사에 연락하여 이를 취소한 후 정당한 카드로 새로 결제하여야 한다. 다만, 시간의 경과 등으로 취소가 어려운 경우에는 다음과 같이 처리하고 그 증빙을 명백히 하여야 한다.

- 지방자치단체구매카드로 사용하여야 함에도 지방자치단체구매카드 외의 카드를 사용한 경우: 지방자치단체구매카드로 사용되어야 할 금액의 결제(카드사로의 대금납부)가 완료된 것을 확인한 이후 지급결의를 하고 결제가 완료된 계좌로 이체하여 지급하여야 한다.
- 지방자치단체구매카드 외의 카드를 사용하여야 함에도 지방자치단체구매카드를 사용한 경우: 지방자치단체구매카드 대금 결제가 이루어진 즉시 반납결의를 하고 카드 사용 자에게 반납고지를 하여 처리하여야 한다.

o 지방자치단체구매카드 사용자는 반드시 관리책임자와 협의하여 집행품의 한도 내에서 사용하고 사용 후 관리책임자에게 즉시 반납 조치한다.

2. 지방자치단체구매카드 사용기준

2-1. 비목별 사용기준

일반운영비(201): 신용카드 또는 현금영수증카드 임의 적용

가. 사무관리비(201-01)

o 물품구매, 수수료, 임차료, 급량비, 연료비, 피복비, 인쇄 및 유인물 제작비 등 소규모 물품 및 용역 경비

※ 급량비 : 신용카드 제외한 지방자치단체구매카드 중에서 임의 적용

나. 공공운영비(201-02)

o 공공요금(전기, 가스, 통신료, 수수료, 상하수도요금, 우편요금 등) 및 제세, 시설장비유지비, 차량·선박비, 공무원을 대상으로 하는 의료비

다. 행사운영비(201-03)

o 행사지원에 소요되는 유인물 및 홍보물 제작비, 임차료, 물품구매 등

- 행사지원 공무원에게 지급하는 식비에 한하여 지방자치단체구매카드 선택 사용 가능

업무추진비(203, 205): 지방자치단체카드 임의 적용

재료비(206): 신용카드 또는 현금영수증카드 임의 적용

o 제품 또는 생산에 소요되는 물품 등 구입과 유류비, 사료·종자구입비 및 자재운송에 따른 조작비

연구개발비(207): 신용카드 또는 현금영수증카드 임의 적용

o 시험연구비(207-03)

- 사업용 및 시험연구에 소요되는 소모성 기계·기구, 기재, 약품, 비료 및 종축 등의 구입비

일반보전금(301): 신용카드 또는 현금영수증카드 의무 또는 임의 적용

※ 급량비 용도로 지급되는 경비에 한하여 지방자치단체구매카드 중 임의 적용

가. 외빈초청여비(301-07): 신용카드 또는 현금영수증카드 의무 적용(일부 임의적용)

o 지방자치단체가 공식적으로 초청하는 유력인사에 대한 항공료, 숙박비, 식비 및 지방

시찰여비에 한하여 신용카드 또는 현금영수증카드로 집행

※ 연회비, 선물구입비, 환송·영 행사경비 등은 업무추진비로 집행

ㅇ 항공료, 체재비 및 지방시찰여비 등의 지원여부 및 지원수준에 대하여는 상호주의를 엄격히 적용하고 초청공문에 명시된 경우에 한하여 신용카드 또는 현금영수증카드로 집행

나. 행사실비 지원금(301-09): 급량비를 단체로 집행하는 경우 지방자치단체구매카드 의무 적용

ㅇ 교육·세미나, 공청회에 참석하는 민간인의 실비보상과 관련하여 편의상 식당을 지정하여 공동으로 식사를 제공하는 경우에는 식사와 관련된 보상금의 집행은 당해 음식점을 통해 지방자치단체구매카드 선택 사용

다. 기타 보상금(301-12): 신용카드 또는 현금영수증카드 임의 적용

ㅇ 법령·조례 등에 따라 민간인의 포상에 따른 시상금품 구입 및 지방자치단체가 주관하는 각종 행사나 시책사업을 추진하는 과정에서 민간인이 상해를 입었을 경우 상해 치료비

민간이전(307): 신용카드 또는 현금영수증카드 임의 적용

ㅇ 의료 및 구료비(307-01)

- 시약대, 수술관계 약품 및 소모품, 소모성 의료기구, 집기, 제용지 등
- 환자·수용자 및 요구호대상자 피복비, 주·부식용 및 취사용 연료비 등

시설및부대비(401): 신용카드 또는 현금영수증카드 임의 적용

ㅇ 시설비(401-01): 감정료, 측량수수료, 등기등록비, 전신전화가입 및 가설료, 무선설비, 무선허가 신청료 및 검사료, 기타 소규모 용역경비

ㅇ 시설부대비(401-03) : 공공재산 취득 및 공사 추진상 시공관리에 필요한 물품구입비, 수수료, 임차료 등

ㅇ 행사관련시설비(401-04) : 행사장 각종 시설 및 장치에 소요되는 소규모 경비

자산취득비(405): 신용카드 또는 현금영수증카드 임의 적용

가. 자산 및 물품취득비(405-01)

ㅇ 정수물품 및 일반운영비에서 계상할 수 없는 비정수물품구입

ㅇ 공관 및 관사 운영물 취득비, 자산 취득에 따른 부대경비 등

나. 도서구입비(405-02)

ㅇ 자본형성적 도서 구입비

기타 전자상거래 등: 신용카드 임의 적용

ㅇ 인터넷 등을 통한 물품구입의 경우

- 「전자상거래법」 제12조에 의거 등록된 통신판매업자가 동법 제10조(사이버몰의 운영)의 규정에 의하여 운영하는 업체를 이용하여 2천만 원 이하 물품을 구매하는 경우 가능
- 이 경우 다른 사이버몰과의 가격을 충분히 비교검토 후 물품구입

ㅇ 구매절차

- 물품구매 시 : ① 예산집행품의 ⇒ ② 인터넷검색 ⇒ ③ 물품구매요청(카드번호입력) ⇒ ④ 물품납품 ⇒ ⑤ 검사·검수 ⇒ ⑥ 카드대금지출(1개월 후)

2-2. 직불카드 직불전자지급수단의 사용범위

ㅇ「지방회계법 시행령」제41조제2항에 따른 행정안전부장관이 정하는 경비의 범위

- 업무추진비(203-01~04), 의정운영공통경비(205-05), 의회운영업무추진비(205-06)
- 그 외 급량비(특근매식비, 행사운영비, 행사실비 지원금 中)로 지급되는 경비

2-3. 지방자치단체구매카드 적용의 예외

ㅇ "2."의 규정에서 정한 지방자치단체구매카드 의무 또는 임의적용 대상 외에도 지방자치단체구매카드를 이용하는 것이 효율적인 경우에는 지방자치단체구매카드를 사용할 수 있다.

ㅇ 다만, 다음의 사유에 해당되는 경우에는 지방자치단체구매카드를 의무적으로 사용하지 아니할 수 있다.

의무적 사용대상인 경우의 예외

- ■ 도서벽지·산간오지 등 관서소재 지역으로서 경비를 사용할 지역에 지방자치단체구매카드 가맹점이 없는 등의 사유로 지방자치단체구매카드를 사용할 수 없거나, 대상 업소가 지방자치단체구매카드사용 가맹점에 가입되어 있지 않으나 부득이 그 업소를 이용해야 하는 경우
- ■ 을지연습 등 각종 훈련, 퇴폐위생업소 및 환경공해업소단속, 산불 발생을 미리 방지하기 위한 활동, 소방활동(화기취급특별단속 등), 관용차량운전원 등 현장근무로 인하여 급량비를 일반운영비 중 부득이 현금으로 지급하여야 하는 경우
- ■ 특별사법경찰관 단속업무 증거수집의 경우(예 : 원산지표시 단속) 등 부득이한 경우(카드 단말기 미설치, 비밀 유지 필요 등)

※ 이 경우 현금지급 후 사후정산하거나 개산급으로 지급할 수 있으며, 집행 입증 서류(단속계획, 영수증, 증거물 또는 사진 등)를 첨부

- 외빈초청의 경우 차량임차 등에 있어 동 업소가 신용카드 가맹점에 가입되어 있지 않거나 단순한 부대경비 등은 현금으로 직접 지급 가능

※ 이 경우 간이세금계산서 등 해당 관서의 장이 정하는 방법에 따라 실제 집행하였음을 입증하는 증빙서류를 첨부하고, 해당 채권자에게 계좌입금 조치

3. 지방자치단체구매카드 사용절차

- 정기적으로 소액의 예산을 지출하는 경우 1개월 이하의 일정기간을 합산하여 1건으로 신용카드를 사용할 수 있다.(특근매식비의 경우 현금영수증 카드)
- 무이자 할부 등 현금분할 납부조건을 이용하여 신용카드를 사용할 수 있다.
- 지방자치단체장은 카드사와 이용 약정을 체결할 때 특별한 사유가 없는 한 신용카드 사용에 따른 포인트의 최소 적립률을 카드사와 협의하여 정한다.
- 신용카드 이용대금은 카드대금 결제일까지 해당 예산과목에서 실·과별 카드이용대금 결제계좌로 입금 조치한다.
- 신용카드를 사용하여 현장에서 여러 업체의 가격비교를 한 후에 거래처에서 직접 구매하는 경우 가격이 표시된 상품소개서 및 카탈로그를 견적서로 간주한다.
- 「여신전문금융업법」에 의한 신용카드가맹점의 경우 물품구매 또는 소규모 용역 제공 등에 대한 계약이행을 완료한 후 구매대금 지급방법으로 신용카드를 사용할 수 있다.

현금영수증카드

- 현금영수증으로 결재한 내역은 국세청 홈택스(http://www.hometax.go.kr/)에서 지방자치단체별 아이디와 패스워드로 로그인하여 확인할 수 있다.
- 현금영수증카드를 사용할 때에는 집행품의 금액범위 한도 내에서 현금영수증 카드를 사용하고 비목별 예산액을 초과하여 사용하지 않도록 하여야 한다.
- 현금영수증에는 사용자의 실명을 반드시 기재하도록 한다.
- 현금영수증을 발급받은 경우에는 지체 없이 증빙서류로 회계담당자에게 제출하여야 하고 회계담당자는 현금영수증을 제출받은 날로부터 5일 이내에 지출을 결정하여 해당 사업자 계좌로 입금한다.

ㅇ「조세특례제한법」에 의한 현금영수증가맹점의 경우 물품구매 또는 소규모 용역에 대한 계약이행에 대한 대금 지급방법으로 현금영수증카드를 사용할 수 있다.

직불카드 및 직불전자지급수단

ㅇ 분임재무관은 여러 개의 직불카드 또는 직불전자지급수단을 발급받아 소속 관서의 공무원으로 하여금 사용하게 할 수 있다.
 - 이 경우 직불카드 또는 직불전자지급수단을 받아 사용하는 공무원은 분임재무관으로 본다.

ㅇ 분임재무관은 사용자가 부서를 이동하는 등의 사유로 사용권한이 폐지된 경우에는 지체 없이 회수(직불전자지급수단의 경우 해지)하여야 한다.

ㅇ 지방자치단체의 장은 카드사 등과 이용 약정을 체결할 때 특별한 사유가 없는 한 직불카드 사용에 따른 포인트의 최소 적립률을 0.2%로 하여야 한다.

〈 지방자치단체구매카드 사용 회계처리 절차 〉

《신용카드》

① 지방자치단체에서 필요한 물품 및 재화의 생산 등에 대하여 예산의 범위 내에서 집행대상, 집행금액 등에 대한 의사결정을 한다. ⇒ 품의

② 가격 비교 후 신용카드를 사용한 후 지출을 결정한다. ⇒ 원인행위

③ 신용카드 결제일이 도래하면 대금청구서 등에 의해 지급 결정 및 지급(해당 신용카드 결제 계좌에 대금을 입금)한다. ⇒ 지출

《현금영수증카드》

① 예산의 범위 내에서 집행대상, 집행금액 등에 대한 의사결정을 한다. ⇒ 품의

② 집행할 금액에 대하여 품의금액 범위 내에서 거래사업자에게 부서별 신용카드의 현금영수증 발급기능을 사용하여 지출증빙용(소득공제용이 아님) 현금영수증 발급을 요청하고 발급받아 지체 없이 회계담당자에게 증빙서류로 제출하고 현금영수증카드 사용대장을 정리한다.

③ 회계담당자는 현금영수증을 제출받은 날로부터 5일 이내(지출일을 포함하며, 법정공휴일 및 토·일요일은 제외)에 사업자의 계좌번호를 확인한 후 지급을 결정한다. ⇒ 원인행위

④ 회계담당자는 해당 사업자 계좌에 대금을 입금한다. ⇒ 지출

《직불카드 · 직불전자지급수단》

① 직불카드 또는 직불전자지급수단을 사용하여 지급원인행위를 한다.

- 그 시점에 일상경비 등 출납원이 지급명령을 한 것으로 본다.

② 분임재무관은 지급원인행위가 있은 후 일상경비 등 출납원에게 지급원인행위 관계서류를 보내야 한다.

③ 지급명령이 된 후 일상경비 등 출납원은 지급명령의 요건을 모두 갖추었는지 확인하여야 한다. 이 경우 지급원인행위가 있은 날부터 5일 이내에 확인하여야 한다.

- 지급원인행위 관계서류가 보내졌을 것
- 지출원으로부터 교부된 일상경비 등의 목별 금액과 지급한도액 이내일 것
- 소속연도의 세출과목과 일치할 것

제2장

지방과 법인재정 운용과 예산

사회복지법인 등 비영리법인 · 시설 재정 운영원칙과 예산을 편성, 예산(안)의 시설운영위원회 보고와 이사회 심의와 회의록 작성, 확정 예산의 제출과 공시 등 절차를 규정한 기본법령은 「사회복지사업법」과 「사회복지법인 및 사회복지시설 재무 · 회계 규칙」이다.

보조사업의 예산편성 등 재정 운용은 기본법령 외에 지방재정법령 및 행정규칙, 지방보조금법령 및 행정규칙을 따라야 하므로 지방재정의 운영원칙 및 예외 사항과 함께 비영리법인 재정 운영의 특성과 재무 · 회계 운영원칙 및 예외 사항에 관한 내용에 대한 충분한 이해가 필요하며, 기본법령과 적용 법령의 연계 능력과 이해가 선행되어야 할 것이다.

비영리법인 · 시설은 예산을 편성하기 전 사업 평가 및 분석, 신규사업 발굴, 계획수립과 우선순위 결정, 사업실적(계획) 자료 작성 등을 단계적으로 절차 이행이 필요하다.

예산은 법인 대표이사 예산편성지침 마련과 세입 · 세출예산 편성 과목 및 기준에 따른 편성과 법인 · 시설의 규모와 회계유형에 맞는 첨부서류 작성과 제출이 필요하다.

편성한 예산안은 시설의 경우에는 시설운영위원회 보고를 거쳐 이사회 심의를 거쳐 확정하게 된다. 이사회 심의 등을 위해서는 자료 작성과 이사회 회의 소집통지, 이사회 심의 · 의결과 이사회 회의록 작성(날인) 및 회의록 공개 등 법령에 맞게 진행하여야 한다.

확정 예산은 사회복지시설정보시스템 입력, 구 · 군 · 구청장 제출, 예산의 공고 등의 절차를 진행하여야 하며, 편성된 예산은 회계 절차 등에 따라 집행과 결산이 진행된다.

제2장에는 지방자치단체 및 비영리법인의 재정 운영원칙과 예외 사항, 사업계획 수립과 기준에 따른 예산편성 및 보고 및 심의자료 작성, 이사회 회의 소집통지와 준비 사항, 이사회 심의와 회의록 작성 요령, 확정 예산의 정보시스템 입력, 예산의 제출 및 공고 등의 절차를 수록하였으며, 정보시스템 처리방법 및 사례를 함께 담았다.

제1절 지방재정 운용원칙과 예외 사항

1 지방재정 운용원칙

1. 건전성과 합리적 운영

가. 재정의 건전성과 효율적 운영

지방자치단체는 주민의 복리증진을 위하여 그 재정을 건전하고 효율적으로 운용하여야 하며, 국가의 정책에 반하거나 국가 또는 다른 지방자치단체의 재정에 부당한 영향을 미치게 하여서는 아니 된다. 지방자치단체는 예산이 여성과 남성에게 미치는 효과를 평가하고, 그 결과를 지방자치단체의 예산에 반영하기 위하여 노력하여야 한다(「재방재정법」 제3조). 지방자치단체는 재원(財源)을 확보하여 주민의 복리를 증진할 수 있도록 노력하여야 하며, 경비지출의 효율성과 건전성을 높여 나갈 수 있도록 ⅰ) 주민의 기본적인 수요충족과 복리증진, ⅱ) 지역경제의 지속적인 발전과 성장잠재력 배양, ⅲ) 지방재정의 자립기반 조성, ⅳ) 합리적인 세입을 고려한 재정지출과 건전재정 운용, ⅴ) 국가정책 기본방향과의 효율적인 연계, ⅳ) 합리적인 세입을 고려한 재정지출과 건전재정 운용, ⅴ) 국가정책 기본방향과의 효율적인 연계 등을 종합적으로 고려하여 예산을 편성하여야 한다(「지방자치단체 예산편성 운용에 관한 규칙」 제2조).

나. 성과 중심의 지방재정 운영

지방자치단체의 장은 재정활동의 성과관리체계를 구축하여야 하며, ⅰ) 성과 목표, ⅱ) 성과 목표의 관리 체계, ⅲ) 성과 평가와 그 지표, ⅳ) 성과 평가결과의 반영, ⅴ) 그밖에 성과 관리를 위하여 필요한 사항의 예산의 성과계획서 및 성과보고서를 작성하여야 하며, 주요 재정사업을 평가하고 그 결과를 재정운용에 반영할 수 있다. 행정안전부장관은 성과계획서와 성과보고서의 작성에 필요한 구체적인 기준을 정하여 지방자치단체의 장에게 통보하여야 한다. 예산의 성과계획서 및 성과보고서의 작성과 주요 재정사업 평가를 위하여 필요한 경우에는 지방자치단체의 장의 의견을 듣거나 관련 자료의 제출을 요구할 수 있다. 이 경우 지방자치단체의 장은 특별한 사유가 있는 경우를 제외하고는 이에 따라야 한다. 지방자치단체의 장은 지방의회에 예산안과 결산서를 제출하는 경우에는 다음 연도 예산의 성과계획서와 성과보고서를 함께 제출하여야 한다(「재방재정법」 제5조「지방자치단체 예산편성 운용에 관한 규칙」 제2조의2).

2. 타당성 조사와 투자심사

지방자치단체의 장은「지방재정법」 제37조제1항에 따른 투자심사 대상 중에서 총사업비 500억 원 이상인 신규사업에 대해서는 투자심사를 하거나 받기 전에 행정안전부장관이 정하여 고시하는 전문기관에 의뢰하여 그 사업의 타당성을 객관적 기준에 따라 검증하는 조사를 실시하여야 한다(「재방재정법」 제37조의2).

지방자치단체의 장은 재정투자사업에 관한 예산안을 편성하거나 ⅰ) 채무부담행위, ⅱ) 보증채무부담행위, ⅲ)「지방자치법」 제47조제1항제8호에 따른 예산 외의 의무부담에 대한 지방의회 의결의 요청 사항에 대해서는 미리 그 필요성과 타당성에 대한 심사를 직접 하거나 행정안전부장관 또는 시·도지사에게 의뢰하여 투자심사를 받아야 한다(「재방재정법」 제37조).

3. 지방의회 사전 의결

지방자치단체의 장은 회계연도마다 예산안을 편성하여 시·도는 회계연도 시작 50일 전까지, 시·군 및 자치구는 회계연도 시작 40일 전까지 지방의회에 제출하여야 한다. 시·도의회는 지방자치단체의 장이 제출한 예산안을 회계연도 시작 15일 전까지, 시·군 및 자치구의회는 회계연도 시작 10일 전까지 의결하여야 한다. 지방의회는 지방자치단체의 장의 동의 없이 지출예산 각 항의 금액을 증가시키거나 새로운 비용항목을 설치할 수 없다. 지방자치단체의 장은 예산안을 제출한 후 부득이한 사유로 그 내용의 일부를 수정하려면 수정예산안을 작성하여 지방의회에 다시 제출할 수 있다(「지방자치법」 제142조).

4. 기부 및 보조의 제한 등

지방자치단체는 그 소관에 속하는 사무와 관련하여 ⅰ) 법률에 규정이 있는 경우, ⅱ) 국고 보조 재원(財源)에 의한 것으로서 국가가 지정한 경우, ⅲ) 용도가 지정된 기부금의 경우, 보조금을 지출하지 아니하면 사업을 수행할 수 없는 경우로서 지방자치단체가 권장하는 사업을 위하여 필요하다고 인정되는 경우와 공공기관에 지출하는 경우에만 개인 또는 법인·단체에 기부·보조, 그밖의 공금 지출을 할 수 있다. 다만, 보조금 지출은 해당 사업에의 지출근거가 조례에 직접 규정되어 있는 경우로 한정한다(「지방재정법」 제17조).

지방자치단체는 법령에 근거가 있는 경우에만 출자를 할 수 있다. 또한 법령에 근거가 있는 경우와 ⅰ) 그 목적과 설립이 법령 또는 법령의 근거에 따라 그 지방자치단체의 조례에 정하여진 기관, ⅱ) 지방자치단체를 회원으로 하는 공익법인의 공공기관에 대하여 조례에 근거가 있는 경우에만 출연을 할 수 있다. 지방자치단체가 출자 또는 출연을 하려면 미리 해당 지방의회의 의결을 얻어야 한다(「지방재정법」 제18조).

5. 회계연도 독립의 원칙

지방자치단체의 회계연도는 매년 1월 1일에 시작하여 12월 31일에 끝난다. 각 회계연도의 경비는 해당 연도의 세입으로 충당하여야 한다(「지방재정법」 제6조 및 제7조, 「지방자치법」 제140조).

지방자치단체의 한 회계연도의 모든 수입을 세입으로 하고 모든 지출을 세출로 한다. 세입과 세출은 모두 예산에 편입하여야 한다(「지방재정법」 제34조).

6. 예산의 목적외 사용 금지

지방자치단체의 장은 세출예산에서 정한 목적 외의 용도로 경비를 사용할 수 없다(「지방재정법」 제47조).

2 운용원칙 예외 사항

1. 지방채와 채무부담

가. 지방채 발행

지방자치단체의 장은 ⅰ) 공유재산의 조성 등 소관 재정투자사업과 그에 직접적으로 수반되는 경비의 충당, ⅱ) 재해예방 및 복구사업, ⅲ) 천재지변으로 발생한 예측할 수 없었던 세입결함의 보전, ⅳ) 지방채의 차환, ⅴ) 「지방교육재정교부금법」 제9조제3항에 따른 교부금 차액의 보전, ⅵ) 명예퇴직(「교육공무원법」 제36조 및 「사립학교법」 제60조의3에 따른 명예퇴직을 말한다. 이하 같다) 신청자가 직전 3개 연도 평균 명예퇴직자의 100분의 120을 초과하는 경우 추가로 발생하는 명예퇴직 비용의 충당을 위한 자금 조달에 필요할 때에는 지방채를 발행할 수 있다. 다만, ⅴ) 및 ⅵ)는 교육감이 발행하는 경우에 한한다(지방재정법」 제11조).

나. 채무부담행위

지방자치단체의 장은 ⅰ) 법령이나 조례에 따른 것, 세출예산·명시이월비 또는 계속비 총액 범위의 것 어느 하나에 해당하는 것을 제외하고는 지방자치단체에 채무부담의 원인이 될 계약의 체결이나 그밖의 행위를 할 때에는 미리 예산으로 지방의회의 의결을 얻어야 한다. 이 경우 「지방재정법」 제11조제2항에 따른 지방채 발행 한도액 산정 시에는 채무부담행위에 의한 채무가 포함되어야 한다. 지방의회를 소집할 시간적 여유가 없을 때에는 재난 복구를 위하여 시급히 추진할 필요가 있는 사업으로서 지방자치단체의 채무부담의 원인이 될 계약 중 총사업비가 10억원 이하의 범위에서 조례로 정하는 금액 이하인 계약을 지방의회의 의결을 거치지 아니하고 체결할 수 있다. 지방의회의 의결을 거치지 아니하고 계약을 체결하였을 때에는 즉시 지방의회에 보고하여야 한다. 채무부담이 되는 행위를 하였을 때에는 늦어도 다음다음 회계연도 세출예산에 반드시 계상하여야 하며, 그밖의 회계연도 세출예산에는 계상할 수 없다. 채무부담행위의 경우에는 해당 회계연도와 다음 회계연도에 걸쳐 지출하여야 할 지출원인행위를 할 수 있다(지방재정법」 제44조).

2. 계속비와 예비비

가. 계속비

지방자치단체의 장은 공사나 제조, 그밖의 사업으로서 그 완성에 수년을 요하는 것은 필요한 경비의 총액과 연도별 금액에 대하여 지방의회의 의결을 얻어 계속비로서 여러 해에 걸쳐 지출할 수 있다. 계속비로 지출할 수 있는 연한(年限)은 그 회계연도부터 5년 이내로 한다. 다만, 필요하다고 인정될 때에는 지방의회의 의결을 거쳐 다시 그 연한을 연장할 수 있다.

지방자치단체는 완성하기까지 여러 해가 걸리는 공사 중 ⅰ) 시급하게 추진하여야 하는 사업으로서 「재난 및 안전관리 기본법」 제3조제1호의 재난 복구사업, ⅱ) 중단 없이 이행하여야 하는 사업의 예산은 특별한 사유가 없으면 계속비로 편성하여야 한다(「지방재정법」 제42조).

나. 예비비

지방자치단체는 예측할 수 없는 예산 외의 지출 또는 예산 초과 지출에 충당하기 위하여 일반회계와 교육비특별회계의 경우에는 각 예산 총액의 100분의 1 이내의 금액을 예비비로 예산에 계상하여야 하고, 그밖의 특별회계의 경우에는 각 예산 총액의 100분의 1 이내의 금액을 예비비로 예산에 계상할 수 있다. 다만, 재해·재난 관련 목적 예비비는 별도로 예산에 계상할 수 있다.

지방자치단체의 장은 예비비로 사용한 금액의 명세서를 「지방자치법」 제150조제1항에 따라 지방의회의 승인을 받아야 하며, 지방의회의 예산안 심의 결과 폐지되거나 감액된 지출항목에 대해서는 예비비를 사용할 수 없다(「지방재정법」 제43조).

3. 추가경정예산 등

가. 추가경정예산 등

지방자치단체의 장은 이미 성립된 예산을 변경할 필요가 있을 때에는 추가경정예산(追加更正豫算)을 편성할 수 있다. 다만, ⅰ) 시·도의 경우 국가로부터, 시·군 및 자치구의 경우 국가 또는 시·도로부터 그 용도가 지정되고 소요 전액이 교부된 경비, ⅱ) 시·도의 경우 국가로부터, 시·군 및 자치구의 경우 국가 또는 시·도로부터 재난구호 및 복구와 관련하여 복구계획이 확정·통보된 경우 그 소요 경비는 추가경정예산의 성립 전에 사용할 수 있으며, 이는 같은 회계연도의 차기 추가경정예산에 계상하여야 한다(「지방재정법」 제45조).

지방의회에서 부득이한 사유로 회계연도가 시작될 때까지 예산안이 의결되지 못하였을 때에는 지방자치단체의 장은 「지방자치법」 제146조에 따라 예산을 집행하여야 한다. 집행된 예산은 해당 회계연도의 예산이 성립되면 그 성립된 예산에 의하여 집행된 것으로 본다(「지방재정법」 제46조).

나. 예산 이용·이체·전용

지방자치단체의 장은 세출예산에서 정한 각 정책사업 간에 서로 이용할 수 없다. 다만, 예산 집행에 필요하여 미리 예산으로서 지방의회의 의결을 거쳤을 때에는 이용할 수 있다. 지방자치단체의 장은 지방자치단체의 기구·직제 또는 정원에 관한 법령이나 조례의 제정·개정 또는 폐지로 인하여 관계 기관 사이에 직무권한이나 그밖의 사항이 변동되었을 때에는 그 예산을 상호 이체(移替)할 수 있다. 이 경우 지방자치단체의 장은 분기별로 분기만료일이 속하는 달의 다음 달 말일까지 그 내역을 지방의회에 제출하여야 한다(「지방재정법」 제47조의2).

지방자치단체의 장은 대통령령으로 정하는 바에 따라 각 정책사업 내의 예산액

범위에서 각 단위사업 또는 목의 금액을 전용(轉用)할 수 있다. 전용을 한 경우에는 분기별로 분기만료일이 속하는 달의 다음 달 말일까지 그 전용 내역을 지방의회에 제출하여야 하며, 전용한 경비의 금액은 세입·세출결산서에 명시하고, 그 이유를 적어야 한다.

지방자치단체의 장은 ⅰ) 예산에 계상되지 아니한 사업을 추진하는 경우, ⅱ) 지방의회가 의결한 취지와 다르게 사업 예산을 집행하는 경우, ⅲ) 그밖에 대통령령으로 정하는 경우 어느 하나에 해당하는 경우에는 전용할 수 없다(「지방재정법」 제49조).

4. 세출예산의 이월

지방자치단체의 장은 세출예산 중 경비의 성질상 그 회계연도에 그 지출을 마치지 못할 것으로 예상되어 명시이월비로서 세입·세출예산에 그 취지를 분명하게 밝혀 미리 지방의회의 의결을 얻은 금액은 다음 회계연도에 이월하여 사용할 수 있다. 세출예산 중 ⅰ) 회계연도 내에 지출원인행위를 하고 불가피한 사유로 회계연도 내에 지출하지 못한 경비와 지출하지 아니한 그 부대 경비, ⅱ) 지출원인행위를 위하여 입찰공고를 한 경비 중 입찰공고 후 지출원인행위를 할 때까지 오랜 기간이 걸리는 경우로서 대통령령으로 정하는 경비, ⅲ) 공익·공공 사업의 시행에 필요한 손실보상비로서 대통령령으로 정하는 경비, ⅳ) 경상적 성격의 경비로서 대통령령으로 정하는 경비 어느 하나에 해당하는 경비의 금액은 사고이월비(事故移越費)로서 다음 회계연도에 이월하여 사용할 수 있다. 계속비의 회계연도별 필요경비 중 해당 회계연도에 지출하지 못한 금액은 그 계속비의 사업완성 연도까지 차례로 이월하여 사용할 수 있다. 예산을 명시이월, 사고이월, 계속비이월 예산을 이월하는 때에는 그 이월하는 과목별 금액은 이월 예산으로 배정된 것으로 본다(「지방재정법」 제50조).

제2절 비영리법인·시설 재정 운영

1 재정 운영 의의와 특성

1. 재정 운영 의의

비영리법인 재정은 국가 및 지방자치단체 보조금 및 공공재정, 후원금, 이용자(입소자) 부담금, 사업수입 등 물적자원인 예산을 합리적이고 효율적으로 관리하는 것을 의미한다. 이는 행정기관 및 비영리법인의 조직 내·외적인 환경변수와 관련성이 있으며, 조직의 수입과 지출 및 사업을 결합시키는 동태적인 과정으로 정치·경제·문화 등에 미치는 영향이 크다.

재무관리는 정치과정이나 이해관계자들 간의 상호 복합적인 체계로 구성되어진 연속적인 의사결정 과정으로 국가와 지방자치단체 및 비영리법인의과의 재정정책의 결정과 수행과정을 의미한다. 즉, 기관 활동에 있어서 관련된 정책을 결정하고 수행하며 가용재원의 효율적인 동원·배분·관리·운용의 제 과정을 의미한다. 재무회계는 재정자원의 관리적 측면에 초점을 둔다. 이는 국가 및 지방자치단체, 사회복지법인(시설) 등의 재정에 관한 관리기술로서 현실적 문제와 직접 관련된다. 여기에서 관리적 측면의 특성은 기술적·운영적·실천적 분야이다.

재무회계에서 정책은 정부 등에서 특정목적을 달성하기 위한 수입과 지출의 관리 및 채무의 운용 등에 관한 것으로 이를 세분화하면 ⅰ) 정책에 있어 중요한 예산 관리 등 재정정책(지출정책), ⅱ) 정책수단으로서 보조금, 후원금, 공모사업비, 법인전입금 확보정책(수입정책), ⅲ) 정부활동의 경비와 성과의 상관관계를 분석·평가·개선하는 정책(운영정책), ⅳ) 예산 편성, 계약, 회계, 결산 등 성과를 분석하는 정책(회계정책)의 해결이라 할 수 있다.

2. 재정 운영 특성

비영리법인의 재무회계 요소는 ⅰ) 사회환경 변화 등 여러 상황하에서 예상되는 수입을 검토하여 지출에 맞추어 나가는 데 관계되는 활동, ⅱ) 복지서비스 제공에 필요한 사업비 조성과 관계되는 활동으로 후원 캠페인, 모금운동, 교부금 신청, 수수료 징수 및 기타 다른 수단을 통해서 수입원을 찾아내고 그것을 확보하려는 것, ⅲ) 이용 가능한 인적·물적자원을 나누고 최적의 안을 가지고 그것을 여러 가지로 할당해 주는 것, ⅳ) 지도·감독, 재정의 공시, 회계기록 및 다른 관리과정을 통하여 적절한 수입과 지출에 관한 투명성과 공정성을 확보하고 이를 제공자에 대한 관심을 보여 주는 것, 재정적 책임 등이다.

비영리법인의 재무회계는 수입과 지출에서 다양한 특징을 가지고 있다. 보조금이나 후원금 등 의존재원이 대부분을 차지하고 있어 통제나 관심에서 벗어날 수 없는 것도 현실이다. 일반적으로 재원의 지속적인 확충과 조달을 직접적으로 통제하기 어려우며, 법적으로 복지서비스 등 위임된 업무라 할지라도 재정배분을 스스로 하기 어려우며, 입법 또는 행정기관에서 정해 주는 경우가 대부분으로 경영적 측면에서 기관의 자율성이 저해되는 경우가 많다. 비영리법인의 재정은 ⅰ) 정부로부터 받는 국가보조금, 지방자치단체의 지방보조금, ⅱ) 정부나 지방자치단체로부터 사회복지시설과 사업 위탁에 따른 민간위탁금, ⅲ) 사회복지법인 등 비영리법인으로부터 받는 법인전입금, ⅳ) 후원자 등으로부터 받는 기부금품, ⅴ) 사회복지공동모금회 및 사회공헌재단 등으로부터 받는 공모사업비, ⅵ) 서비스 이용 및 프로그램 제공으로 받는 이용료 수입, ⅶ) 모금행사를 통한 특별 후원금 등 매우 다양한 재원으로 비영리법인 유형과 규모 등에 따라 달리 운영되고 있는 실정이다.

이러한 다양한 원천으로부터 재원을 확보하기 위해 비영리법인은 특별한 업무를 수행해야 한다. 기업의 사회공헌재단에 사업제안을 하거나, 정부나 지방자치단체로부터 보조금을 지원받기 위하여 사업계획 수립과 보조금 신청을 하거나, 사회복지공동모금회 및 민간 복지재단 등 공모에 참여하고, 지역사회 조직과 연계하여 모금행사와 후원금품을 모집하기 위해 특별행사를 기획하는 등 다양한 재원확보 전략을 수립해야 한다.

2 재무 · 회계 운용원칙

1. 회계연도 독립의 원칙

가. 회계연도 독립의 원칙

사회복지법인 및 사회복지시설의 회계연도는 정부의 회계연도에 따르도록 하고 있다(「사회복지법인 및 사회복지시설 재무·회계 규칙」 제3조). 국가의 회계연도는 매년 1월 1일에 시작하여 12월 31일에 종료하며(「국가재정법」 제2조), 지방자치단체의 회계연도는 매년 1월 1일에 시작하여 12월 31일에 끝난다(「지방재정법」 제6조).

그러나 「영유아보육법」 제2조에 따른 어린이집의 회계연도 어린이집 운영의 특수성을 반영하여 정부의 회계연도에 따르던 어린이집의 회계연도를 매년 3월 1일에 시작하여 다음 연도 2월 말일에 종료하는 것으로 변경하여 회계의 명확성을 도모하고자 「사회복지법인 및 사회복지시설 재무·회계 규칙」을 2015. 12. 24. 일부개정·시행하였다.

따라서 사회복지법인 등 비영리법인의 회계연도는 매년 1월 1일부터 12월 31일까지이며, 어린이집의 회계연도는 매년 3월 1일부터 2월 말일에 종료된다(「사회복지법인 및 사회복지시설 재무·회계 규칙」 제3조).

나. 회계연도 소속구분

사회복지법인 및 사회복지시설의 수입 및 지출의 발생과 자산 및 부채의 증감·변동에 관하여는 그 원인이 되는 사실이 발생한 날을 기준으로 하여 연도 소속을 구분한다. 다만, 그 사실이 발생한 날을 정할 수 없는 경우에는 그 사실을 확인한 날을 기준으로 하여 연도 소속을 구분한다(「사회복지법인 및 사회복지시설 재무·회계 규칙」 제4조).

지방자치단체 세입(歲入)의 회계연도 소속은 ⅰ) 납부기한이 정해져 있는 수입은 그 납부기한이 속하는 연도로, 다만 그 납부기한이 속한 회계연도 내에 납입고지서를 발급하지 아니한 경우에는 납입고지서를 발급한 날이 속하는 연도, ii) 납입고지서를 발급하는 수시수입은 그 납입고지서를 발급한 날이 속하는 연도로, 다만 수시수입으로서 기본수입에 부수되는 수입의 경우에는 그 기본수입이 속하는 연도, iii) 납입고지서를 발급하지 아니하는 수시수입은 영수한 날이 속하는 연도로, 다만 지방채증권·차입금·부담금·교부금·보조금·기부금·상환금 또는 그밖에 이와 유사한 수입의 경우에는 그 예산이 속하는 연도에 따른다(「지방회계법 시행령」 제2조제1항).

지방자치단체 세출(歲出)의 회계연도 소속은 i) 지방채의 원리금은 지급기일이 속하는 연도, ii) 반환금·결손보전금·상환금 또는 그밖에 이와 유사한 것은 지급결정을 한 날이 속하는 연도, iii) 부담금·교부금·보조금·기부금 또는 그밖에 이와 유사한 것은 해당 예산이 속하는 연도, iv) 실비보상·급여·여비·수수료 또는 그밖에 이와 유사한 것은 지급을 하여야 할 사실이 발생한 날이 속하는 연도, v) 사용료·보관료·전기료 또는 그밖에 이와 유사한 것은 지급청구를 받은 날이 속하는 연도, vi) 공사비·제조비·물건구입비·운반비 또는 그밖에 이와 유사한 것으로서 상대방의 행위가 완료된 후에 지급하는 것은 지급이 확정된 날이 속하는 연도, vii) 그밖의 경비는 지급명령을 한 날이 속하는 연도에 따른다(「지방회계법 시행령」 제2조제2항).

다. 출납(폐쇄) 기한

당초 사회복지법인 등 비영리법인의 1회계연도에 속하는 법인 및 시설의 세입·세출의 출납에 관한 사무를 다음 연도 2월 말일까지 완결하도록 하는 출납기한 제도가 있었다.

「사회복지법인 및 사회복지시설 재무·회계 규칙」 개정(2015. 12. 24. 일부개정·시행)으로 1회계연도에 속하는 법인 및 시설의 세입·세출의 출납은 회계연도가 끝나는 날까지 완결하도록 하였다. 따라서 세입·세출의 출납은 12월 31일까지 마쳐야 하며, 세입·세출의 출납에 관한 사무는 지방자치단체와 같이 다음 회계연도 2월 10일까지 마치면 된다. 정부에서는 지방자치단체 출납폐쇄 기한을 정부제도와 맞추기 위하여「지방재정법」개정(2014. 5. 28. 일부개정, 2014. 11. 29. 시행)으로 지방자치단체 "출납폐쇄 기한" 조문을 삭제하고, "출납 폐쇄기한 및 출납사무 완결기한" 조문을 단서로 신설하여 지방자치단체의 출납은 회계연도가 끝나는 날 폐쇄하도록 하였다.

이후 지방자치단체의 결산·수입·지출·현금 등 지방자치단체의 회계 및 자금관리 등 지방회계의 투명성을 강화하고 회계부정을 예방하는 한편, 지방자치단체의 회계를 투명하게 처리하고 자금을 효율적으로 관리하기 위해 2016. 5. 29.「지방회계법」을 제정(2016. 11. 30. 시행)하였다.

현행「지방회계법」에서 "출납 폐쇄기한 및 출납사무 완결기한"은 지방자치단체의 출납은 회계연도가 끝나는 날 폐쇄한다. 다만, 해당 회계연도의 예산에 포함된 경우로서 i) 회계연도 말에 계약 이행이 완료되어 회계연도 내에 지출하기가 곤란한 경우, ii) 국가나 다른 지방자치단체 등으로부터 자금이 교부되지 아니하여 회계연도 내에 지출하기가 곤란한 경우, iii) 그밖에 해당 회계연도 내에 지출 또는 수입 처리하기가 곤란한 경우로서 대통령령으로 정하는 경우, 어느 하나에 해당하는 경우에는 다음 회계연도 1월 20일까지 수입 또는 지출 처리를 할 수 있도록 하였다. 또한「지방회계법」제44조에 따른 출납원이 상기 사항 외의 부분 단서에 따라 다음 회계연도 1월 20일까지 수납한 세입금은 같은 기한까지 지방자치단체 금고에 납입할 수 있으며, 관서 운영에 드는 경비 또는 일상경비는 다음 회계연도 1월 20일까지 반납할 수 있도록 하는 등 해당 회계연도에 속하는 세입·세출의 출납에 관한 사무는 다음 회계연도 2월 10일까지 마치도록 하고 있다(「지방회계법」제7조).

라. 회계의 구분

사회복지법인 및 사회복지시설의 회계는 i) 법인의 업무 전반에 관한 법인회계, ii) 사회복지시설 운영에 관한 시설회계, iii) 사회복지법인이 수행하는 수익사업에 관한 수익사업회계로 구분하여야 하며, 시설의 회계는 해당 시설의 시설회계로 한다(「사회복지법인 및 사회복지시설 재무·회계 규칙」제6조).

2. 예산의 목적외 사용금지

법인회계 및 시설회계의 예산은 세출예산이 정한 목적 외에 이를 사용하지 못한다(「사회복지법인 및 사회복지시설 재무·회계 규칙」 제15조).

지방보조사업자는 법령, 지방보조금 교부 결정의 내용 또는 법령에 따른 지방자치단체의 장의 처분에 따라 선량한 관리자의 주의로 지방보조사업을 수행하여야 하며, 해당 지방보조금을 다른 용도에 사용하여서는 아니 된다(「지방자치단체 보조금 관리에 관한 법률」 제13조).

3. 후원금의 명확성·공정성·투명성

사회복지시설을 설치·운영하는 비영리법인·시설은 「사회복지법인 및 사회복지시설 재무·회계 규칙」에서 정한 기준에 따라 시설을 투명하게 운영하여야 한다(「사회복지사업법」 제34조). 비영리법인의 대표이사와 시설의 장은 아무런 대가 없이 무상으로 받은 금품이나 그밖의 자산의 수입·지출 내용을 공개하여야 하며 그 관리에 명확성이 확보되도록 하여야 한다(「사회복지사업법」 제45조). 사회복지법인 및 사회복지시설의 재무·회계, 후원금관리 및 회계감사의 명확성·공정성·투명성을 기하여야 한다(「사회복지법인 및 사회복지시설 재무·회계 규칙」 제1조). 장기요양기관의 장은 「장기요양기관 재무·회계 규칙」에서 정한 기준에 따라 장기요양기관을 투명하게 운영하여야 한다(「장기요양보험법」 제35조의2).

4. 정보시스템 재무·회계 처리

가. 사회복지법인·시설 업무 전산화

보건복지부장관은 사회복지법인 및 사회복지시설의 종사자, 거주자 및 이용자에 관한 자료 등 운영에 필요한 정보의 효율적 처리와 기록·관리 업무의 전자화를 위하여 정보시스템을 구축·운영할 수 있다. 보건복지부장관은 정보시스템을 구축·운영하는 데 필요한 자료를 수집·관리·보유할 수 있으며 관련 기관 및 단체에 필요한 자료의 제공을 요청할 수 있다. 이 경우 요청을 받은 기관 및 단체는 정당한 사유가 없으면 그 요청에 따라야 한다. 지방자치단체의 장은 사회복지사업을 수행할 때 관할 복지행정시스템과 정보시스템을 전자적으로 연계하여 활용하여야 한다. 사회복지법인의 대표이사와 사회복지시설의 장은 국가와 지방자치단체가 실시하는 사회복지업무의 전자화 시책에 협력하여야 한다(「사회복지법인 및 사회복지시설 재무·회계 규칙」 제6조의2).

나. 정보시스템 구축 운영

보건복지부(한국사회보장정보원)에서는 사회복지시설정보시스템을 차세대 정보시스템 구축사업의 일환으로 사회서비스정보시스템(희망이음, 사회서비스포탈)과 사회복지시설정보시스템을 구축하여 2022. 9. 6.자로 개통하였다. 2024. 5. 15. 기준 사회서비스정보시스템과 사회복지시설정보시스템 체계는 다음과 같다.

≪사회서비스정보시스템 체계≫

대분류	중분류		비고
① 사회서비스광장	㉮ 마이페이지 ㉯ 소개 ㉰ 교육안내 ㉱ 이용안내	㉲ 공지사항 ㉳ 회원가입 ㉴ 사회서비스평가	
② 시군구보고	㉮ 기초정보 ㉯ 입소(이용)자 ㉰ 종사자 ㉱ 보조금 ㉲ 예산서	㉳ 세입세출결산서 ㉴ 비정형업무보고 ㉵ 시설상태관리 ㉶ 공문관리 ㉷ 기준정보–변경이력 관리	
③ 후원관리	㉮ 기초등록 ㉯ 후원자/결연자 관리 ㉰ 후원자 현황 ㉱ 연말정산 ㉲ 후원금 관리 ㉳ 후원금 현황 ㉴ 결연금지급/지출 관리	㉵ 결연금 현황 ㉶ 후원품 관리 ㉷ 후원품 현황 ㉸ 후원영수증 관리 ㉹ 별지서식 ㉺ 회계입금 후원반영 ㉻ 금결원CMS관리	
④ 기관운영업무	㉮ 기관운영관리 ㉯ 안전점검–정기안전점검	㉰ 안전점검–수시안전점검 ㉱ 시스템관리–시설관리	
⑤ 종사자 정보 관리	종사자관리		
⑥ 기관 정보 관리	시설정보 관리		

≪사회복지시설정보시스템 체계≫

대분류	중분류		비고
① 나의업무	㉮ 나의 인사카드 ㉯ 나의 근태 ㉯ 나의급여 ㉱ 연말정산	㉲ 나의 전자결재 ㉳ 나의소명(사례관리용) ㉴ 게시판 ㉵ 개인정보모니터링	
② 회계	㉮ 기초등록 ㉯ 결의 및 전표관리 ㉰ 장부출력	㉱ 보고서 ㉲ 예산관리 ㉳ 부가세	
③ 인사/급여/세무/자산	㉮ 인사관리 ㉯ 급여관리	㉰ 세무 ㉱ 고정자산	
④ 후원관리	㉮ 기초등록 ㉯ 후원자관리 ㉰ 후원금(품)관리	㉱ 회계반영 ㉲ CMS관리	
⑤ 이력정보			
⑥ 시군구보고	㉮ 기준정보관리 ㉯ 공문작성	㉰ 공문관리 ㉱ 의뢰내역관리	
⑦ 평가관리	㉮ 시설평가	㉯ 교육신청	
⑧ 공통관리	㉮ 시설관리 ㉯ 사용자관리 ㉯ 인허가번호관리 ㉱ 시설물안전점검표	㉲ 기초설정 ㉳ 기록물관리 ㉴ 산하시설관리	

다. 정보통신매체에 의한 재무·회계

법인 및 시설의 재무·회계는 컴퓨터 회계프로그램으로 처리할 수 있다. 보건복지부장관은 법인 및 시설의 재무·회계업무의 효율성 및 투명성을 높이기 위하여 정보시스템으로서 법인 및 시설의 재무회계를 처리하기 위한 정보시스템을 구축·운영할 수 있다. 보건복지부장관, 시·도지사, 시장·군수·구청장은 법인 또는 시설에 대하여 정보시스템을 사용할 것을 권장할 수 있다.

「사회복지사업법」 제42조에 따른 보조금을 받는 법인 및 시설과 보조금을 받지 아니하는 시설로서 「노인복지법」 제31조에 따른 노인복지시설 중 「노인장기요양보험법」 제31조에 따라 장기요양기관으로 지정받은 시설은 컴퓨터 회계프로그램 중 보건복지부장관이 검증한 표준연계모듈이 적용된 정보시스템 또는 정보시스템을 사용하여 재무·회계를 처리하여야 한다.

컴퓨터 회계프로그램 또는 시스템에 의하여 전자장부를 사용하는 경우에는 제24조에 따른 i) 현금출납부, ii) 총계정원장, iii) 재산대장, iv) 비품관리대장 회계장부를 둔 것으로 본다(「사회복지법인 및 사회복지시설 재무·회계 규칙」 제6조의2).

3 운용원칙 예외 사항

1. 예비비와 준예산

가. 예비비의 계상

법인의 대표이사 및 시설의 장은 예측할 수 없는 예산 외의 지출 또는 예산의 초과지출에 충당하기 위하여 예비비를 세출예산에 계상할 수 있다(「사회복지법인 및 사회복지시설 재무·회계 규칙」 제14조). 장기요양기관의 장은 예측할 수 없는 예산 외의 지출 또는 예산의 초과지출에 충당하기 위하여 예비비를 세출예산에 계상할 수 있다(「장기요양기관 재무·회계 규칙」 제7조).

예비비는 「지방자치단체 예산편성 운영기준」에서 기준을 정한 바와 같이, 각 회계별 예산총액 대비 1% 범위 내 편성이 필요하다(「지방자치단체 예산편성 운영기준」 제6조 [별표 11] 800 예비비및기타, 801 예비비 01. 일반예비비).

나. 준예산

회계연도 개시 전까지 법인 및 시설의 예산이 성립되지 아니한 때에는 법인의 대표이사 및 시설의 장은 시장·군수·구청장에게 그 사유를 보고하고 예산이 성립될 때까지 i) 임·직원의 보수, ii) 법인 및 시설운영에 직접 사용되는 필수적인 경비, iii) 법령상 지급의무가 있는 경비경비를 전년도 예산에 준하여 집행할 수 있다(「사회복지법인 및 사회복지시설 재무·회계 규칙」 제12조).

2. 추가경정예산

법인의 대표이사 및 시설의 장은 예산성립 후에 생긴 사유로 인하여 이미 성립된 예산에 변경을 가할 필요가 있을 때에는 「사회복지법인 및 사회복지시설 재무·회계 규칙」 제10조 및 제11조의 규정에 의한 절차에 준하여 추가경정예산을 편성·확정할 수 있다. 추가경정예산이 확정된 날로부터 7일 이내에 이를 시장·군수·구청장에게 제출하여야 한다(「사회복지법인 및 사회복지시설 재무·회계 규칙」 제13조).

장기요양기관의 장은 예산성립 후에 생긴 사유로 이미 성립된 예산을 변경할 필요가 있는 때에는 「장기요양기관 재무·회계 규칙」 제4조 및 제5조의 절차에 따라 추가경정예산을 편성할 수 있다. 추가경정예산을 편성하는 때에는 법 제38조제6항에 따라 장기요양급여비용 중 그 일부를 보건복지부장관이 정하여 고시하는 비율에 따라 인건비로 편성해야 한다. 추가경정예산을 편성한 때에는 그날부터 7일 이내에 관할 특별자치시장·특별자치도지사·시장·군수·구청장에게 정보시스템을 활용하여 제출하여야 한다(「장기요양기관 재무·회계 규칙」 제6조).

3. 예산의 전용

법인의 대표이사 및 시설의 장은 관·항·목 간의 예산을 전용할 수 있다. 다만, 법인 및 시설(소규모 시설 제외)의 관 간 전용 또는 동일 관내의 항 간 전용을 하려면 이사회의 의결 또는 시설운영위원회에의 보고를 거쳐야 하되, 법인이 설치·운영하는 시설인 경우에는 시설운영위원회에 보고한 후 법인 이사회의 의결을 거쳐야 한다. 예산총칙에서 전용을 제한하고 있거나 이사회 및 시설 예산심의과정에서 삭감한 관·항·목으로는 전용하여서는 아니 되며, 관·항 간 예산을 전용한 경우에는 관할 시장·군수·구청장에게 「사회복지법인 및 사회복지시설 재무·회계 규칙」 제19조 및 제20조에 따른 결산보고서를 제출할 때에 과목 전용조서를 첨부하여야 한다(「사회복지법인 및 사회복지시설 재무·회계 규칙」 제16조).

장기요양기관의 장은 관·항·목 간의 예산을 전용할 수 있으며, 예산을 전용하는 때에는 「노인장기요양보험법」 제38조제6항에 따라 장기요양급여비용 중 그 일부를 보건복지부장관이 정하여 고시하는 비율에 따라 인건비로 편성해야 한다. 관·항 간의 예산을 전용한 경우에는 「장기요양기관 재무·회계 규칙」 제10조에 따라 결산보고서를 제출할 때에 별지 제3호서식의 과목 전용조서를 첨부하여야 한다(「장기요양기관 재무·회계 규칙」 제8조).

4. 세출예산 이월

법인의 대표이사 및 시설의 장은 법인회계와 시설회계의 세출예산 중 경비의 성질상 당해회계연도 안에 지출을 마치지 못할 것으로 예측되는 경비와 연도 내에 지출원인행위를 하고 불가피한 사유로 인하여 연도 내에 지출하지 못한 경비를 각각 이사회의 의결 및 시설운영위원회에의 보고를 거쳐 다음 연도에 이월하여 사용할 수 있다. 다만, 법인이 설치·운영하는 시설인 경우에는 시설운영위원회에 사전 보고한 후 법인 이사회의 의결을 거쳐야 한다(「사회복지법인 및 사회복지시설 재무·회계 규칙」 제17조).

5. 특정목적사업 적립금

사회복지법인 대표이사 및 시설의 장, 장기요양기관의 장은 완성에 수년을 요하는 공사나 제조 그밖의 특수한 사업을 위하여 2회계연도 이상에 걸쳐서 그 재원을 적립할 필요가 있는 때에는 회계연도마다 일정액을 예산에 계상하여 특정목적사업을 위한 적립금으로 적립할 수 있다. 적립금의 적립 및 사용 계획(변경된 계획을 포함)은 관할 특별자치시장·특별자치도지사·시장·군수·구청장에게 사전에 보고하여야 한다. 적립금은 그 적립목적에만 사용해야 한다. 다만, 노인장기요양기관의 경우 「재난 및 안전관리 기본법」 제14조제1항에 따른 대규모 재난으로 인하여 인건비 지급이 어려운 경우로서 보건복지부장관이 정하는 기준에 해당하는 때에는 관할 특별자치시장·특별자치도지사·시장·군수·구청장의 승인을 받아 한시적으로 인건비로 사용할 수 있다(「사회복지법인 및 사회복지시설 재무·회계 규칙」 제18조).

장기요양기관의 장은 완성까지 수년이 걸리는 공사나 제조 또는 그밖의 특수한 사업을 위하여 2회계연도 이상에 걸쳐서 그 재원을 적립할 필요가 있을 때에는 회계연도마다 일정액을 예산에 계상하여 특정목적사업을 위한 적립금으로 적립할 수 있다. 적립금의 적립 및 사용에 관한 계획(변경 계획 포함)을 관할 특별자치시장·특별자치도지사·시장·군수·구청장에게 사전에 보고하여야 한다. 적립금은 그 적립목적에만 사용해야 한다. 다만,「재난 및 안전관리 기본법」제14조제1항에 따른 대규모 재난으로 인하여 인건비 지급이 어려운 경우로서 보건복지부장관이 정하는 기준에 해당하는 때에는 관할 특별자치시장·특별자치도지사·시장·군수·구청장의 승인을 받아 한시적으로 인건비로 사용할 수 있다(「장기요양기관 재무·회계 규칙」제9조).

제3절 사업계획과 예산 편성

1 계획수립과 우선순위

1. 사업 평가 및 분석

법인의 대표이사 및 시설의 장은 다음 연도 본예산을 편성하여 12월 임시이사회에서 이사회 심의·의결을 받아야 한다. 따라서 당해연도 사업에 대한 평가 및 분석을 통해 다음 연도에 지속적으로 사업을 할 것인지, 변경하여 추진할 것인지, 중단할 것인지를 결정해야 한다.

2. 신규사업 발굴(신청)

법인의 대표이사 및 시설의 장은 예산 편성 전에 ⅰ) 이용자 및 보호자 욕구와 지역특성 등에 맞는 사업 수행을 위하여 욕구 파악 등 기초조사를 실시하여야 하며, 기초조사 결과 등에 따라 지역 주민과 유관기관·단체 등의 의견을 충분히 수렴·

반영하여야 한다. 사업계획은 각 사업이 상호 연계성과 종합성을 갖도록 하여야 하며 사회복지대상자별 서비스 기능의 적정성 및 전문성을 유지하도록 한다.

3. 계획과 우선순위(결정)

법인의 대표이사 및 시설의 장은 사업에 대한 평가·분석한 결과와 욕구조사 등을 통해 발굴한 주요 신규사업에 대해서는 사업계획을 수립하여야 한다. 수립된 사업계획 등을 통해 우선순위를 결정해야 한다. 우선순위는 보조사업 및 공모사업 등 확정된 사업에 대해서는 우선 예산에 반영하고, 자체사업일 경우에는 세입의 가용재원의 범위 내에서 우선순위에 따라 사업비 예산을 반영한다.

4. 실적(계획) 자료 작성

시설의 장은 시설 운영에 관한 i) 시설운영계획의 수립·평가에 관한 사항, ii) 사회복지 프로그램의 개발·평가에 관한 사항 등을 시설운영위원회에 보고해야 하며, 법인의 대표이사 및 시설의 장은 사업계획·실적 및 예산·결산에 관한 사항을 이사회 심의 의결을 받아야 한다. 따라서 본예산이나 추가경정예산안 보고 및 심의 시 사업실적(성과)과 주요사업 추진계획(안)을 예산(안)과 함께 제출해야 한다.

2 예산편성지침

1. 본예산 흐름도

법인 및 시설에서 예산을 편성할 경우에는 사업 계획 수립 외에 i) 시장·군수·구청장의 예산편성지침 법인 및 시설 통보, ii) 법인 대표이사의 예산편성지침 결정, iii) 예산(안) 편성, iv) 시설운영위원회 보고와 심의·의결(시설의 경우), v) 이사회 심의·의결(예산 확정), vi) 확정 예산 시장·군수·구청장에게 제출, vii) 법인과 시설의 회계별 세입·세출 명세서 시·군·구의 게시판과 인터넷 홈페이지 공고 및 법인 및 시설의 게시판과 인터넷 홈페이지 공고 등 다양한 절차를 체계적으로 진행하여야 한다. 다음은 본예산 편성을 위한 절차(흐름도)이다.

≪본예산 편성을 위한 절차(흐름도)≫

주 요 내 용	주 체	추진일정
o 예산편성지침 법인 및 시설 통보 – 시장·군수·구청장이 특히 필요하다고 인정되는 사항	법인 또는 시설 소재지 관할 시장·군수·구청장	회계연도 개시 2개월 전까지
⬇		
o 예산편성지침 결정 – 법인과 해당 법인이 설치·운영하는 시설	법인 대표이사	회계연도 개시 1개월 전까지
⬇		
o 예산 편성 – 법인회계, 시설회계, 수익사업회계로 구분 편성 – 법인회계와 시설회계는 「사회복지법인 및 사회복지시설 재무·회계 규칙」별표 1부터 별표 4까지에 따른 세입·세출예산과목 구분에 따라 편성 ※ 사회복지관, 노인복지관, 장애인복지관은 별표 5 및 별표 6에 따른 세입·세출예산과목 구분에 따라 편성 ※ 어린이집은 별표 7 및 별표 8에 따른 세입·세출예산과목 구분에 따라 편성	법인 대표이사 및 시설의 장	회계연도 개시 전까지
⬇		
o 시설회계 예산안에 대한 시설 운영위원회 보고 – 법인이 설치·운영하는 시설의 경우에도 시설회계는 법인 이사회 의결 전 시설 운영위원회에 보고 필요 ※ 법인회계 및 수익사업회계는 불필요	시설의 장	예산안 편성 완료 시
⬇		
o 법인의 회계별 예산(법인회계, 시설회계, 수익사업회계)에 대한 이사회 의결, 예산안 확정 ※ 법인이 설치·운영하는 시설의 시설회계도 포함 ※ 법인이 아닌 경우에는 시설 운영위원회 보고로 예산이 확정됨	법인 이사회	예산안 편성 완료 시
⬇		
o 확정된 예산안을 시장·군수·구청장에게 제출 – 법인은 법인의 회계별 예산(법인회계, 시설회계, 수익사업회계)을 법인 소재지를 관할하는 시장·군수·구청장에게 제출하고, 시설의 장(법인이 운영하는 시설도 포함)은 해당 시설의 시설회계를 시설 소재지 관할 시장·군수·구청장에게 제출	법인 대표이사 및 시설의 장	회계연도 개시 5일 전까지
⬇		

주 요 내 용	주 체	추진일정
o 예산을 제출받은 때에는 20일 이내에 법인과 시설의 회계별 세입·세출 명세서를 시·군·구의 게시판과 인터넷 홈페이지에 20일 이상 공고 ※「사회복지사업법」 제6조의2제2항에 따른 정보시스템에 게재하거나 「영유아보육법」 제49조의2제1항에 따른 공시로 갈음 가능 o 법인의 대표이사 및 시설의 장으로 하여금 해당 법인 및 시설의 게시판과 인터넷 홈페이지에 20일 이상 공고하도록 하여야 함	시장·군수·구청장	예산을 제출 받은 때
o 법인 및 시설의 게시판과 인터넷 홈페이지에 20일 이상 공고 ※「사회복지사업법」 제6조의2제2항에 따른 정보시스템에 게재하거나 「영유아보육법」 제49조의2제1항에 따른 공시로 갈음 가능	법인 대표이사 및 시설의 장	예산 제출 후

2. 구청장 등 예산편성지침

본예산을 편성하는 경우에 사회복지법인 또는 시설의 소재지를 관할하는 시장·군수·구청장은 특히 필요하다고 인정되는 사항에 관하여는 예산편성지침을 정하여 매 회계연도 개시 2개월 전(10월 31일)까지 법인 및 시설에 통보할 수 있다(「사회복지법인 및 사회복지시설 재무·회계 규칙」 제9조). 사업계획, 예산 운용 방향 및 예산 가내시 등을 법인 및 시설에 통보하는 경우 예산편성지침으로 볼 수 있다.

3. 대표이사 예산편성지침

법인의 대표이사는 법인 설립(시설 설치) 목적에 맞게 건전하게 운영되어야 하며, 설립 목적의 취지에 따라 매 회계연도 개시 1개월 전(11월 30일)까지 법인과 해당 법인이 설치·운영하는 시설의 예산편성 지침을 정하여야 한다(「사회복지법인 및 사회복지시설 재무·회계 규칙」 제2조 및 제9조).

법인의 대표이사는 추가경정예산을 편성하는 경우에는 본예산 절차 등에 준해서 예산편성 지침을 정하면 될 것이다. 다음은 사회복지법인 나사함복지재단 2024년도 제1회 추가경정예산 편성지침을 알리고 법인 및 시설에 추경자료 제출 요청을 문서로 통보한 것이다.

나누고 사랑하며 함께하는 복지공동체

사회복지법인 나사함복지재단

수신자 수신자 참조
(경유)

제목 2024년도 제1회 추가경정예산 편성지침 알림(추경자료 제출)

1. 평소 장애인 복지서비스 증진에 노력하고 계심에 감사를 드리며, 귀 기관의 무궁한 발전을 기원합니다.

2. 사회복지법인 나사함복지지재단 2024년도 제1회 추가경정예산 편성지침을 따로붙임과 같이 알려드리오니, 법인(경영기획부) 및 각 시설에서는 추경요인을 충분히 검토, 추경자료를 시설운영위원회 보고 후 법인 경영기획실로 제출하여 주시기 바랍니다.

   가. 제출서류

      1. 주요사업 (변경)계획서 1부.

      2. 예산총칙, 세입·세출명세서, 인건비 조서 각 1부.

   나. 제출기한: 2024. 2. 15.(목)까지

붙임 2024년도 제1회 추가경정예산 편성지침 1부. 끝.

사회복지법인 나사함복지재단 대표이사 인

수신자: 법인(경영기획부), 장애인복지관장, 주간보호센터장, 나눔공동가정·공동생활가정·사랑공동가정 원장 귀하

결재 2024. 1. 29.

경영기획실장 고재수 경영이사 김종윤 대표이사 방대유

협조자

시행 나복24-20 (2024. 1. 29.) 접수 - (2024. 1. .)

우 48429 부산광역시 남구 진남로70번길 1, 203호(대연동, 동원빌딩) / nshwf.or.kr

전화 (051)627-8566, FAX (051)715-8567 / nasahamwf@daum.net / 공개

[붙임]

2024년도 제1회 추가경정예산 편성지침

▣ 근거법령

○「사회복지사업법」제23조제4항, 제34조제3항 및 제45조제2항

○「사회복지법인 및 사회복지시설 재무·회계 규칙」제10조~제11조, 제13조

▣ 중점 검토사항

<세입예산>

○ 2023년도 결산 확정에 따른 전년도이월금(세계잉여금) 세입 예산 반영
  - 후원금(지정 및 비지정후원금), 사업비, 운영비 이월금 명확한 구분

○ 사회복지시설 인건비 및 운영비 보조금 확정 내시액 세입예산 조정
  - 국가보조금 및 지방보조금(시 및 구·군) 각각 구분 반영

○ 신규 공모·위탁사업비 및 변경 공모·위탁사업비 반영(조정)

○ 후원금은 2023년도 결산액 기준으로 여건 등을 감안하여 적의 조정

○ 현금자산 사용(공동생활가정 임차보증금)에 따른 재산수입(기타수입) 계상
  - 임차보증금은 세입세출외로 집행하므로 공동생활가정 세입예산 편성 불요

○ 토지 매각에 따른 매각대금 세입예산 반영(공시지가 기준)

<세출예산>

○ 2024년도 사회복지시설 인건비 가이드라인 확정에 따른 인건비 조정

○ 신규 공모·위탁사업비 및 변경 공모·위탁사업비 반영(조정)

○ 법인 재산조성비(발달장애인 콤플렉스 인프라 구축) 예산 반영

○ 공동생활가정 임차보증금 재산조성비(시설비) 세출예산 계상

○ 예비비는 예산액의 1% 내외 반영(세입 및 세출예산액 일치 활용)

▣ 예산 추진일정

○ (법인·시설) 추경 검토, 예산서 및 첨부서류 작성: 2024. 1. 31.(수)까지

○ (시설) 시설운영위원회 보고: 2024. 2. 14.(수)까지

○ (법인·시설) 추결 예산서 및 첨부서류 제출(경영기획실): 2024. 2. 15.(목)

○ (법인) 2024년도 정기이사회 개최 통보: 2024. 1. 15.(수)

○ (법인) 2024년도 정기이사회 심의·의결: 2024. 3. 7.(목) 18:00

○ (법인·시설) 추경예산서 및 첨부서류 제출(해당 구): 2024. 3. 14.(목)까지

ㅇ (해당 구) 예산서를 제출받은 때에는 20일 이내에 법인 및 시설의 세입·세출결산서를 구의 게시판과 인터넷 홈페이지에 20일 이상 공고

ㅇ (법인·시설) 법인 및 시설의 게시판과 인터넷 홈페이지에 20일 이상 공고

≪예산 첨부서류≫

◇ 예산총칙 ◇ 세입·세출명세서 ◇ 임직원 보수 일람표

◇ 예산을 의결한 이사회 회의록 또는 예산을 보고받은 시설운영위원회 회의록 사본

자료: 사회복지법인 나사함복지재단 내부자료

3 예산편성 절차와 과목

1. 예산 편성·결정 절차

법인의 대표이사 및 시설의 장은 예산을 편성하여 각각 법인 이사회의 의결 및 「사회복지사업법」 제36조에 따른 운영위원회 또는 「영유아보육법」 제25조에 따른 어린이집운영위원회(시설운영위원회)에의 보고를 거쳐 확정한다. 다만, 법인이 설치·운영하는 시설인 경우에는 시설운영위원회에 보고한 후 법인 이사회의 의결을 거쳐 확정한다.

법인의 대표이사 및 시설의 장은 확정한 예산을 매 회계연도 개시 5일 전까지 관할 시장·군수·구청장에게 제출(「사회복지사업법」 제6조의2제2항에 따른 정보시스템 활용 제출 포함)하여야 한다. 시장·군수·구청장은 예산을 제출받은 때에는 20일 이내에 법인과 시설의 회계별 세입·세출명세서를 시·군·구의 게시판과 인터넷 홈페이지에 20일 이상 공고하고, 법인의 대표이사 및 시설의 장으로 하여금 해당 법인 및 시설의 게시판과 인터넷 홈페이지에 20일 이상 공고하도록 하여야 한다. 공고는 「사회복지사업법」 제6조의2제2항에 따른 정보시스템에 게시하거나 「영유아보육법」 제49조의2제1항에 따라 공시하는 것으로 갈음할 수 있다(「사회복지법인 및 사회복지시설 재무·회계 규칙」 제10조).

2. 세입·세출예산 편성과목

법인의 대표이사 및 시설의 장은 예산을 편성하는 경우 법인회계 예산은 「사회복지법인 및 사회복지시설 재무·회계 규칙」 [별표 1]부터 [별표 2]까지에 따른 세입·세출예산과목 구분에 따라 편성하고, 시설회계 예산은 [별표 3]부터 [별표 4]까지 세입·세출예산과목 구분에 따라 편성한다. 사회복지시설 중 ⅰ) 「사회복지사업법」 제34조의5에 따른 사회복지관, ⅱ) 「노인복지법」 제36조제1항제1호에 따른 노인복지관, ⅲ) 「장애인복지법」 제58조제1항제2호에 따른 장애인 지역사회재활시설, ⅳ) 「아동복지법」 제44조의2에 따른 다함께돌봄센터, ⅴ) 「아동복지법」 제52조제1항제8호에 따른 지역아동센터는 「사회복지법인 및 사회복지시설 재무·회계 규칙」 [별표 5] 복지관 등 시설회계 세입예산과목 구분 및 [별표 6] 복지관 등 시설회계 세출예산과목 구분에 따라 편성한다.

「영유아보육법」 제2조에 따른 어린이집은 [별표 7] 및 [별표 8]에 따른 세입·세출예산과목 구분에 따라 편성하며, 노인장기요양기관은 [별표 9]의 세입예산과목 구분 및 [별표 10]의 세출예산과목 구분에 따라 편성하되, 세출예산을 편성하는 때에는 「노인장기요양보험법」 제38조제4항에 따라 장기요양급여비용 중 그 일부를 보건복지부장관이 정하여 고시하는 비율에 따라 인건비로 편성하여야 한다(「사회복지법인 및 사회복지시설 재무·회계 규칙」 제10조제3항).

가. 법인회계 세입·세출예산 과목

법인의 대표이사가 법인회계 세입예산을 편성하고자 할 경우에는 「사회복지법인 및 사회복지시설 재무·회계 규칙」 [별표 1] 세입예산 과목 구분에 따라 편성하여야 한다.

≪법인회계 세입예산 과목 구분≫

과목						내역
관		항		목		
01	재산수입	11	기본재산수입	111	임대료수입	부동산 임대수입
				112	배당 및 이자수입	소유주식배당수입, 예금이자수입
				113	재산매각수입	부동산매각수입
				114	기타수입	불용재산매각 등 그밖의 재산수입
02	사업수입	21	사업수입	211	○○사업수입	법인의 자체사업으로 얻어지는 수입 ※ 법인의 수익사업은 수익사업회계로 처리
03	과년도수입	31	과년도수입	311	과년도수입	전년도에 세입조정된 수입으로서 금년도에 수입으로 확정된 것
04	보조금수입	41	보조금수입	411	국고보조금	국가로부터 받은 경상보조금 및 자본보조금
				412	시·도 보조금	시·도로부터 받은 경상보조금 및 자본보조금
				413	시·군·구보조금	시·군·구로부터 받은 경상보조금 및 자본보조금
				414	기타 보조금	그밖에 국가, 지방자치단체 및 사회복지사업 기금 등에서 공모사업 선정으로 받은 보조금
05	후원금수입	51	후원금수입	511	지정후원금	국내·외 민간단체 및 개인으로부터 후원 명목으로 받은 기부금·결연후원금·위문금·찬조금 중 후원목적이 지정된 수입
				512	비지정후원금	국내·외 민간단체 및 개인으로부터 후원 명목으로 받은 기부금·결연후원금·위문금·찬조금 중 후원목적이 지정되지 아니한 수입과 자선행사 등으로 얻어지는 수입
06	차입금	61	차입금	611	금융기관 차입금	금융기관으로부터의 차입금
				612	기타차입금	개인·단체 등으로부터의 차입금

과목						내역
관		항		목		
07	전입금	71	전입금	711	다른 회계로부터의 전입금	수익사업회계 및 시설회계로부터의 전입금
08	이월금	81	이월금	811	전년도이월금	전년도 불용액으로서 이월된 금액
				812	전년도이월금(후원금)	전년도 후원금에 대한 불용액으로서 이월된 금액
				813	○○이월사업비	전년도에 종료되지 못한 ○○사업의 이월된 금액
09	잡수입	91	잡수입	911	불용품매각대	비품·집기·기계·기구 등과 그밖의 불용품의 매각대
				912	기타예금이자수입	기본재산예금 외의 예금이자수입
				913	기타잡수입	그밖의 재산매각수입, 변상금 및 위약금수입 등과 다른 과목에 속하지 아니하는 수입

법인의 대표이사가 법인회계 세출예산을 편성하고자 할 경우에는 「사회복지법인 및 사회복지시설 재무·회계 규칙」 [별표 2] 세출예산 과목 구분에 따라 편성하여야 한다.

≪법인회계 세출예산 과목 구분≫

과목						내역
관		항		목		
01	사무비	11	인건비	111	급여	법인 임·직원에 대한 기본 봉급(기말·정근수당 포함)
				112	제수당	법인 임·직원에 대한 상여금 및 제수당(직종·직급별로 일정액을 지급하는 수당과 시간외근무수당·야간근무수당·휴일근무수당 등) 및 기타 수당
				113	일용잡급	일급 또는 단기간 채용하는 임시직에 대한 급여

과목						내역
관		항		목		
01	사무비	11	인건비	115	퇴직금 및 퇴직적립금	법인 임·직원퇴직급여제도에 따른 퇴직급여 및 퇴직적립금(충당금)
				116	사회보험 부담금	법인 임·직원의 사회보험(국민연금, 국민건강보험, 고용보험, 산업재해보상보험 등)부담금
				117	기타후생경비	법인 임·직원의 건강진단비·기타 복리후생에 소요되는 비용
		12	업무추진비	121	기관운영비	기관운영 및 유관기관과의 업무협의 등에 소요되는 제경비
				122	직책보조비	법인 임·직원의 직책수행을 위하여 정기적으로 지급하는 경비
				123	회의비	법인의 이사회·후원회 등 각종 회의의 다과비 등에 소요되는 제경비
		13	운영비	131	여비	법인 임·직원의 국내·외 출장 여비
				132	수용비 및 수수료	사무용품비·인쇄비·집기구입비(물건의 성질상 장기간 사용 또는 고정자산으로 취급되는 집기류는 212목에 계상)·도서구입비·공고료·수수료·등기료·운송비·통행료 및 주차료·소규모수선비·포장비 등
				133	공공요금	우편료·전신전화료·전기료·상하수도료·가스료 및 오물수거료
				134	제세공과금	법령에 의하여 지급하는 제세(법인세·자동차세 등), 협회가입비, 화재·자동차보험료, 기타 보험료
				135	차량비	차량유류대·차량정비유지비·차량소모품비
				136	연료비	보일러 및 난방시설연료비
				137	기타운영비	그밖에 운영경비로 위에 분류되지 아니한 경비

과목						내역
관		항		목		
02	재산조성비	21	시설비	211	시설비	시설 신·증축비 및 부대경비, 기타 시설비
				212	자산취득비	법인운영에 필요한 비품구입비, 토지·건물·기타 자산의 취득비
				213	시설장비유지비	건물 및 건축설비(구축물·기계장치)·공구·기구·비품수선비(소규모수선비는 132목에 계상) 기타 시설물의 유지관리비
03	사업비	31	일반사업비	311 · · ·	○○사업비 · · ·	법인에서 시설운영외의 지원사업 등을 하는 경우의 사업비 예: 학자금지원·저소득층지원 등 사업별로 목을 설정
04	전출금	41	전출금	411	○○시설전출금 ·	법인이 유지·경영하는 시설에 대한 부담금을 시설별로 목을 설정
				412	○○시설전출금(후원금)	법인이 유지·경영하는 시설에 대한 부담금(후원금)을 시설별로 목을 설정
05	과년도지출	51	과년도지출	511	과년도지출	과년도미지급금 및 과년도사업비의 지출
06	상환금	61	부채상환금	611	원금상환금	차입금원금상환금
				612	이자지급금	차입금이자지급금
07	잡지출	71	잡지출	711	잡지출	법인이 지출하는 보상금·사례금·소송경비 등
08	예비비 및 기타	81	예비비 및 기타	811	예비비	예비비
				812	반환금	정부보조금 반환금

나. 시설회계 세입·세출예산 과목

시설의 장이 시설회계 세입예산을 편성하고자 할 경우에는 「사회복지법인 및 사회복지시설 재무·회계 규칙」 [별표 3] 세입예산 과목 구분에 따라 편성하여야 한다.

≪시설회계 세입예산 과목 구분≫

과목						내역
관		항		목		
01	입소자부담금 수입	11	입소비용수입	111	○○비용수입	입소자로부터 받는 보호에 소요되는 비용수입을 종류별로 목을 설정
02	사업수입	21	사업수입	211	○○사업수입	시설운영으로 인하여 발생되는 사업수입을 종류별로 목을 설정 예: 입소자가 제작한 물품판매 수입
03	과년도수입	31	과년도수입	311	과년도수입	전년도에 세입조정된 수입으로서 금년도에 수입으로 확정된 것
04	보조금수입	41	보조금수입	411	국고보조금	국가로부터 받은 경상보조금 및 자본보조금
				412	시·도 보조금	시·도로부터 받은 경상보조금 및 자본보조금
				413	시·군·구 보조금	시·군·구로부터 받은 경상보조금 및 자본보조금
				414	기타 보조금	그밖에 국가, 지방자치단체 및 사회복지사업 기금 등에서 공모사업 선정으로 받은 보조금
05	후원금수입	51	후원금수입	511	지정후원금	국내·외 민간단체 및 개인으로부터 후원 명목으로 받은 기부금·결연후원금·위문금·찬조금 중 후원목적이 지정된 수입

과목						내역
관		항		목		
05	후원금수입	51	후원금수입	512	비지정후원금	국내·외 민간단체 및 개인으로부터 후원 명목으로 받은 기부금·결연후원금·위문금·찬조금 중 후원목적이 지정되지 아니한 수입과 자선행사 등으로 얻어지는 수입
06	요양급여수입	61	요양급여수입	611	장기요양급여수입	노인장기요양보험급여 수입
07	차입금	71	차입금	711	금융기관 차입금	금융기관으로부터의 차입금
				712	기타차입금	개인·단체 등으로부터의 차입금
08	전입금	81	전입금	811	법인전입금	법인으로부터의 전입금(국가 및 지방자치단체의 보조금은 제외함)
				812	법인전입금(후원금)	법인으로부터의 전입금(후원금)
09	이월금	91	이월금	911	전년도이월금	전년도 불용액으로서 이월된 금액
				912	전년도이월금(후원금)	전년도에 후원금에 대한 불용액으로서 이월된 금액
				913	○○ 이월사업비	전년도에 종료되지 못한 ○○ 사업의 이월된 금액
10	잡수입	101	잡수입	1011	불용품매각대	비품·집기·기계·기구 등과 그밖의 불용품의 매각대
				1012	기타예금이자수입	기본재산예금 외의 예금이자 수입
				1013	기타잡수입	그밖의 재산매각수입, 변상금 및 위약금수입 등과 다른 과목에 속하지 아니하는 수입

시설의 장은 시설회계 세출예산을 편성하고자 할 경우에는「사회복지법인 및 사회복지시설 재무·회계 규칙」[별표 4] 세출예산 과목 구분에 따라 편성하여야 한다.

≪시설회계 세출예산 과목 구분≫

과목						내역
관		항		목		
01	사무비	11	인건비	111	급여	시설 직원에 대한 기본 봉급(기말·정근수당 포함)
				112	제수당	시설 직원에 대한 상여금 및 제수당(직종·직급별로 일정액을 지급하는 수당과 시간외근무수당·야간근무수당·휴일근무수당 등) 및 기타 수당
				113	일용잡급	일급 또는 단기간 채용하는 임시직에 대한 급여
				115	퇴직금 및 퇴직적립금	시설 직원 퇴직급여제도에 따른 퇴직급여 및 퇴직적립금(충당금)
				116	사회보험 부담금	시설 직원의 사회보험(국민연금, 국민건강보험, 고용보험, 산업재해보상보험 등)부담금
				117	기타후생경비	시설 직원의 건강진단비·기타 복리후생에 소요되는 비용
		12	업무추진비	121	기관운영비	기관운영 및 유관기관과의 업무협의 등에 소요되는 제경비
				122	직책보조비	시설 직원의 직책수행을 위하여 정기적으로 지급하는 경비
				123	회의비	후원회 등 각종 회의의 다과비 등에 소요되는 제경비
		13	운영비	131	여비	시설 직원의 국내·외 출장 여비
				132	수용비 및 수수료	사무용품비·인쇄비·집기구입비(물건의 성질상 장기간사용 또는 고정자산으로 취급되는 집기류는 212목에 계상)·도서구입비·공고료·수수료·등기료·운송비·통행료 및 주차료·소규모수선비·포장비 등

과목						내역
관		항		목		
01	사무비	11	인건비	133	공공요금	우편료·전신전화료·전기료·상하수도료·가스료 및 오물수거료
				134	제세공과금	법령에 의하여 지급하는 제세(자동차세 등), 협회가입비, 화재·자동차보험료, 기타 보험료
				135	차량비	차량유류대·차량정비유지비·차량소모품비
				136	기타운영비	시설 직원 상용피복비·급량비 등 운영경비로 위에 분류되지 아니한 경비
02	재산조성비	21	시설비	211	시설비	시설 신·증축비 및 부대경비, 그밖에 시설비
				212	자산취득비	시설운영에 필요한 비품구입비, 토지·건물·그밖에 자산의 취득비
				213	시설장비유지비	건물 및 건축설비(구축물·기계장치), 공구·기구, 비품수선비(소규모수선비는 132목에 계상) 그밖의 시설물의 유지관리비
03	사업비	31	운영비	311	생계비	주식비, 부식비, 특별부식비, 장유비, 월동용 김장비
				312	수용기관경비	입소자를 위한 수용비(치약·칫솔·수건구입비 등)
				313	피복비	입소자의 피복비
				314	의료비	입소자의 보건위생 및 시약대
				315	장의비	입소자 중 사망자의 장의비
				316	직업재활비	입소자의 직업훈련재료비
				317	자활사업비	입소자의 자활을 위한 기자재 구입비
				318	특별급식비	입소자의 간식, 우유 등 생계 외의 급식제공을 위한 비용
				319	연료비	보일러 및 난방시설연료비, 취사에 필요한 연료비

과목						내역
관		항		목		
03	사업비	32	교육비	321	수업료	입소자 중 학생에 대한 수업료
				322	학용품비	입소자 중 학생에 대한 학용품비
				323	도서구입비	입소자 중 학생에 대한 도서구입비, 부교재비
				324	교통비	입소자 중 학생에 대한 대중교통비
				325	급식비	입소자 중 학생에 대한 학교급식비
				326	학습지원비	입소자 중 학생에 대한 사교육비(피아노교습, 사설학원 수강 등)
				327	수학여행비	입소자 중 학생에 대한 수학여행비
				328	교복비	입소자 중 학생에 대한 교복비
				329	이미용비	입소자 중 학생에 대한 이·미용비
		33	○○사업비	330	기타교육비	입소자 중 학생에 대한 그밖의 교육경비(학습재료 등)
				331	의료재활 사업비	입소자(재활·물리·작업·언어·청능)치료비, 수술비용, 의수족 등 장애인 보조기기 제작수리비 또는 입소자를 위한 의료재활 프로그램 비용
				332	사회심리 재활사업비	입소자를 위한 사회심리재활 프로그램 운영비
				333	교육재활 사업비	입소자를 위한 교육프로그램 운영비
				334	직업재활 사업비	입소자를 위한 직업재활프로그램 운영비
				335 ·	○○사업비 ·	의료재활, 직업재활, 교육재활 등 전문프로그램이 아닌 입소자를 위한 프로그램운영비(하계캠프, 방과 후 공부방 운영 등)

과목						내역
관		항		목		
04	전출금	41	전출금	411	법인회계전출금	법인회계로의 전출금(보건복지부장관이 정하는 경우만 해당함)
05	과년도지출	51	과년도지출	511	과년도지출	과년도미지급금 및 과년도사업비의 지출
06	상환금	61	부채상환금	611	원금상환금	차입금원금상환금
				612	이자지불금	차입금이자지급금
07	잡지출	71	잡지출	711	잡지출	시설이 지출하는 보상금·사례금·소송경비 등
08	예비비 및 기타	81	예비비 및 기타	811	예비비	예비비
				812	반환금	정부보조금 반환금

다. 복지관 등 시설회계 세입·세출예산 과목

시설의 장이 사회복지시설 중 i)「사회복지사업법」 제34조의5에 따른 사회복지관, ii)「노인복지법」 제36조제1항제1호에 따른 노인복지관, iii)「장애인복지법」 제58조제1항제2호에 따른 장애인 지역사회재활시설[1], iv)「아동복지법」 제44조의2에 따른 다함께돌봄센터, v)「아동복지법」 제52조제1항제8호에 따른 지역아동센터 세입예산을 편성하고자 할 경우에는「사회복지법인 및 사회복지시설 재무·회계 규칙」[별표 5]의 복지관 등 시설회계 세입예산 과목 구분에 따라 편성하여야 한다.

1)「장애인복지법 시행규칙」[별표 4]에서 장애인 지역사회재활시설을 장애인복지관, 장애인 주간이용시설, 장애인 체육시설, 장애인 수련시설, 시각장애인 등 생활지원센터, 수어통역센터, 점자도서관, 점자도서 및 녹음서 출판시설, 장애인 치료재활시설로 구분하고 있다.

≪복지관 등 시설회계 세입예산 과목 구분≫

과목						내역
관		항		목		
01	사업수입	11	사업수입	111	○○수입	시설에서 제공하는 각종 서비스의 이용자로부터 받은 수입을 종류별로 목을 설정
02	과년도수입	21	과년도수입	211	과년도수입	전년도에 세입조정된 수입으로서 금년도에 수입으로 확정된 것
03	보조금수입	31	보조금수입	311	국고보조금	국가로부터 받은 경상보조금 및 자본보조금
				312	시·도보조금	시·도로부터 받은 경상보조금 및 자본보조금
				313	시·군·구보조금	시·군·구로부터 받은 경상보조금 및 자본보조금
				314	기타보조금	그밖에 국가, 지방자치단체 및 사회복지사업기금 등에서 공모사업 선정으로 받은 보조금
04	후원금수입	41	후원금수입	411	지정후원금	국내·외 민간단체 및 개인으로부터 후원 명목으로 받은 기부금·결연후원금·위문금·찬조금 중 후원목적이 지정된 수입
				412	비지정후원금	국내·외 민간단체 및 개인으로부터 후원 명목으로 받은 기부금·결연후원금·위문금·찬조금 중 후원목적이 지정되지 아니한 수입과 자선행사 등으로 얻어지는 수입
05	차입금	51	차입금	511	금융기관차입금	금융기관으로부터의 차입금
				512	기타차입금	개인·단체 등으로부터의 차입금
06	전입금	61	전입금	611	법인전입금	법인으로부터의 전입금 (국가 및 지방자치단체의 보조금은 제외함)
				612	법인전입금 (후원금)	법인으로부터의 전입금 (후원금)

과목						내역
관		항		목		
07	이월금	71	이월금	711	전년도이월금	전년도 불용액으로서 이월된 금액
				712	전년도이월금(후원금)	전년도 후원금에 대한 불용액으로서 이월된 금액
				713	○○ 이월사업비	전년도에 종료되지 못한 ○○사업의 이월된 금액
08	잡수입	81	잡수입	811	불용품매각대	비품·집기·기계·기구 등과 그밖의 불용품의 매각대
				812	기타예금이자수입	기본재산예금 외의 예금이자수입
				813	기타잡수입	그밖의 재산매각수입, 변상금 및 위약금수입 등과 다른 과목에 속하지 아니하는 수입

시설의 장은 사회복지시설 중 ⅰ)「사회복지사업법」 제34조의5에 따른 사회복지관, ⅱ)「노인복지법」 제36조제1항제1호에 따른 노인복지관, ⅲ)「장애인복지법」 제58조제1항제2호에 따른 장애인 지역사회재활시설, ⅳ)「아동복지법」 제44조의2에 따른 다함께돌봄센터, ⅴ)「아동복지법」 제52조제1항제8호에 따른 지역아동센터 세출예산을 편성하고자 할 경우에는「사회복지법인 및 사회복지시설 재무·회계 규칙」[별표 6]의 복지관 등 시설회계 세출예산 과목 구분에 따라 편성하여야 한다.

≪복지관 등 시설회계 세출예산 과목 구분≫

과목						내역
관		항		목		
01	사무비	11	인건비	111	급여	시설 직원에 대한 기본 봉급(기말·정근수당 포함)
				112	제수당	시설 직원에 대한 상여금 및 제수당(직종·직급별로 일정액을 지급하는 수당과 시간외근무수당·야간근무수당·휴일근무수당 등) 및 기타 수당

과목						내역
관		항		목		
01	사무비	11	인건비	113	일용잡급	일급 또는 단기간 채용하는 임시직에 대한 급여
				115	퇴직금 및 퇴직적립금	시설 직원 퇴직급여제도에 따른 퇴직급여 및 퇴직적립금(충당금)
				116	사회보험 부담금	시설 직원의 사회보험(국민연금, 국민건강보험, 고용보험, 산업재해보상보험 등)부담금
				117	기타후생경비	시설 직원의 건강진단비·기타 복리후생에 소요되는 비용
		12	업무추진비	121	기관운영비	기관운영 및 유관기관과의 업무협의 등에 소요되는 제경비
				122	직책보조비	시설 직원의 직책수행을 위하여 정기적으로 지급하는 경비
				123	회의비	후원회 등 각종 회의의 다과비 등에 소요되는 제경비
		13	운영비	131	여비	시설 직원의 국내·외 출장 여비
				132	수용비 및 수수료	사무용품비·인쇄비·집기구입비(물건의 성질상 장기간사용 또는 고정자산으로 취급되는 집기류는 212목에 계상)·도서구입비·공고료·수수료·등기료·운송비·통행료 및 주차료·소규모수선비·포장비 등
				133	공공요금	우편료·전신전화료·전기료·상하수도료·가스료 및 오물수거료
				134	제세공과금	법령에 의하여 지급하는 제세(자동차세 등), 협회가입비, 화재·자동차보험료, 기타 보험료
				135	차량비	차량유류대·차량정비유지비·차량소모품비
				136	연료비	시설의 냉난방연료비(보일러, 냉난방기 등)
				137	기타운영비	시설 직원 상용피복비·급량비 등 운영경비로 위에 분류되지 아니한 경비

과목						내역
관		항		목		
02	재산조성비	21	시설비	211	시설비	시설 신·증축비 및 부대경비, 그밖의 시설비
				212	자산취득비	시설운영에 필요한 비품구입비, 토지·건물·그밖의 자산의 취득비
				213	시설장비유지비	건물 및 건축설비(구축물·기계장치), 공구·기구, 비품수선비(소규모수선비는 132목에 계상) 그밖의 시설물의 유지관리비
03	사업비	31	사업비	311	○○사업비	시설에서 이용자에게 제공하는 사업을 성격별·유형별로 구분하여 목으로 설정
04	과년도지출	41	과년도지출	411	과년도지출	과년도미지급금 및 과년도 사업비의 지출
05	상환금	51	부채상환금	511	원금상환금	차입금 원금상환금
				512	이자지급금	차입금 이자지급금
06	잡지출	61	잡지출	611	잡지출	시설이 지출하는 보상금, 사례금, 소송경비 등
07	예비비 및 기타	71	예비비 및 기타	711	예비비	예비비
				712	반환금	정부보조금 반환금

3. 예산 첨부서류

예산에는 i) 예산총칙, ii) 세입·세출명세서, iii) 추정재무상태표, iv) 추정수지계산서, v) 임직원 보수 일람표, vi) 예산을 의결한 이사회 회의록 또는 예산을 보고받은 시설운영위원회 회의록 사본 서류가 첨부되어야 한다. 다만, 단식부기로 회계를 처리하는 경우에는 i) 예산총칙, ii) 세입·세출명세서, iii) 임직원 보수 일람표, iv) 예산을 의결한 이사회 회의록 또는 예산을 보고받은 시설운영위원회 회의록 사본 서류만을 첨부할 수 있고, 국가·지방자치단체·법인 외의 자가 설치·운영하는 시설로서 거주자 정원 또는 일일 평균 이용자가 20명 이하인 시설은 ii) 세입·세출명세서, v) 임직원 보수 일람표(노인장기요양기관의 경우만 해당), vi) 예산을 의결한 이사회 회의록 또는 예산을 보고받은 시설운영위원회 회의록 사본 서류만을 첨부할 수 있으며, 「영유아보육법」 제2조에 따른 어린이집은 보건복지부장관이 정하는 바에 따른다.

제4절 이사회 심의자료 작성(사례)

정부의 국회 예산 심의와 지방자치단체 지방의회 예산(안) 제출 시 일반 및 재정 운영 현황 등을 제출하며, 「사회복지법인 나사함복지재단 정관」 제25조제5호에서 사업계획·실적 및 예산에 관한 사항은 이사회에서 심의·의결을 하도록 규정하고 있다.

비영리법인의 시설운영위원회 및 이사회는 심의·의결 기구로서 예산(안) 심의 시 일반 및 재정현황과 사업계획 및 실적에 대해 질의를 할 수도 있어 대표이사 및 시설의 장은 답변 준비를 하여야 하며, 자료를 작성하여 제출하면 질의에 대한 답변이 용이할 수 있다. 따라서 법인의 대표이사는 이사회 예산(안) 심의 시 ⅰ) 법인의 일반 및 재정현황, ⅱ) 주요사업 계획(안), ⅲ) 예산(안)에 대한 자료를 작성하여 제출하여야 한다.

1 법인현황 및 사업성과

다음은 사회복지법인 나사함복지재단 2024년도 정기이사회 표지, 일반 및 재정현황, 사업실적 및 계획을 나타낸 것이다.

- 사회복지법인 나사함복지재단 -

2024년도 정기이사회 회의자료

2024. 3. 7.(목) 18:00

나누고 사랑하며 함께하는 복지공동체
사회복지법인 나사함복지재단
Nasaham Welfare Foundation

Ⅰ. 법인현황 및 사업성과

1 법인현황 및 주요연혁

1. 일반현황

ㅇ 명　　칭: 사회복지법인 나사함복지재단 ▷ 대표이사 방대유
ㅇ 설 립 일: 2005. 7. 13. ▷ 부산광역시장 허가
ㅇ 설립목적 ▷ 법인「정관」제1조
- 「사회복지사업법」 제2조 및 「장애인복지법」 제10조와 제58조, 「발달장애인 권리보장 및 지원에 관한 법률」 제2조와 제5조에 의한 발달장애인 복지사업과 지역사회복지사업을 수행하고 국민건강 증진 및 치료, 상담, 재활, 보호, 교육사업, 수익사업 등을 통하여 사회복지 증진에 기여

ㅇ 사업종류 ▷ 법인「정관」제4조
- 「장애인복지법」 제58조의 장애인 지역사회재활시설 운영
- 「장애인복지법」 제58조의 장애인 거주시설 운영
- 그밖의 「발달장애인 권리보장 및 지원에 관한 법률」 및 법인의 목적 달성에 필요한 사업

ㅇ 임 원 수: 10명(대표이사 1, 경영이사 1, 이사 6, 감사 2)

2. 기본재산(목적사업용)

ㅇ 총괄 (단위: 천 원)

구분	합계 (A+B–C)	자산			부채(C)
		계	부동산(A)	동산(B)	
계	2,052,604	2,052,604	1,937,714	114,890	없음

ㅇ 세부내역 (단위: 천 원)

구분		지번	규모(㎡)	평가액	소유자	용도	취득일
				2,052,604			
부동산	소계			1,937,714			
	대지	부산 남구 대연동 1483-9	393.7	300,393	법인	장애인복지관	2005. 7. 27.
	건물	부산 남구 대연동 1483-9	1,012.62	1,196,951	법인	장애인복지관	2009. 8. 4.
	토지	경남 양산시 주남동 745	2,212	440,370	법인	시설 부지	2015. 3. 31.
		경남 양산시 주남동 745-2	167				
동 산	현금	은행예금(부산은행)	정기예금	114,890	법인	시설 설치	2017. 7. 12.

3. 주요연혁

- 1999. 09월: (사)나사함 창립 준비 발기인 모임(28회)
- 2000. 09월: (사)나사함 창립총회 개최(부산일보사 강당)
- 2001. 11월: 발달장애인복지협회 (사)나사함 설립 허가
- 2001. 12월: 나사함 음악치료센터 개소
- 2005. 07월: 사회복지법인 나사함복지재단 설립 허가(부산광역시장)
- 2005. 08월: 나사함주간보호센터, 나사함공동생활가정 개소
- 2007. 07월: 나사함나눔공동가정 개소
- 2008. 12월: 나사함발달장애인복지관 건축공사 착공
- 2009. 09월: 나사함발달장애인복지관 준공(개관)
- 2009. 12월: 나사함사랑공동가정 개소
- 2017. 07월: (사)나사함 해산 ▷ 현금자산 114,890천 원 나사함복지재단 기부
- 2019. 08월: 직장 내 장애인 인식개선 교육기관 지정(나사함발달장애인복지관)
- 2021. 02월: 법인 사무국 → 경영기획실 개편, 상근이사(경영이사)제 도입
- 2021. 04월: 직장 내 장애인 인식개선 교육기관 지정(법인)
- 2021. 07월: 나사함복지재단(법인) 홈페이지 개설 ▷ 복지관과 별도
- 2021. 07월: 나사함복지재단 미션(가치) 및 비전(전략과제) 마련
- 2022. 01월: 장애인근로자 근로인지원사업 위탁기관 지정(법인)
- 2022. 03월: 법인 경영기획실 이전(동원빌딩 203호)
- 2022. 09월: 발달장애인 주간활동서비스 사업 추진(발달장애인복지관)
- 2022. 12월: 나눔·공동생활가정 독립생활 보장 신축(LH공사) 시설 이전
- 2023. 03월: 장애인근로자 근로지원인 양성교육 위탁기관 지정(법인)

2 법인조직 및 인력현황

1. 미션·비전

- 【미션】 나누고 사랑하며 함께하는 복지공동체

가치	① 나눔: 발달장애인을 위한 나눔문화를 확산합니다. ② 사랑: 발달장애인을 사랑하며 함께 살아갑니다. ③ 참여: 발달장애인이 일을 통한 행복을 추구합니다. ④ 공유: 문화와 여가활동을 융합하여 삶의 가치를 높입니다.

o【비전】발달장애인 맞춤형 원스톱 서비스 제공

전략 과제	① 독립생활을 위한 주거 공간 구축 ② 맞춤형 일상생활 및 안전 지원 ③ 문화·여가활동 융합 시스템 구축	④ 인식개선 교육·홍보 강화 ⑤ 이웃+관련기관 연계체계 구축

2. 조직 및 시설현황

o 법인조직

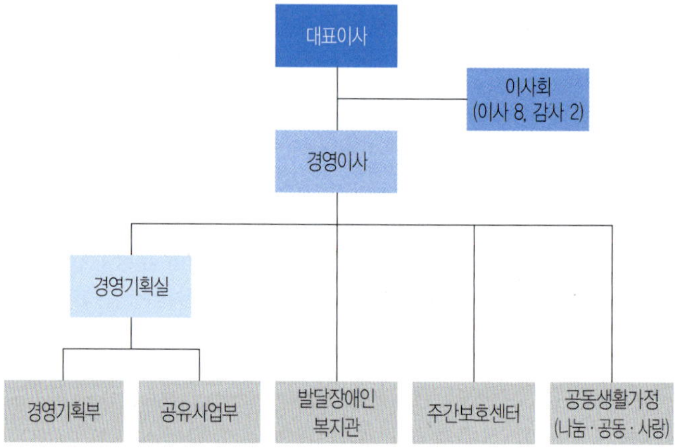

o 시설현황

시설명	위치	층수	면적(㎡)						소유
			계	사무공간	대강당	프로그램실	식당	기타	
경영기획실	남구 진남로70번길 1 203호 (대연동 1508-32)	지상2층	158.67	51.58	-	77.70	-	29.39	임차
발달장애인 복지관	남구 못골번영로 70 (대연동 1483-9)	지하1층 지상4층	906.21	61.00	87.32	260.40	84.95	412.54	법인
주간보호센터	남구 못골번영로 70 (대연동 1483-9)	지상3층	106.41	12.13	-	80.03	-	14.25	법인
나눔공동가정 공동생활가정	남구 문현로23번길 30 (문현동 127-38)	지상4층	433.62	94.8	-	88.07	-	250.75 (주거공간)	임차
사랑공동가정	수영구 무학로34번길 36 (광안동 120-82)	지상2층	127.94	15.12	-	10.0	-	102.82 (주거공간)	임차

3. 인력현황

구분	운영 시설	직원 수(명)								
		계	대표 이사	경영 이사	실장	관장 (부장, 원장)	국장	과장	팀장	사회복지사 등
계	5	31	1	1	1	4	1	2	4	17
경영기획실	–	4	1	1	1	–	–		1	–
발달장애인복지관	1	21	–	–		1	1	2	2	15
주간보호센터	1	3	–	–		–	–	–	1	2
공동생활가정 (1, 2, 3홈)	3	3	–	–		3	–	–	–	–

※ 별도 인력: 35명〈법인 25명(근로지원인), 장애인복지관 10명(발달재활서비스 3, 주간활동서비스 5, 주말일시보호 2)〉

3 재정 운영 및 경영 성과

1. 3년간(2021~2023) 예·결산 현황

o 수입 재정

(단위: 천 원)

구분	구분	합계	사업수입	보조금	후원금	재산수입 전입금등	전년도 이월금
2021 년도	계	2,210,046	242,593	1,474,561	206,936	11,655	274,301
	법인(재단)	197,429	–	–	61,811	1,018	134,600
	장애인복지관	1,602,096	2,061,833	1,139,085	144,290	575	116,313
	주간보호센터	151,930	22,220	114,151	485	2,003	13,071
	공동생활가정(3)	258,591	18,540	221,325	350	8,059	10,317
2022 년도	계	2,795,138	685,494	1,481,781	275,327	15,893	336,643
	법인(재단)	583,829	396,002	–	66,612	5,687	115,528
	장애인복지관	1,739,241	234,799	1,118,237	197,204	90	188,911
	주간보호센터	190,221	32,593	130,672	6,020	314	20,622
	공동생활가정(3)	281,847	22,100	232,872	5,491	9,802	11,582
2023 년도	계	3,524,025	1,172,349	1,509,947	473,304	17,931	350,494
	법인(재단)	818,334	645,357	–	68,778	6,051	98,148
	장애인복지관	2,190,262	471,827	1,135,119	370,668	821	211,827
	주간보호센터	198,741	31,145	140,868	3,014	35	23,679
	공동생활가정(3)	316,688	24,020	233,960	30,844	11,024	16,840

o 지출 재정 (단위: 천 원)

구분	구분	합계	사무비	재 산 조성비	사업비	전출금 잡지출	집행잔액 (예비비 등)
2021 년도	계	2,210,046	1,410,066	27,572	410,693	11,264	350,451
	법인(재단)	197,429	62,141	11,280	480	8,000	115,528
	장애인복지관	1,602,096	1,022,383	10,333	364,899	1,763	202,718
	주간보호센터	151,930	114,551	105	16,651	–	20,623
	공동생활가정(3)	258,591	210,991	5,854	28,663	1,501	11,582
2022 년도	계	2,795,138	1,889,418	47,155	450,665	57,406	350,494
	법인(재단)	583,829	440,582	36,105	994	8,000	98,148
	장애인복지관	1,739,241	1,086,825	7,459	383,795	49,335	211,827
	주간보호센터	190,221	133,943	291	32,308	–	23,679
	공동생활가정(3)	281,847	228,068	3,300	33,568	71	16,840
2023 년도	계	3,524,025	2,412,392	60,410	700,948	24,868	325,407
	법인(재단)	818,334	757,041	21,793	23,603	9,000	6,897
	장애인복지관	2,190,262	1,286,607	14,244	601,030	15,868	272,513
	주간보호센터	198,741	133,362	–	39,167	–	26,212
	공동생활가정(3)	316,688	235,382	24,373	37,148		19,785

2. 3년간(2021~2023) 경영 성과

o 이용 장애인 현황(실 이용인원)

연도	구분	계	지적	자폐성	뇌병변	언어	지체	청각	기타
2021 년도	계	330	178	117	8	2	2	1	22
	장애인복지관	305	168	102	8	2	2	1	22
	주간보호센터	14	5	9	–	–	–	–	–
	공동생활가정(3)	11	5	6	–	–	–	–	–
2022 년도	계	877	488	302	9	6	–	–	72
	장애인복지관	260	145	86	3	2	–	–	24
	주간보호센터	15	6	9	–	–	–	–	–
	공동생활가정(3)	10	5	5	–	–	–	–	–
2023 년도 (11월 말 기준)	계	296	166	101	3	2	–	–	24
	장애인복지관	270	155	86	3	2	–	–	24
	주간보호센터	15	6	9	–	–	–	–	–
	공동생활가정(3)	11	5	6	–	–	–	–	–

○ 주요 사업 실적

연도	구분	주요 사업실적	
2021년도	법인	• 발달장애인 사회적 주택 건립 추진 • 발달장애인 원스톱 서비스센터 건립 추진	• 특수학교 우수 졸업생 포상 • 법인(재단) 근무 우수 직원 포상
2021년도	장애인 복지관	• 스포츠 여가 프로그램 • 치료 바우처 프로그램 • 교육지원사업 • 자립지원 프로그램 • 평생교육 • 형제자매 자조모임 • 가족지원사업 • 돌봄지원(주말주간 일시보호사업) • 지역사회 자원개발사업	• 홍보사업 • 재가장애인 지원사업 • 사례관리 • 재가발달장애인 자립지원서비스 • 나사함아카데미 운영 – 학력 보완 및 직업능력 향상 – 문화·예술 및 스포츠·여가 – 지역사회 자립지원
2021년도	주간 보호센터	• 일상생활 및 사회기술훈련, 개별지원 • 건강검진, 그룹감각 및 언어치료 • 안전·인권·성·소방·경제 교육	• 요리, 공예, 음악, 태권도, 뉴스포츠 • 생활체육, 건강걷기, 줌바댄스 • 대중교통 이용, 숲체험, 테마여행
2021년도	공동생활가정 (3개소)	• 개인위생, 의생활, 가사관리 • 성·인권·안전·소방 교육 • 사례회의 및 개별 지원서비스	• 편의시설, 대중교통, 전화, 장보기 • 영화·스포츠 관람 및 문화 체험 • 생일, 나들이, 가족회의
2022년도	법인	• 발달장애인 공동생활가정 이전(지원) • 발달장애인 원스톱 서비스센터 건립 • 장애인근로자 근로지원인 사업	• 특수학교 우수 졸업생 포상 • 법인(재단) 근무 우수 직원 포상 • 직장 내 장애인 인식개선 교육
2022년도	장애인 복지관	• 스포츠 여가 프로그램 • 치료 바우처 프로그램 • 교육지원사업 및 평생교육 • 자립지원 프로그램 • 라이프코칭사업 및 가족지원사업 • 돌봄지원(주말주간일시보호사업) • 지역사회 자원개발사업 • 홍보 및 인식개선사업	• 재가장애인 지원사업 • 사례관리 • 재가발달장애인 자립지원서비스 • 나사함아카데미 운영 – 학력 보완 및 직업능력 향상 – 문화·예술 및 스포츠·여가활동 – 지역사회 자립지원 • 장애인 주간활동 지원사업
2022년도	주간 보호센터	• 일상생활 및 사회기술훈련, 개별지원 • 구강검진, 감각 및 언어치료 • 교육 • 필라테스, 줌바댄스, 태권도, 볼링 • 뉴스포츠(보치아, 티볼)	• 생활체육, 외부산책(줍깅) • 숲체험(원예) 및 테마여행 • 음악 줌바댄스 • 요리 및 공예 • 대중교통 이용 및 지역사회 활동
2022년도	공동생활가정 (3개소)	• 개인위생, 의생활, 가사관리 • 성·인권·안전·소방 교육 • 사례회의 및 개별 지원서비스 • 나사함사랑공동가정 이전(광안동)	• 편의시설, 대중교통, 전화, 장보기 • 영화·스포츠 관람 및 문화 체험 • 생일, 나들이, 가족회의 • 나사함나눔·공동가정 이전(문현동)

연도	구분	주요 사업실적	
2023 년도	법인	• 발달장애인 공동생활가정 이전(지원) • 발달장애인 원스톱 서비스센터 건립 • 장애인근로자 근로지원인 사업 • 근로지원인 양성교육: 6회 111명	• 특수학교 우수 졸업생 포상 • 법인(재단) 근무 우수 직원 포상 • 직장 내 장애인 인식개선 교육 • 사회복지현장실습기관 지정(운영)
	장애인 복지관	• 스포츠 여가 프로그램 • 치료 바우처 프로그램 • 교육지원사업 및 평생교육 • 자립지원 프로그램 • 라이프코칭사업 및 가족지원사업 • 돌봄지원(주말주간일시보호사업)	• 지역사회 자원개발사업 • 홍보 및 인식개선사업 • 재가장애인 지원사업 • 사례관리 • 재가발달장애인 자립지원서비스 • 장애인 주간활동 지원사업
	주간 보호센터	• 일상생활 및 사회기술훈련, 개별지원 • 건강검진, 구강검진, 감각 및 언어치료 • 안전·인권·성·소방·경제 교육 • 필라테스, 줌바댄스, 태권도, 볼링 • 뉴스포츠(보치아, 티볼)	• 생활체육, 외부산책(줍깅) • 숲체험(원예) 및 테마여행 • 음악 줌바댄스 • 요리 및 공예 • 대중교통 이용 및 지역사회 활동
	공동생활가정 (3개소)	• 개인위생, 의생활, 가사관리 • 성·인권 및 소방·전기 등 안전 교육 • 사례회의 및 개별 지원서비스 • 나사함나눔·공동가정이전(문현동)	• 편의시설, 대중교통, 전화, 장보기 • 영화·스포츠 관람 및 문화 체험 • 생일, 나들이, 가족회의 • 소방 및 안전시설 강화 및 훈련

3. 3년간(2021~2023) 위·수탁사업

ㅇ 총괄

연도별	계	2021년도	2022년도	2023년도
지원건수	60	19사업	19사업	22사업
지원금액	801,217,564원	262,040,000원	194,245,624원	344,931,940원

ㅇ 연도별 현황

〈2021년도〉

기관명	제목	지원금액(원)	사업내용
계	19건	262,040,000	
부산광역시남구청	2021년 평생학습 우수프로그램 지원 사업 '지역사회탐방– 남구행'	2,800,000	발달장애인이 평소 접근하기 어려운 체험(공방), 기관 및 시설에 방문해 사회기술과 직업의식을 제고, 지역 주민들에게는 발달장애인의 인식을 개선

기관명	제목	지원금액(원)	사업내용
부산광역시남구청	2021년 평생학습 우수프로그램 지원 사업 '바리스타-나DO바리스타'	4,000,000	전문 강사의 교육으로 바리스타 직무기술을 습득하여 서비스 직종의 경험과 기술을 습득, 개개인의 능력과 직업적 강점과 약점을 파악
부산광역시남구청	2021년 평생학습 우수프로그램 지원 사업 '제과제빵-빵돌핀이 빵빵'	3,200,000	전문 강사의 교육으로 제과제빵 직무기술을 습득하여 서비스 직종의 경험과 기술을 습득, 개개인의 능력과 직업적 강점과 약점을 파악
부산광역시남구청	2021년 평생학습 우수프로그램 지원 사업 '파워up 라인up'	2,640,000	특수체육 전문강사를 통한 유무산소 체육 활동 기회를 제공하여 기초체력을 증진시키고 상담을 통한 비만 예방 및 관리
부산광역시교육청	2021 지역사회중심 기관 연계형 직업교육 프로그램 '제과제빵 및 바리스타'	11,640,000 ※ 3년간	고등부 발달장애인 대상으로 전문직업 교육 바리스타 및 제과제빵 프로그램을 실시하여, 직업역량을 강화시키며 나아가 취업기회를 제공
부산광역시 발달장애인지원센터	발달장애인 부모교육 지원 사업(성인전환기 분야) '잡(JOB)아라 나의 JOB(잡)'	5,800,000	성인전환기 발달장애인의 부모 대상으로 자녀의 직무능력 강화 및 근로지원 교육과 성인전환기발달장애인의 직무체험(바리스타) 활동 진행
한국장애인복지관협회	복지기관 문화예술교육지원사업 '연극동아리'	3,040,000	발달장애인 연극동아리 지원
부산광역시	발달장애인 가족 휴식지원 사업	44,000,000	발달장애인 가족대상 휴식지원사업 진행
부산광역시	평생교육 특화프로그램 '영화동아리'	4,200,000	영화동아리 4월~10월 진행
부산광역시공동모금회	재가 발달장애인의 행복한 자립을 위한 라이프 코칭(Life coaching)	100,000,000 (자부담 300,000) ※ 3년간	슬기로운 자립 라이프! 뚜 (Do) 윗 (With)!!
부산광역시교육청	2021 찾아가는 世울림 장애이해교실 운영 참가	8,260,000	장애인 인식개선 교육(발달장애 영역)
한국장애인복지관협회	2021년 기아 노후차량기능보강 지원사업	1,500,000	모닝 차량 수리
KT&G	2021년 사회복지기관 차량공모사업	12,340,000	경차(스파크) 지원사업

기관명	제목	지원금액(원)	사업내용
부산광역시	재가장애인 먹거리 지원사업	11,500,000	재가 장애인을 위한 먹거리(밑반찬) 지원사업
주택도시보증공사	용호골목시장 물품구매지원사업	8,000,000	사례관리 대상자 물품지원사업
푸르메재단	SPC장애어린이 의료비지원사업	3,000,000	장애어린이 치과치료지원사업비
부산광역시교육청	교육청연계사업-계절학교	4,320,000	초중고 특수학급 방학중 프로그램
부산광역시교육청	교육청연계사업(학기중)-무한충전	1,800,000	초등학교 특수학급 학기중 방과후 수업
부산광역시	장애인주말주간일시보호사업 '주말쉼표'	30,000,000	발달장애인 주말주간 일시보호사업

〈2022년도〉

기관명	제목	지원금액(원)	사업내용
계	19건	194,245,624	
부산광역시교육청	교육청연계사업(학기중)-무한충전	2,050,000	초등학교 특수학급 학기중 방과후 수업
부산광역시교육청	교육청연계사업-계절학교	4,620,000	초중고 특수학급 방학중 프로그램
부산광역시교육청	2022 지역사회중심 기관연계형 직업교육 프로그램 '제과제빵'	4,705,000	고등부 발달장애인 대상으로 전문직업교육 제과제빵 프로그램을 실시하여, 직업역량을 강화시키며 나아가 취업기회를 제공함
부산광역시남구청	2022년 평생학습 우수프로그램 지원 사업 '달팽이공방'	2,000,000	발달장애인 대상으로 공예작품을 만들어 보며 창의성을 개발하고 내재된 예술성을 표현할 수 있도록 지원함으로써 성취감 획득을 도모
부산광역시남구청	2022년 평생학습 우수프로그램 지원 사업 '감동캘리'	1,500,000	발달장애인 대상으로 캘리그라피를 통해 자기 감정을 표현하고 창작활동을 주체적으로 할 수 있도록 지원
부산광역시남구청	2022년 평생학습 우수프로그램 지원 사업 '영화동아리'	2,300,000	발달장애인 영화동아리 지원
한국장애인복지관협회	복지기관 문화예술교육지원사업 '연극동아리'	2,864,000	발달장애인 연극동아리 지원

기관명	제목	지원금액(원)	사업내용
부산광역시교육청	2022 찾아가는 世울림 장애이해교실 운영 참가	3,300,000	장애인 인식개선 교육(발달장애 영역)
부산광역시공동모금회	재가 발달장애인의 행복한 자립을 위한 라이프 코칭(Life coaching) 사업	146,500,000	슬기로운 자립 라이프! 뚜 (Do) 윗 (With)!!
부산광역시공동모금회	PSRP협의체	150,000	범죄 가·피해 발달장애인을 대상으로 상담 및 교육을 실시하여 성·금전 범죄의 재발을 방지
푸르메재단	장애자녀부모지원사업(SOMOS)	5,000,000	사례관리 대상자 보호자를 대상으로 부모교육, 자조모임, 전문심리상담, 자기돌봄 활동 등을 진행
부산광역시공동모금회	미리메리크리스마스	4,033,000	남구 지역 내 저소득 발달장애인 가정에 경제적·물질적 지원
부산광역시공동모금회	예비학교	9,623,624	미취학 발달장애 아동의 학교적응지원을 통해 학교적응력을 높이고자 함. 또한 부모들에게도 학교생활에 관련한 교육 및 다양한 정보를 공유할 수 있는 모임을 통해 부모역량 강화
부산광역시남구청	2022년 평생학습 우수프로그램 지원 사업 '힐링아로마테라피'	2,600,000	발달장애인의 신체적·심리적 안정을 위한 힐링아로마테라피
부산광역시남구청	2022년 평생학습도시 지원 사업 '나혼자요리한다, 키움, 남구쓰담– 줍깅'	–	발달장애인의 평생학습 및 자립을 위한 지원사업 1) 나혼자요리한다– 요리 활동 후 지역 내 소외계층 밑반찬 지원 2) 키움– 숲체험 및 화분 만들기 등 3) 남구쓰담– 외부산책 중 환경정화
부산시장애인체육회	성인발달장애인생활체육교실	3,000,000	성인발달장애인 뉴스포츠(근력운동, 유산소운동, 소도구운동 등)

〈2023년도〉

기관명	제목	지원금액(원)	사업내용
계	22건	344,931,940	
부산광역시교육청	교육청연계사업(학기중)-무한충전	1,770,000	초등학교 특수학급 학기중 방과후 수업
부산광역시교육청	교육청연계사업- 계절학교	4,350,000	초중고 특수학급 방학중 프로그램
부산광역시교육청	2023 지역사회중심 기관연계형 직업교육 프로그램 '바리스타'	6,315,000	고등부 발달장애인 대상으로 전문직업교육 제과제빵 프로그램을 실시하여, 직업역량을 강화시키며 나아가 취업기회를 제공
부산광역시남구청	2023년 평생학습 우수프로그램 지원 사업 '칼림바'	2,000,000	유행하는 새로운 악기를 접하고 배울 수 있는 기회를 제공하여 문화예술 분야 트렌드에 대한 민감도를 높이고, 악보를 보고 음계를 익히는 활동으로 인지 기능 및 성취감 향상, 눈·손 협응력 향상을 도모하고자 함
부산광역시남구청	2023년 평생학습 우수프로그램 지원 사업 '남구행'	2,000,000	지역사회의 환경을 알아 갈 수 있도록 지역 내 활동기회 제공 및 활동과 체험을 통한 사회기술 함양
부산광역시남구청	2022년 평생학습 우수프로그램 지원 사업 '댄스동아리'	1,500,000	발달장애인 댄스동아리 지원
한국장애인복지관협회	복지기관 문화예술교육지원사업 '연극동아리'	321,220	발달장애인 연극동아리 지원
한국장애인복지관협회	복지기관 문화예술교육지원사업 '영화동아리'	6,500,000	발달장애인 영화동아리 지원
부산광역시교육청	2022 찾아가는 世울림 장애이해교실 운영 참가	7,340,000	장애인 인식개선 교육(발달장애 영역)
부산광역시공동모금회	재가 발달장애인의 행복한 자립을 위한 라이프 코칭(Life coaching) 사업	90,000,000	슬기로운 자립 라이프! 뚜 (Do) 윗 (With)!!
부산광역시공동모금회	PSRP협의체	300,000	범죄 가·피해 발달장애인을 대상으로 상담 및 교육을 실시하여 성·금전 범죄의 재발을 방지

기관명	제목	지원금액(원)	사업내용
부산광역시공동모금회	미리메리크리스마스	10,376,120	남구 지역 내 저소득 발달장애인 가정에 경제적·물질적 지원
부산광역시공동모금회	예비학교	5,000,000	미취학 발달장애 아동의 학교적응지원을 통해 학교적응력을 높이고자 함. 또한 부모들에게도 학교생활에 관련한 교육 및 다양한 정보를 공유할 수 있는 모임을 통해 부모역량 강화
카카오같이가치	나사함볼링대회 '함께해 bowling'	1,300,000	복지관 내 발달장애인과 사회복지사들이 함께 팀 구성을 하여 볼링대회에 참여함으로써 협동력 및 사회성을 증진하고 스트레스 해소 및 여가활동의 경험 증진
카카오같이가치	나사함이랑 걷깅! 줍깅!	919,100	플로깅이라는 활동을 통해 가족이 함께하는 여가활동의 기회를 제공하고자 하며, 더불어 지역 내 발달장애인의 긍정적인 인식을 재고할 수 있도록 발달장애인 가족과 지역 주민 또한 함께하는 대회 진행
카카오같이가치	비장애형제자매지원사업 '나모행'	2,500,500	발달장애인 자녀와 비장애 자녀를 동시에 양육하고 있는 가정을 대상으로 주말 여가활동의 기회를 제공하고자 하며 이를 통해 가족 구성원의 유대와 정서적 교류 증진
주택도시보증기금(HUG)	주거기반자립체험	180,000,000	발달장애인이 지역사회 내에서 안정적이고 지속적으로 주거생활을 영위할 수 있도록 서비스 지원
부산광역시남구청(주간보호센터)	2023년 평생학습 우수프로그램 지원 사업 '힐링아로마테라피'	2,600,000	발달장애인의 신체적·심리적 안정을 위한 힐링아로마테라피
부산광역시남구청(주간보호센터)	2023년 평생학습도시 지원 사업 '식사를합시다, 숲에서 키움, 나랑너랑사이좋게함께놀아요'	9,840,000	발달장애인 평생학습 자립지원사업 1) 식사를합시다– 요리 활동 후 지역 내 소외계층 밑반찬 지원 2) 숲에서 키움– 숲체험 및 화분 만들기 등 3) 나사함– 놀이치료

기관명	제목	지원금액(원)	사업내용
문화예술진흥원 (주간보호센터)	2023년 문화예술지원사업 예술누림 '신난타'	6,500,000	성인발달장애인 난타 수업
부산광역시 공동모금회(3홈)	부산사회복지공동모금회 소규모복지기관지원사업 (기능보강)	3,500,000	발달장애인들의 교육 및 학습, 여가를 위한 컴퓨터 구입 및 이용인들의 건강한 식생활 제공을 위한 김치냉장고 구입

출처: 사회복지법인 나사함복지재단 2024년도 제1차 정기이사회(2024. 3. 7.) 자료

2 2024년도 주요 사업계획(안)

Ⅲ. 2024년도 주요 사업계획(안)

1 발달장애인 콤플렉스 인프라(Complex Infra) 구축

- 발달장애인 원스톱서비스지원센터 건립을 지속적으로 추진해 오고 있으나, 부동산 등 경기 침체 등으로 양산 부지 매각 애로
- 경기 회복 등 경제 여건 감안, 양산 부지 매각 등으로 시설물을 매입하여, 발달장애인 문화·여가 등 복합 인프라 구축

□ 건립 개요

- 건립주체: 사회복지법인 나사함복지재단
- 건립지역: 부산광역시 남구지역 내(발달장애인복지관 인근)
- 건립규모: 400㎡ 내외(지상 4층) ▷ 부지 200㎡ 내외

층별	면적	사용용도
합계	400㎡	
1층	100㎡	중증 발달장애인보호시설
2층	100㎡	발달장애인 주간보호센터
3층	100㎡	발달장애인 문화·여가시설
4층	100㎡	사무실 및 종합지원센터

ㅇ 소요재원: 15억 원(부지매입 8억 원, 건축 6억 원, 기자재 1억 원)

ㅇ 재원조달: 양산 부지 매각, 정부 지원 등

□ 금후 추진계획

ㅇ (2024. 상반기) 적정 부지 또는 기존 건축물 매입

- 양산 부지 매각 추진: 기본재산 처분허가 신청 등

ㅇ (2024. 하반기) 정부 지원 노력 병행

- 우선 간편한 리모델링: 문화·여가 지원시설 확충

- 신축계획 수립, 시비 지원 건의 등

ㅇ (2025. 상반기) 건축물 공사 착공

2 장애인근로자 근로지원인 사업 확대 추진

ㅇ 법인에서 2022. 1월부터 2023. 12월까지 장애인근로자 근로인 지원사업 추진

ㅇ 근로지원인 지원사업 재위탁(기간 2년)에 따른 발달장애인 등 장애인의 고용 안정 및 복지 증진에 기여

□ 지금까지 추진성과

ㅇ 사업주체: 나사함복지재단(법인 경영기획실) ▷ 공단 위탁

ㅇ 위탁기간: 2024. 1. 1.~2026. 12. 31.(2년간)

ㅇ 장애인 근로자 및 근로지원인 현황(2024. 3. 6. 기준)

<장애인 근로자> 133명

구분	합계	3시간	3.5시간	4시간	5시간	6시간	8시간	비고
합계	133명	35	2	71	2	4	19	
여성	48명	13	2	22	0	2	9	
남성	85명	22	0	49	2	2	10	

<근로지원인> 52명

- 근로시간별: 52명(여성 38명, 남성 14명) ▷ 장애인 1명

구분	합계	3시간	3.5시간	4시간	5시간	6시간	6.5시간	7시간	8시간	비고
합계	52명	4	1	12	2	7	1	1	24	
여성	38명	3	1	9	0	6	1	1	17	
남성	14명	1	0	3	2	1	0	0	7	

- 사업체별 현황: 25개 사업체 52명

구분	합계	대한안마사협회	일신기독병원	㈜꼬모	㈜녹십자홀딩스	㈜에스티이노베이션	㈜유환	㈜피규어갤러리	바르미안마원	발자국협동조합	서구수어통역센터	부산성모병원	(사)한국선원장애인	동행과나눔	수정지압안마원	수풀림안마원	신애직업재활원	우림아이앤씨	유성산업	인터네셔널ALT	㈜대원크리닝	㈜새날애	㈜일영이푸드	㈜힐링빈즈	㈜청원그룹	해운대구수어통역
합계	52명	2	1	2	1	6	2	1	2	1	1	1	2	4	2	1	6	1	1	1	1	5	3	1	3	1
여성	38명	1	1	2	1	5	1	0	2	1	1	0	2	4	1	0	4	1	0	1	1	2	3	1	2	1
남성	14명	1	0	0	0	1	1	1	0	0	0	1	0	0	1	1	2	0	1	0	0	3	0	0	1	0

□ 금후 중점 추진계획

- ㅇ 근로지원인 지원업무 인력 확충: 2명(근로지원부장 1, 팀장 1)
- ㅇ 근로지원인 공개 채용으로 우수한 근로지원인 확보·배치
- ㅇ 근로지원인 복무 점검 및 모니터링 강화
- ㅇ 근로지원인 교육 강화: 5대 의무 및 직무교육 등
- ㅇ 근로지원인 체험 우수사례 공모 및 포상 등

3 2024년도 제1회 추가경정예산(안)

Ⅳ. 2024년도 제1회 추가경정예산(안)

1 추경 편성개요

□ 법적근거 및 절차

ㅇ 관련근거

- 「사회복지사업법」 제23조제4항, 제34조제3항 및 제45조제2항
- 「사회복지법인 및 사회복지시설 재무·회계 규칙」 제10조~제11조 및 제13조

ㅇ 예산의 편성 및 확정

- 법인의 대표이사 및 시설의 장은 법인회계와 시설회계 예산을 세입·세출예산과목 구분에 따라 예산을 편성하여 각각 법인 이사회의 의결 및 운영위원회 보고를 거쳐 확정

- 법인이 설치·운영하는 시설인 경우에는 시설운영위원회에 보고한 후 법인 이사회의 의결을 거쳐 확정

o 예산 제출 및 공고
- 법인의 대표이사 및 시설의 장은 확정한 예산을 매 회계연도 개시 5일 전까지 관할 구청장에게 제출(정보시스템을 활용한 제출 포함)
- 구청장은 예산을 제출받은 때에는 20일 이내에 법인과 시설의 회계별 세입·세출명세서를 구의 게시판과 인터넷 홈페이지에 20일 이상 공고하고, 법인의 대표이사 및 시설의 장으로 하여금 해당 법인 및 시설의 게시판과 인터넷 홈페이지에 20일 이상 공고(공고는 정보시스템에 게시하는 것으로 갈음할 수 있음)

o 추가경정예산 편성(확정) 및 예산 제출
- 법인의 대표이사 및 시설의 장은 예산성립 후에 생긴 사유로 인하여 이미 성립된 예산에 변경을 가할 필요가 있을 때에는 예산편성 절차에 준하여 추가경정예산을 편성·확정
- 법인의 대표이사 및 시설의 장은 추가경정예산이 확정된 날로부터 7일 이내에 이를 시장·군수·구청장에게 제출

≪예산 첨부서류≫

◇ 예산총칙 ◇ 세입·세출명세서 ◇ 임직원 보수 일람표
◇ 예산을 의결한 이사회 회의록 또는 예산을 보고받은 시설운영위원회 회의록 사본

□ 예산 편성방향

o 2023년도 결산 이월금 확정에 따른 전년도이월금 확정 반영
o 사회복지시설 보조금 확정 내시에 따른 세입 및 세출 예산 조정
o 2024년도 사회복지시설 인건비 가이드라인 확정에 따른 인건비 조정
o 발달장애인 콤플렉스 인프라 구축 사업비 예산 반영
o 기본재산 처분 및 사용에 따른 세입·세출 예산 조정 반영

2 2024년도 제1회 추경총괄

□ 세입·세출 예산총괄

(금액단위: 원)

구분	법인(재단)	발달장애인복지관			주간보호센터	나눔공동가정	공동생활가정	사랑공동가정	계
		일반사업	주간활동서비스	소계					
2024년도 제1회추경	2,179,986,746	1,728,399,934	411,784,680	2,140,184,614	204,545,936	104,759,000	100,019,000	102,380,000	4,831,875,296
2024년도 본예산	1,610,000,750	1,644,437,327	418,542,580	2,062,979,907	190,595,213	100,220,000	98,500,000	100,946,000	4,163,241,870
증△감액	569,985,996	83,962,607	△6,757,900	77,204,707	13,950,723	4,539,000	1,519,000	1,434,000	668,633,426

□ 항목별 세입예산

(금액단위: 원)

구분	법인(재단)	발달장애인복지관			주간보호센터	나눔공동가정	공동생활가정	사랑공동가정	계
		일반사업	주간활동서비스	소계					
재산수입	818,889,750	-	-	-	-	-	-	-	818,889,750
입소자부담금	-	-	-	-	-	9,600,000	8,400,000	9,600,000	27,600,000
사업수입	1,238,400,000	213,717,000	352,312,800	566,029,800	33,150,000	-	-	-	1,837,579,800
보조금수입	-	1,222,772,000	-	1,222,772,000	142,373,000	79,580,000	82,297,000	88,811,260	1,615,833,260
후원금수입	81,000,000	78,110,000	-	78,110,000	1,800,000	2,202,000	4,344,000	400,000	167,856,000
전입금	-	-	-	-	-	-	-	-	-
이월금	6,897,551	213,050,934	59,461,880	272,512,814	26,212,034	12,756,832	4,060,365	2,966,379	325,405,975
잡수입	34,799,445	750,000	10,000	760,000	1,010,902	620,168	917,635	602,361	38,710,511
계	2,179,986,746	1,728,399,934	411,784,680	2,140,184,614	204,545,936	104,759,000	100,019,000	102,380,000	4,831,875,296

□ 항목별 세출예산

(금액단위: 원)

구분	법인(재단)	발달장애인복지관			주간보호센터	나눔공동가정	공동생활가정	사랑공동가정	계
		일반사업	주간활동서비스	소계					
사무비	1,353,991,010	1,163,997,270	237,771,600	1,401,768,870	158,028,680	80,680,000	83,700,000	85,583,940	3,163,752,500
재산조성비	815,000,000	5,960,000	7,000,000	12,960,000	1,000,000	7,760,000	1,833,000	2,000,000	840,553,000
사업비	10,000,000	527,400,589	164,000,000	691,400,589	40,340,000	15,580,000	13,990,000	14,579,000	785,889,589
전출금	-	-	-	-	-	-	-	-	-
잡지출	-	500,000	-	500,000	-	-	-	-	500,000
예비비 및 기타	995,736	30,542,075	3,013,080	33,555,155	5,177,256	739,000	496,000	217,060	41,180,207
계	2,179,986,746	1,728,399,934	411,784,680	2,140,184,614	204,545,936	104,759,000	100,019,000	102,380,000	4,831,875,296

3 법인·시설 예산총칙과 명세서

1. 나사함복지재단(법인)

▣ 예산총칙

제1조(예산총액) 사회복지법인 나사함복지재단(법인) 2024년도 제1회 추가경정예산 세입·세출예산 총액은 1,610,000,750원이며 관별 세입·세출 예산액은 다음과 같다.

o 세입예산 (금액단위: 원)

구분	계	재산수입	사업수입	후원금수입	이월금	잡수입
합계	2,179,986,746	818,889,750	1,238,400,000	81,000,000	6,897,551	34,799,445
일반사업	2,179,986,746	818,889,750	1,238,400,000	81,000,000	6,897,551	34,799,445

o 세출예산 (금액단위: 원)

구분	계	사무비	재산조성비	사업비	전출금	예비비기타
합계	2,179,986,746	1,353,991,010	815,000,000	10,000,000	–	995,736
일반사업	2,179,986,746	1,353,991,010	815,000,000	10,000,000	–	995,736

제2조(세입 · 세출예산) 2024년도 제1회 추가경정예산 세입·세출예산은 붙임 세입명세서 및 세출예산 명세서와 같다.

제3조(예산의 효율적 집행) ① 법인의 대표이사는 세출예산이 정한 목적 외에 이를 사용하지 못한다.

② 법인의 대표이사는 세입·세출예산을 집행 관리함에 있어 「사회복지사업법」 및 「사회복지법인 및 사회복지시설 재무·회계 규칙」, 보건복지부 「사회복지법인 관리안내」 등의 관련 규정을 준수하여야 한다.

제4조(예비비 집행) 예비비는 776,480원으로 하되, 대표이사는 예측할 수 없었던 긴급을 요하는 경우를 제외하고는 지출을 할 수 없다.

제5조(예산의 전용) ① 법인의 대표이사는 관·항·목 간의 예산을 전용할 수 있다. 다만, 관 간 전용 또는 동일 관내의 항 간 전용을 하려면 이사회의 의결을 거쳐야 한다.

② 제1항에도 불구하고 전용 후 재전용 또는 변경사용할 수 없으며, 인건비 및 시설비는 다른 편성목으로 전용할 수 없으며, 업무추진비에 충당하기 위하여 다른 편성목에서의 전용을 할 수 없으며 이사회 예산심의 과정에서 삭감한 관·항·목으로는 전용하여서는 아니 된다.

③ 법인의 대표이사는 제1항에 따라 관·항 간 예산을 전용한 경우에는 관할 구청장에게 결산보고서를 제출할 때에 과목 전용조서를 첨부하여야 한다.

제6조(세출예산의 이월) 법인의 대표이사는 세출예산 중 경비의 성질상 당해회계연도 내에 지출을 마치지 못할 것으로 예측되는 경비와 연도 내에 지출원인행위를 하고 불가피한 사유로 인하여 연도 내에 지출하지 못한 경비를 각각 이사회의 보고를 거쳐 다음 연도에 이월하여 사용할 수 있다.

▣ 세입명세서

(금액단위: 원)

과목 관	과목 항	과목 목	2024년 본예산액	2024년 제1회추경	증△감	산출근거
총계			1,610,000,750	2,179,986,746	569,985,996	
재산수입			818,889,750	818,889,750		
	기본재산수입		818,889,750	818,889,750		
		배당 및 이자수입	4,000,000	4,000,000	–	
						현금기본재산 예금이자 = 4,000,000
		재산매각수입	700,000,000	700,000,000	–	
						양산 토지(2,379㎡) 매각 수입 = 700,000,000
		기타수입	114,889,750	114,889,750	–	
						기본재산(현금) 사용(용도변경) 수입 = 114,889,750
사업수입			717,600,000	1,238,400,000	520,800,000	
	사업수입		717,600,000	1,238,400,000	520,800,000	
		근로지원인 양성교육	711,600,000	1,232,400,000	520,800,000	
						장애인고용공단 지원금 100,200,000*12월 = 1,202,400,000 이용자 부담금 25,000,000*12월 = 30,000,000
		기관실습 실습비	6,000,000	6,000,000	–	
						사회복지사 기관실습 실습비 100,000*5명*12월 = 6,000,000
후원금 수입			70,300,000	81,000,000	10,700,000	
	후원금 수입		70,300,000	81,000,000	10,700,000	
		지정후원금	500,000	10,000,000	9,500,000	
						지정후원금 = 10,000,000
		비지정후원금	69,800,000	71,000,000	1,200,000	
						CMS계좌 이체 후원금 = 57,600,000 통장입금(금융 이체) 후원금 = 8,400,000 일회성 후원금(전액 삭감) = 5,000,000
이월금			3,200,000	6,897,551	3,697,551	
	이월금		3,200,000	6,897,551	3,697,551	
		전년도이월금	1,700,000	3,456,187	1,825,196	
						전년도 이월금(운영비 계정) = 481,128 전년도 이월금(근로인지원사업비 계정) = 3,044,068
		전년도이월금(후원금)	1,500,000	3,372,355	1,872,355	
						지정후원금 이월금 = – 비지정후원금 이월금 = 3,372,355
잡수입			11,000	34,799,445	34,788,445	
	잡수입		1,001,000	34,799,445	34,788,445	
		기타예금이자수입	1,000	1,000	–	
						기타예금이자수입 = 1,000
		기타잡수입	10,000	34,798,445	34,788,445	
						임대보증금 반환 = 20,022,000 퇴직적립금 반환금 = 14,766,445 기타잡수입 = 10,000

▣ 세출명세서

(금액단위: 원)

과목			2024년 본예산액	2024년 제1회추경	증△감	산출근거
관	항	목				
총계			1,610,000,750	2,179,986,746	569,985,996	
사무비			777,334,520	1,353,991,010	576,656,490	
	인건비		732,465,120	1,302,421,610	569,956,490	
		급여	619,200,000	1,096,800,000	477,600,000	
						경영기획실 직원 급여 = 106,800,000 근로지원인 급여 = 990,000,000
		퇴직금 및 퇴직적립금	51,600,000	91,400,000	39,800,000	
						경영기획실 퇴직적립금 = 8,900,000 근로지원인 퇴직적립금 = 82,500,000
		사회보험 부담금	61,665,120	114,221,610	52,556,490	
						국민연금 = 49,356,000 건강보험 = 38,881,560 장기요양보험 = 5,035,170 고용보험 = 12,613,200 산재보험 = 8,335,680
	업무추진비		13,950,000	15,650,000	1,700,000	
		기관운영비	1,350,000	1,350,000	-	
						기관운영 업무진비 100,000*12월 = 1,200,000 나사함복지재단 유공 직원 포상 50,000*3명*1회 = 150,000
		직책보보비	9,600,000	12,800,000	3,200,000	직책 활동비 = 12,800,000
		회의비	3,000,000	1,500,000	△1,500,000	
						회의 운영비 200,000*4회 = 800,000 회의 참석 수당(=700,000) • 후원 운영위원 50,000*7명*1회 = 350,000 • 법인 활성화 자문 50,000*7명*1회 = 350,000
	운영비		30,919,400	35,919,400	5,000,000	
		여비	5,400,000	10,240,000	4,840,000	
						관외출장 200,000*4명*2회 = 1,600,000 관내출장 20,000*12회*3명*12월 = 8,640,000
		수용비 및 수수료	5,154,400	5,274,400	120,000	
						CMS 대량이체 이용료 44,000*12회 = 528,000 CMS 출금 수수료(=720,000) • 1차(12일 기준) 20,000*12월 = 240,000 • 2차(27일 기준) 40,000*12월 = 480,000 홈페이지 도메인 사용료 22,000*1회 = 22,000 공인인증서 갱신 수수료 4,400*1회 = 4,400 근로지원인 시프티 130,000*12월 = 1,560,000 디지털 복합기 랜탈비 20,000*12월 = 1,440,000 전산소모품(복지용지 등) 150,000*4회 = 600,000 사무용품 구입 100,000*4회 = 400,000

과목			2024년 본예산액	2024년 제1회추경	증△감	산출근거
관	항	목				
		공공요금	1,680,000	1,680,000	–	
						프로그램실 전기료 60,000*12월 = 720,000 프로그램실 통신비60,000*12월 = 720,000 우편료 50,000*12월 = 600,000
		제세공과금	6,685,000	6,725,000	40,000	
						공익법인 세무확인 · 결산공시 자문료 = 3,300,000 나사함복지재단 재산세(=2,780,000) • 복지관 건물분 = 120,000 • 복지관 토지분 = 250,000 • 양산시 토지분 = 2,500,000 재정 및 단체상해 공제(=160,000) • 신원(재정) 보장 30,000*4명 = 120,000 • 정부지원 단체상해 10,000*4명 = 40,000 법인 등기 등록면허세 등 = 180,000 CM이용계약 지급보응 보험료 = 15,000 기타 제세공과금 = 200,000
		기타운영비	12,000,000	12,000,000	–	
						프로그램실(사무실) 월 차임 1,000,000*12월 = 12,000,000
재산조성비			814,889,750	815,000,000	110,260	
	시설비		814,889,750	815,000,000	110,260	
		시설비	90,000,000	165,000,000	75,000,000	
						시설 리모델링 = 50,000,000 공동생활가정 임차보증금 = 115,000,000
		자산취득비	724,889,750	650,000,000	△74,889,750	
						시설(건물) 구입(취득)비 = 600,000,000 자산취득비 = 50,000,000
사업비			17,000,000	10,000,000	△7,000,000	
	일반사업비		17,000,000	6,000,000		
		포상사업	1,000,000	1,000,000	–	
						특수학교 졸업생 포상사업 1,000,000
		후원관리시업	2,000,000	2,000,000	–	
						후원자 관리 · 홍보사업 = 2,000,000
		직원교육사업	2,000,000	1,000,000	△1,000,000	
						직원 교육사업 = 1,000,000
		기관실습교육	6,000,000	4,000,000	–	
						실습 운영비 = 1,200,000 실습지도자 수당 = 4,800,000
		장애인 인식개선	6,000,000	–	△6,000,000	
						인식개선 교육비(전액 삭감) = –

과목			2024년 본예산액	2024년 제1회추경	증△감	산출근거
관	항	목				
예비비 및 기타			776,480	995,736	219,256	
	예비비 및 기타		776,480	995,736	219,256	
		예비비	776,480	995,736	219,256	
						예비비 = 995,736

2. 나사함발달장애인복지관

································ (이하 생략) ································

출처 : 사회복지법인 나사함복지재단 2024년도 제1차 정기이사회(2024. 3. 7.) 자료

제5절 예산 의결·제출·공고 등

1 이사회 회의소집 통지

1. 회의소집 통지

이사장은 필요하다고 인정할 때에는 이사회를 소집할 수 있다. 이사장은 ⅰ) 재적이사의 과반수가 회의의 목적을 제시하여 소집을 요구할 때, ⅱ) 공익법인의 업무와 재산 상황을 감사한 결과 불법 또는 부당한 점이 있음을 발견한 때에 이를 이사회에 보고를 하기 위하여 감사가 소집을 요구할 때 어느 하나에 해당하는 소집요구가 있을 때에는 그 소집요구일부터 20일 이내에 이사회를 소집하여야 한다.

이사회를 소집할 때에는 적어도 회의 7일 전에 회의의 목적을 구체적으로 밝혀 각 이사에게 알려야 한다. 다만, 이사 전원이 모이고 또 그 전원이 이사회의 소집을 요구할 때에는 그러하지 아니하다. 이사회를 소집하여야 할 경우에 그 소집권자가 궐위(闕位)되거나 이사회 소집을 기피하여 7일 이상 이사회 소집이 불가능한 경우에는 재적이사 과반수의 찬동으로 감독청의 승인을 받아 이사회를 소집할 수 있

다. 이 경우 정관으로 정하는 이사가 이사회를 주재한다(「공익법인의 설립·운영에 관한 법률」 제8조).

사회복지시설의 시설운영위원회 회의 개최 통지 시기는「시설 운영규정」등에서 정한 바가 하는 바가 있으면 따르면 되고, 정한 바가 없으면 7일 전까지 이사회 소집에 준해서 소집통지를 하면 된다. 이사회 소집 문서 통지는 등기 우편, 팩스, 이메일 등 다양한 방법이 있지만 가능한 한 등기 우편으로 발송하는 것이 문서 접수에 대한 착오 등을 미연에 방지할 수 있다. 등기로 발송할 경우 수신 확인 문자 메시지 수신을 함께 요청하면 된다. 회의 소집 문서의 도달 상황을 유선으로 파악하는 것도 좋은 방법이다.

2. 소집 통지 사례

다음은 사회복지법인 나사함복지재단의 ⅰ) 2023회계연도 결산(안) 및 감사보고서 심의·의결, ⅱ) 2024년도 주요업무 (변경)계획 및 제1회 추가경정예산(안) 심의·의결, ⅲ) 나사함복지재단 기본재산 용도변경 및 처분(안) 심의·의결, ⅳ) 계약기간 만료 장애인복지관장 계약 연장(안) 심의·의결, ⅴ) 임기만료 도래 나사함복지재단 감사 선임(안) 심의·의결, ⅵ) 나사함복지재단(법인) 운영규정 제정(안) 심의·의결을 위한 2024년도 정기이사회 회의 개최 알림(통보) 문서이다.

나누고 사랑하며 함께하는 복지공동체

사회복지법인 나사함복지재단

수신자 수신자 참조
(경유)

제목 나사함복지재단 2024년도 정기이사회 회의 개최 알림 알림(참석 협조)

1. 평소 나사함복지재단에 대한 지대한 관심과 협조해 주심에 깊이 감사드립니다.
2. 사회복지법인 나사함복지재단「정관」제26조 규정에 따라 2024년도 정기이사회 회의를 다음과 같이 개최함을 알려드리오니 참석하여 주시기 바랍니다.

가. 회의주재: 나사함복지재단 이사회 의장(대표이사 방대유)

나. 일　　시: 2024. 3. 7.(목) 18:00

다. 장　　소: 나사함복지재단 회의실(프로그램실)

- 부산광역시 남구 진남로70번길 1(대연동 1508-32) 동원빌딩 2층(203호)

라. 참석대상: 10명(이사 8명, 감사 2명)

마. 심의안건: 6건

- 2023회계연도 결산(안) 및 감사보고서 심의 · 의결
- 2024년도 주요업무 (변경)계획 및 제1회 추가경정예산(안) 심의 · 의결
- 나사함복지재단 기본재산 용도변경 및 처분(안) 심의 · 의결
- 계약기간 만료 장애인복지관장 계약 연장(안) 심의 · 의결
- 임기만료 도래 나사함복지재단 감사 선임(안) 심의 · 의결
- 나사함복지재단(법인) 운영규정 제정(안) 심의 · 의결

바. 행정사항

- 법인 · 시설에서는 회의자료를 작성, 2024. 2. 15.(목)까지 경영기획실로 제출
- 이사회 회의자료는 회의 개최일 전 E-mail 송부 및 당일 배부(제공)
- 참석 임원(이사 및 감사)께서는 당일 회의록 날인 인장(인감) 지참. 끝.

사회복지법인 나사함복지재단 대표이사 인

수신자: 방대유 대표이사, 김종윤 경영이사, 전인열 이사, 강영심 이사, 정수 이사, 최송식 이사 김영수 이사, 권민정 이사, 정연설 감사, 박금주 감사, 경영기획부장, 장애인복지관장, 주간보호센터장, 나눔공동가정 원장, 공동생활가정 원장, 사랑공동가정 원장

결재 2024. 1. 24.

경영기획실장 고재수　　경영이사 김종윤　　대표이사 방대유

협조자

시행 나복24-17 (2024. 1. 24.)　　접수　　-　　(. . .)

우 48429 부산광역시 남구 진남로70번길 1, 203호(대연동, 동원빌딩) / nshwf.or.kr

전화 (051)627-8566, FAX (051)715-8567 / nasahamwf@daum.net / 공개

출처: 사회복지법인 나사함복지재단 내부자료

2 이사회 준비사항

1. 대표이사 진행 시나리오

이사장은 이사회를 소집하며, 이사회의 의장이 된다(「공익법인의 설립·운영에 관한 법률」 제6조제4항) 대표이사는 이 법인을 대표하고, 제반 업무를 총괄하여 이사회의 의장이 된다(「사회복지법인 나사함복지재단 정관」 제19조제2항).

대부분 사회복지법인 등 비영리법인 대표이사는 비상근으로 업무를 수행하고 있다. 비영리법인 및 시설의 방대한 업무를 상세하게 파악하기에는 한계가 있어, 대표이사 회의를 원활하게 진행하도록 시나리오를 작성해서 한다.

2. 보고 시나리오 작성

이사법은 법인 및 총괄 부분은 경영기획실장이, 시설의 업무에 대해서는 시설의 장이 보고하는 방법이 있다. 그러나 순조로운 회의 진행을 위해서 경영기획실장이 전체를 보고와 답변을 하고, 세부적인 답변이 필요한 경우 대표이사의 지정에 따라 시설의 장 등이 답변하는 것이 좋다. 보고는 시나리오(원고)를 작성하여 읽는 것이 실수 등을 예방할 수 있다.

3. 회의록 초안 작성

대표이사 진행 시나리오와 보고자 보고 시나리오 내용을 기반으로 회의록 초안을 회의 전에 미리 작성해 두면 효율적으로 업무를 추진할 수 있다.

3 이사회 심의와 회의록

1. 개회 및 의결 정족수

이사장은 이사회를 소집하며, 이사회의 의장이 된다. 이사회의 의사(議事)는 정관에 특별한 규정이 없으면 재적이사 과반수의 찬성으로 의결한다. 이사는 평등한 의결권을 가지며, 이사회의 의사는 서면결의에 의하여 처리할 수 없다(「공익법인의 설립·운영에 관한 법률」 제6조 및 제9조).

대표이사는 이 법인을 대표하고, 제반 업무를 총괄하여 이사회의 의장이 된다. 이사회는 이 정관에서 따로 정한 바를 제외하고는 재적이사 과반수의 출석으로 개의하고 출석 이사 과반수의 찬성으로 의결한다(「사회복지법인 나사함복지재단 정관」 제19조 및 제27조).

2. 안건 상정 및 심의(의결)

심의 안건 상정 및 심의 방법은 ⅰ) 일괄 상정 일괄 심의, ⅱ) 일괄 상정 건별 심의, ⅲ) 건별 상정 건별 심의 등이 있으며, 의결방법으로는 ⅰ) 원안 의결, ⅱ) 수정 의결, ⅲ) 부결 등이 있다.

3. 회의록 작성(확정) 날인

가. 회의록 작성(확정)

이사회는 ⅰ) 개의, 회의 중지 및 산회 일시, ⅱ) 안건, ⅲ) 의사, ⅳ) 출석한 임원의 성명, ⅴ) 표결수, ⅵ) 그밖에 대표이사가 작성할 필요가 있다고 인정하는 사항을 기재한 회의록을 작성하여야 한다. 다만, 이사회 개최 당일에 회의록 작성이 어려운 사정이 있는 경우에는 안건별로 심의·의결 결과를 기록한 회의조서를 작성한 후 회의록을 작성할 수 있다. 회의조서를 작성한 경우에는 조속한 시일 내에 회의록을 작성하여야 한다(「사회복지사업법」 제25조제1항~제3항).

관련 법령

「사회복지사업법」

제25조(회의록의 작성 및 공개 등) ① 이사회는 다음 각호의 사항을 기재한 회의록을 작성하여야 한다. 다만, 이사회 개최 당일에 회의록 작성이 어려운 사정이 있는 경우에는 안건별로 심의·의결 결과를 기록한 회의조서를 작성한 후 회의록을 작성할 수 있다.

1. 개의, 회의 중지 및 산회 일시　　2. 안건
3. 의사　　4. 출석한 임원의 성명
5. 표결수　　6. 그밖에 대표이사가 작성할 필요가 있다고 인정하는 사항

다음은 사회복지법인 나사함복지재단 2024년도 정기이사회 회의록 중 ⅰ) 표지 및 목차, ⅱ) 대표이사 인사, ⅲ) 성원 보고 및 개회 선언, ⅳ) 2024년도 주요 사업계획과 제1차 추가경정예산 심의와 의결 내용, ⅴ) 날인 부분을 발췌한 것이다.

- 사회복지법인 나사함복지재단 -

2024년도 정기이사회 회의록

≪예산 첨부서류≫

- 회 의 명: 사회복지법인 나사함복지재단 2024년도 정기이사회
- 회의일시: 2024. 3. 7.(목) : ~ :
- 회의장소: 나사함복지재단 프로그램실(회의실)
- 참석임원: 7명(이사6명, 감사1명) ▷ 재적임원: 10명(이사8명, 감사2명)
- 심의안건: 6건
  ① 2023회계연도 결산(안) 심의·의결
  ② 2024년도 주요사업계획 및 제1회 추가경정예산(안) 심의·의결
  ③ 나사함복지재단 기본재산 용도변경 및 처분(안) 심의·의결
  ④ 계약기간 만료 장애인복지관장 계약 연장(안) 심의·의결
  ⑤ 임기만료 도래 나사함복지재단 감사 선임(안) 심의·의결
  ⑥ 나사함복지재단 운영 규정 제정(안) 심의·의결

나누고 사랑하며 함께하는 복지공동체
사회복지법인 나사함복지재단
Nasaham Welfare Foundation

- 사회복지법인 나사함복지재단 -

2024년도 정기이사회 회의록(의사록)

대표이사 인사

<대표이사>

ㅇ 이사님! 감사님! 너무나 반갑습니다. 최근 고르지 못한 날씨에도 건강한 모습으로 만나 뵙게 되어 반갑습니다. 지난해 12월 15일 2023년도 제1차 임시이사회 이후, 오늘 2024년도 정기이사회를 3월 초에 개최하게 됨을 무척 기쁘고 영광으로 생각합니다.

ㅇ 우리 법인에서는 다양한 시책 사업을 추진하고 있으며, 모든 것이 순조롭게 진행되고 있는 것 같습니다. 그동안 물심양면으로 협조해 주신 나사함복지재단 임원과 가족 여러분께 진심으로 감사의 말씀을 전합니다.

ㅇ 오늘 2024년도 정기이사회에 임원 여러분의 심도 있는 심의와 좋은 고견 주시기를 당부드립니다.

성원 보고 및 개회

<대표이사>

ㅇ 경영기획실장께서는 성원 보고를 해 주시기 바랍니다.

<경영기획실장>

ㅇ 사회복지법인 나사함복지재단 재적 이사 8분 중 6분이 참석하시어 「정관」 제27조 이사회의 개의 정족수 재적 이사 과반수가 출석하였기에 성원이 되었음을 보고드립니다.

<대표이사>

ㅇ 성원이 되었으므로 지금부터 사회복지법인 나사함복지재단 2024년도 정기이사회를 개최하겠습니다.(의사봉 3타)

ㅇ 오늘 심의할 안건은 ⅰ) 2023년도 회계연도 결산안, ⅱ) 2024년도 주요사업계획안 및 제1회 추가경정예산안, ⅲ) 나사함복지재단 기본재산 용도변경 및 처분안, ⅳ) 계약기간 만료 장애인복지관장 계약 연장안, ⅴ) 임기만료 도래 나사함복지재단 감사 선임안, ⅵ) 나사함복지재단 운영 규정 제정안 등 6건입니다.

ㅇ 6건에 대해 일괄 상정 후 건별 보고와 심의 의결을 하도록 하겠습니다.
6건을 일괄 상정합니다.(의사봉 3타)

안건 심의·의결

······························ (중간 생략) ······························

② 2024년도 주요사업 계획(안) 및 제1회 추경(안) 심의·의결

<대표이사>

o 다음은 2024년도 주요사업계획안 및 제1회 추가경정예산안에 대한 심의를 하겠습니다.

o 경영기획실장께서는 핵심 위주로 보고해 주시기 바랍니다.

<경영기획실장>

o (회의자료 21페이지) 먼저 2024년도 주요사업계획에 대해 보고드리겠습니다.

o 먼저 발달장애인 단기보호시설 및 체험홈 건립입니다.

- 당초 원스톱서비스지원센터 건립을 검토하였으나, 많은 재원 마련 애로 및 나눔·공동생활가정이 독립생활 공간 확보, 즉 LH공사 신축 건물로 이전함에 따라 사업의 변경이 불가피하며
- 법인 양산 부지 매각 및 현금 기본재산을 가용재원으로 장애인 욕구가 많은 단기보호 및 체험홈 건립을 추진코자 합니다.
- 건립지역은 발달장애인복지관 인근 남구지역에 부지면적 200㎡, 건물규모는 400㎡, 지상 4층으로 소요예산은 15억 원입니다.
- 재원조달은 양산 부지 매각, 정부지원 등으로 건립 재원을 마련할 계획입니다.
- 2024년 상반기에 적정 부지 또는 기존 건축물을 매입하고 하반기에 우선 간편한 리모델링: 문화·여가 지원시설을 확충할 계획입니다.

o (다음 자료 22페이지) 장애인근로자 근로지원인 지원 사업 추진입니다.

- 법인 경영기획실에서 2022년 1월 1일부터 장애인근로자를 위한 근로인 지원사업을 적극 추진해 오고 있습니다. 근로지원인 지원업무 인력을 확충하고, 근로지원인 공개채용으로 우수한 근로지원인 확보·배치, 근로지원인 복무 점검 및 모니터링 강화, 근로지원인 교육강화, 근로지원인 체험 우수사례 공모 및 포상 등을 통하여 발달장애인의 고용 안정 및 복지 증진에 기여하고자 합니다.
- 2024년 3월 7일 기준 근로지원인은 52명으로 근로지원인 인건비 및 운영비는 한국장애인공단으로부터 지원받고 있습니다.

o 다음은 나사함복지재단 법인 및 운영 시설에 대한 2024년도 제1회 추가경정 예산안에 대해 보고드리겠습니다.

- (회의자료 23페이지입니다) 먼저 추경 편성개요입니다. 법적근거 및 절차는 자료를 참고해 주시기 바랍니다.
- (자료 24페이지) 예산 편성방향은 ⅰ) 2023년도 결산 이월금 확정에 따른 전년도이월금 세입예산 반영, ⅱ) 사회복지시설 보조금 확정 내시에 따른 세입 및 세출 예산 조정, ⅲ) 2024년도 부산광역시 인건비 가이드라인 확정에 따른 인건비 조정, ⅳ) 발달장애인 콤플렉스 인프라 구축 사업비 예산 반영, ⅴ) 기본재산 처분 및 사용에 따른 세입·세출 예산을 조정 반영하였습니다.
- 다음은 세입·세출예산 추경 총괄입니다. 법인 및 시설 추경예산은 48억 원으로 본예산 대비 6억 7천만 원 증액되었습니다.
  - 법인의 추경예산은 22억 원으로 본예산 대비 5억 7천만 원 증액되었습니다.
  - 발달장애인복지관은 본예산 대비 7천7백만 원 증액되었으며
  - 주간보호센터 및 공동생활가정은 각각 증액되었습니다.
- 법인·시설 항목별 세입예산 및 법인·시설 항목별 세출예산은 자료를 참고해 주시기 바랍니다.
- (회의자료 25페이지부터 27페이지) 나사함복지재단 세입세출명세서는 자료를 참고해 주시기 바랍니다.
- (회의자료 28페이지부터 33페이지) 장애인복지관 세입세출명세서는 자료를 참고해 주시기 바랍니다.
- (회의자료 33페이지부터 36페이지) 주간보호센터 세입세출명세서는 자료를 참고해 주시기 바랍니다.
- (회의자료 36페이지부터 44페이지) 공동생활가정 세입세출명세서는 자료를 참고해 주시기 바랍니다.
- 이상으로 2024년도 제1회 추가경정예산안에 대한 보고를 마치겠습니다. 금회 추경은 꼭 필요한 부분에 대해서 세입·세출예산을 반영 및 조정하였습니다. 2024년도 제1회 추가경정 예산안을 원안대로 의결해 주실 것을 당부드립니다.

<대표이사>

- 경영기획실장 보고 잘 들었습니다. 2024년도 주요사업계획안과 제1회 추가경정예산안에 대해 이사님이나 감사님께서 궁금하신 사항이나 좋은 고견이 있으면 말씀해 주시기 바랍니다.

ㅇ 더 이상 질의나 의견이 없으시면 의결토록 하겠습니다. 2024년도 주요사업계획안과 제1회 추가경정예산안에 대하여 원안대로 의결코자 하는 데 이의가 없으십니까?

ㅇ 이의가 없으므로 원안대로 의결되었음을 선포합니다.(의사봉 3타)

································· (중간 생략) ·································

붙임 사회복지법인 나사함복지재단 2024년도 정기이사회 회의자료 1부 끝.

사회복지법인 나사함복지재단 「정관」 제29조의 규정에 따라 위 의사에 관한 의결사항을 명확히 하기 위하여 대표이사 및 참석임원 전원이 기명 인감을 날인합니다.

2024 3월 7일

사회복지법인 나사함복지재단

대표이사 (인)

경영이사 (인)

이사 (인)

이사 (인)

이사 (인)

이사 (인)

감사 (인)

감사 (인)

출처: 사회복지법인 나사함복지재단 2024년도 제1차 정기이사회(2024. 3. 7.) 자료

나. 회의록 날인

회의록 및 회의조서에는 출석임원 전원이 날인하되 그 회의록 또는 회의조서가 2매 이상인 경우에는 간인(間印)하여야 한다. 회의조서를 작성한 경우에는 조속한 시일 내에 회의록을 작성하여야 한다(「사회복지사업법」 제25조제2항 및 제3항).

출석임원 전원이 회의록 및 회의조서 마지막 장에 날인하며, 날인 방법은 ⅰ) 인감, ⅱ) 기명란에 자필 서명 후 일반 날인, ⅲ) 기명란에 기명 후 날인 부분에 자필 서명 방법 중 하나를 선택하여 날인한다. 법인의 감사 전원은 이사회 참석 여부와 무관하게 이사회 회의록에 기명날인하여야 한다. 회의록 및 회의조서가 2매 이상인 경우에는 출석임원 전원이 간인(間印)한다(「공익법인의 설립·운영에 관한 법률」 제10조제1호제2호 및 「2024년 사회복지법인 관리안내」).

4. 회의록 공개(요청)

사회복지법인은 이사회의 회의록을 회의일부터 10일 이내에 해당 사회복지법인의 인터넷 홈페이지와 관할 시·도지사가 지정하는 인터넷 홈페이지에 3개월간 공개하여야 한다. 다만, 「공공기관의 정보공개에 관한 법률」 제9조제1항제4호부터 제8호까지의 규정의 의한 비공개 대상정보에 대해서는 이사회의 의결로 공개하지 아니할 수 있다.

사회복지법인의 종사자 및 사회복지법인이 설치·운영하는 시설의 종사자, 이용자, 거주자 또는 거주자의 보호자는 공개기간이 지난 후에도 ⅰ) 청구인의 이름·생년월일·주소 및 연락처(전화번호·전자우편주소 등), ⅱ) 공개를 청구하는 회의록의 내용 및 공개방법을 적은 이사회 회의록 공개청구서를 사회복지법인에 제출하여 회의록 공개를 청구할 수 있다. 사회복지법인은 공개 청구를 받은 내용이 비공개 사항에 해당하지 아니하는 경우에는 10일 이내에 이를 공개하여야 한다. 이 경우 공개 사항과 비공개 사항이 섞여 있는 경우로서 공개 청구의 취지에 어긋나지 아니하는 범위에서 두 사항을 분리할 수 있을 때에는 이를 분리하여 공개 사항만을 공개하여야 한다(「사회복지사업법」 제25조, 같은 법 시행령 제10조의4 및 제

10조의5).

따라서 사회복지법인은 이사회 회의록 2부(인장 날인 1부, 한글파일 1부)를 회의일부터 10일 이내에 시·군·구청장에게 공개 요청을 하여야 하며, 사회복지법인의 인터넷 홈페이지에 3개월간 공개하여야 한다. 시·군·구청장에게 공개 요청 시에는 문서로 하며, 행정안전부(문서24) 전자시시템을 이용하면 편리하다.

4 시스템 입력·제출·공고

1. 사회복지시설정보시스템 입력

확정된 비영리법인 및 시설의 예산은 사회복지시설정보시스템에 입력하여야 한다. 본예산은 사회복지시설정보시스템 예산작성(본예산편성)에서, 추가경정예산일 경우는 예산작성(추경예산편성)에서 입력한다. 입력 시에는 관, 항, 목, 세목 등 예산과목별 구분하고, 보조금, 자부담, 후원금, 수익사업 등 재원별로 구분하여 입력하여야 한다. 특히, 후원금의 경우에 세입예산의 당해연도 후원금 수입(지정후원금과 비지정후원금)과 전년도 이월 후원금(지정후원금과 비지정후원금) 합계와 세출예산의 후원금 합계가 일치하는지 확인이 중요하다.

예산과목이 신설되는 경우에 사회복지정보시스템에서 관·항·목은 신설(또는 수정)할 수 없다. 다만, 세출예산의 사업비 경우에는 목의 신설(또는 수정)이 가능하다. 세입·세출예산 사업비 목, 기타 세목을 신설(또는 수정)할 경우 기초등록(AC) 계정코드 등록의 해당 항에서 신설 목에 내용(例示, 근로지원인 양성교육)을 입력하고, 신설 목에서 세목의 내용을 입력한다.

다음은 2024년도 제1회 추가경정예산을 사회복지시설정보시스템에 입력하는 절차를 나타낸 것이다.

추경예산 입력(사회복지시설정보시스템)

❖ 사회복지시설정보시스템 > 회계 > 예산관리(AC) > 예산작성 > 【추경예산편성】을 클릭한다.

☞ 2024년도 1차 추경예산을 편성하시겠습니까? 새로 1차 추경을 편성하시면 기존 본예산은 저장되어 관리됩니다. 새로 작성하시는 1차 추경예산에는 기존 본예산이 복사되오니 수정하시어 반영하시면 됩니다. 새로 1차 추경예산을 편성하시겠습니까?" 팝업창이 뜬다.

<세입예산 입력>

① 회계연도(2024년), 추경차수(1차), 사업명(일반사업), 세입/세출(세입) 조회를 선택하면, 2024년도 본예산 세입예산이 나타난다.

② 본예산 대비 변동이 없는 경우는 그대로 두고, 제1회 추경에서 증감과 재원의 변동이 있는 경우 변경 내용을 입력하고 저장 버튼을 누른다.

<세출예산 입력>

① 회계연도(2024년), 추경차수(1차), 사업명(일반사업), 세입/세출(세출) 조회를 선택하면, 2024년도 본예산이 세출예산이 나타난다.

② 본예산 대비 변동이 없는 경우는 그대로 두고, 제1회 추경에서 증감과 재원의 변동이 있는 경우 변경 내용을 입력하고 저장 버튼을 누른다.

※ 입력 후 세입·세출 예산총액 및 예산과목과 재원별(보조금, 자부담, 후원금 등) 금액 등이 맞게 입력되었는지 확인할 필요성이 있다.

2. 시·군·구청장 제출

법인의 대표이사 및 시설의 장은 확정한 예산을 매 회계연도 개시 5일 전까지 관할 시장·군수·구청장에게 제출(「사회복지사업법」 제6조의2제2항에 따른 정보시스템을 활용한 제출 포함)하여야 한다. 추가경정예산이 확정된 날로부터 7일 이내에 이를 시장·군수·구청장에게 제출하여야 한다(「사회복지법인 및 사회복지시설 재무·회계 규칙」 제10조 및 제13조).

장기요양기관의 장은 예산을 편성하여 매 회계연도 개시 5일 전까지 관할 특별자치시장·특별자치도지사·시장·군수·구청장에게 정보시스템을 활용하여 제출하여야 한다. 추가경정예산을 편성한 때에는 그날부터 7일 이내에 관할 특별자치시장·특별자치도지사·시장·군수·구청장에게 정보시스템을 활용하여 제출하여야 한다(「장기요양기관 재무·회계 규칙」 제4조 및 제6조).

시군구 예산 제출(사회복지시설정보시스템)

❖ 사회서비스정보시스템 > 시군구보고 > 예산서 > 추경예산서 보고 > (하단) 예산보고 > 공문상세정보, 문서 내용 입력 및 첨부물(파일) 첨부 후 저장
❖ 예산총괄표 생성(클릭) > 저장 > 결재요청 > (결재 완료 후) 시군구 제출

다음은 사회복지법인 나사함복지재단 2024년도 제1회 추가경정예산을 사회서비스정보시스템으로 구청장에게 제출한 사례이다.

보고시군구: 부산광역시 남구　　　　수신자: 주민복지과장
발신명의: 사회복지법인 나사함복지재단　　　　문서번호 기획관리부-2024-00001
시행일자 2024-03-13
제목: 2024년도 제1회 추가경정예산 관련 자료 제출

[제출 문서] 작성
사회복지법인 나사함복지재단 2024년도 제1회 추가경정예산 관련 자료를 붙임과 같이 제출합니다.

붙임 1. 2024년도 제1회 추가경정예산 관련 자료(세입·세출 명세서 등) 1부.
　　2. 나사함복지재단 2024년도 정기이사회 회의록(날인) 1부.　끝.

출처: 사회복지법인 나사함복지재단 내부자료

3. 예산의 공고

가. 시장·군수·구청장 공고

시장·군수·구청장은 예산을 제출받은 때에는 20일 이내에 법인과 시설의 회계별 세입·세출명세서를 시·군·구의 게시판과 인터넷 홈페이지에 20일 이상 공고하여야 한다. 법인의 대표이사 및 시설의 장으로 하여금 해당 법인 및 시설의 게시판과 인터넷 홈페이지에 20일 이상 공고하도록 하여야 한다. 공고는 「사회복지사업법」 제6조의2제2항에 따른 정보시스템에 게시하거나 「영유아보육법」 제49조의2제1항에 따라 공시하는 것으로 갈음할 수 있다(「사회복지법인 및 사회복지시설 재무·회계 규칙」 제10조제4항 및 제5항).

나. 법인 대표이사 및 시설의 장

법인의 대표이사 및 시설의 장은 법인과 시설의 회계별 세입·세출명세서를 법인 및 시설의 게시판과 인터넷 홈페이지에 20일 이상 공고하여야 한다. 공고는 「사회복지사업법」 제6조의2제2항에 따른 정보시스템에 게시하거나 「영유아보육법」 제49조의2제1항에 따라 공시하는 것으로 갈음할 수 있다(「사회복지법인 및 사회복지시설 재무·회계 규칙」 제10조제4항 및 제5항).

제3장

회계원칙과 수입·지출 회계

비영리법인·시설 수입·지출 회계 운영원칙과 회계처리, 회계장부와 인계·인수 등 절차 규정 기본법령은「사회복지사업법」과「사회복지법인 및 사회복지시설 재무·회계 규칙」과 준용법률인 지방계약법령이 있다. 행정규칙에는「지방자치단체 회계관리에 관한 훈령」 및「지방자치단체 입찰 및 계약집행기준」이 있으며, 자치법규로 규칙이 있다.

보조사업의 회계 운용 및 관리 등 회계처리는 기본법령 외에 지방회계법령 및 행정규칙, 지방보조금법령 및 행정규칙을 따라야 하므로 지방회계 운영원칙과 함께 비영리법인 회계 운영원칙에 대한 충분한 이해가 필요하며, 기본법령과 적용 법령의 연계 능력과 이해가 선행되어야 할 것이다.

비영리법인·시설의 수입회계 처리 절차는 수입금 수납과 수입품의서 및 수입결의서 작성, 정보시스템에 의한 처리, 과오납 수입금의 반환 등이며, 지출회계 처리절차는 예산집행품의서 작성, 지출원인행위, 지출결의서 작성 등이다. 계약업무는 계약의 원칙을 이해하고, 용역 등 계약서 작성(청렴서약서 제출), 용역 등 추진, 준공금(대가) 지급, 지연배상금 부과 등이다.

수입과 지출사무 일일 정산 및 매월 정산하고, 물품관리와 정기재물조사를 하여야 한다. 수입 및 지출회계 장부는 정해진 기간까지 관리(보존)하여야 하며, 회계사무에 대한 인계인수는 정확하게 이루어져야 한다.

제3장에는 지방자치단체 및 비영리법인의 회계원칙, 수입회계와 지출회계 관리, 계약방법과 절차, 수입지출회계 정산, 물품관리와 재물조사 등 수입지출회계 관리와 세입세출외현금 관리, 법인시설 장부, 회계사무 인계인수 방법 및 사례, 정보시스템의 활용 방법과 절차를 담았다.

제1절 지방·법인 회계원칙

1 지방회계 운영원칙

1. 회의의 의의

회계란 재정활동의 일부로서 금전, 물품, 기타재산 등의 출납과 보관·관리 등 유용한 재무(회계)정보를 종합적으로 정리·기록하여 그 이용자가 합리적으로 의사결정을 할 수 있도록 전달해 주는 정보시스템(information system)이다.

회계의 특성은 ⅰ) 회계문서에 기명날인 함으로써 책임소재의 명확화(엄정성), ⅱ) 제출서류 등에 개서, 삽입, 삭제, 정정, 도말(수정액으로 고침) 등의 제한(정확성), ⅲ) 정정하는 경우 정정날인 또는 서명을 하여 책임소재의 명확화(명확성), ⅳ) 계약 등의 업무처리 시 입찰 등을 통한 기회균등, 경쟁의 원칙(공정성), ⅴ) 원칙적으로 서식, 시기, 내용 등의 법규화로 재량성 불인정(통일성) 등이다.

2. 회계의 운영원칙

가. 회계연도 독립의 원칙

지방자치단체의 회계연도는 매년 1월 1일에 시작하여 12월 31일에 끝난다(「지방회계법」 제6조제1항). 세입(歲入)의 회계연도 소속은 ⅰ) 납부기한이 정해져 있는 수입(그 납부기한이 속하는 연도. 다만, 그 납부기한이 속한 회계연도 내에 납입고지서를 발급하지 아니한 경우에는 납입고지서를 발급한 날이 속하는 연도), ⅱ) 납입고지서를 발급하는 수시수입(그 납입고지서를 발급한 날이 속하는 연도. 다만, 수시수입으로서 기본수입에 부수되는 수입의 경우에는 그 기본수입이 속하는 연도), ⅲ) 납입고지서를 발급하지 아니하는 수시수입(영수한 날이 속하는 연도. 다만, 지방채증권·차입금·부담금·교부금·보조금·기부금·상환금 또는 그밖에 이와 유사한 수입의 경우에는 그 예산이 속하는 연도)으로 구분한다(「지방회계법 시행령」 제2조제1항).

세출(歲出)의 회계연도 소속은 ⅰ) 지방채의 원리금(지급기일이 속하는 연도), ⅱ) 반환금·결손보전금·상환금 또는 그밖에 이와 유사한 것(지급결정을 한 날이 속하는 연도), ⅲ) 부담금·교부금·보조금·기부금 또는 그밖에 이와 유사한 것(해당 예산이 속하는 연도), ⅳ) 실비보상·급여·여비·수수료 또는 그밖에 이와 유사한 것(지급을 하여야 할 사실이 발생한 날이 속하는 연도), ⅴ) 사용료·보관료·전기료 또는 그밖에 이와 유사한 것(지급청구를 받은 날이 속하는 연도), ⅵ) 공사비·제조비·물건구입비·운반비 또는 그밖에 이와 유사한 것으로서 상대방의 행위가 완료된 후에 지급하는 것(지급이 확정된 날이 속하는 연도), ⅶ) 그밖의 경비(지급명령을 한 날이 속하는 연도)로 구분한다(「지방회계법 시행령」 제2조제2항).

나. 수입의 직접 사용 금지

지방자치단체의 장, 그 보조기관 및 소속 행정기관은 그 관할 지방자치단체의 모든 수입을 지정된 수납기관에 내야 하며, 이 법 또는 다른 법률에서 달리 정하고 있는 경우를 제외하고는 직접 사용하여서는 아니 된다(「지방회계법」 제25조).

용역이나 시설을 제공하여 발생하는 수입과 관련되는 경비로서 대통령령으로 정하는 경비는 「지방회계법」 제22조 및 제25조에도 불구하고 그 수입이 확보되는 범위에서 지방자치단체의 장 및 소속 행정기관이 직접 사용할 수 있다. 다만, 수입이 예산을 초과하거나 초과할 것으로 예상되는 경우에는 그 초과수입을 대통령령으로 정하는 바에 따라 그 초과수입에 직접 관련되는 경비와 이에 수반되는 경비에 초과 사용할 수 있다(「지방회계법」 제26조).

2 비영리법인 회계원칙

1. 회계의 운영원칙

가. 건전성의 원칙

사회복지법인 및 사회복지시설의 재무·회계는 그 설립목적에 따라 건전하게 운영되어야 한다(「사회복지법인 및 사회복지시설 재무·회계 규칙」 제2조).

나. 회계연도 독립의 원칙

사회복지법인 및 사회복지시설의 회계연도는 정부의 회계연도에 따른다. 다만, 「영유아보육법」 제2조에 따른 어린이집의 회계연도는 매년 3월 1일에 시작하여 다음 연도 2월 말일에 종료한다(「사회복지법인 및 사회복지시설 재무·회계 규칙」 제3조). 국가의 회계연도는 매년 1월 1일에 시작하여 12월 31일에 종료한다(「국가재정법」 제2조).

1회계연도에 속하는 법인 및 시설의 세입·세출의 출납은 회계연도가 끝나는 날까지 완결하여야 한다(「사회복지법인 및 사회복지시설 재무·회계 규칙」 제5조).

법인 및 시설의 수입 및 지출의 발생과 자산 및 부채의 증감·변동에 관하여는 그 원인이 되는 사실이 발생한 날을 기준으로 하여 연도 소속을 구분한다. 다만, 그 사실이 발생한 날을 정할 수 없는 경우에는 그 사실을 확인한 날을 기준으로 하여 연도 소속을 구분한다(「사회복지법인 및 사회복지시설 재무·회계 규칙」 제4조).

다. 정보통신매체에 의한 회계처리

법인 및 시설의 재무·회계는 컴퓨터 회계프로그램으로 처리할 수 있다. 「사회복지사업법」 제42조에 따른 보조금을 받는 법인 및 시설과 보조금을 받지 아니하는 시설로서 「노인복지법」 제31조에 따른 노인복지시설 중 「노인장기요양보험법」 제31조에 따라 장기요양기관으로 지정받은 시설은 컴퓨터 회계프로그램 중 보건복지부장관이 검증한 표준연계모듈이 적용된 정보시스템 또는 정보시스템을 사용하여 재무·회계를 처리하여야 한다. 컴퓨터 회계프로그램 또는 시스템에 의하여 전자장부를 사용하는 경우에는 「사회복지법인 및 사회복지시설 재무·회계 규칙」 제24조에 따른 회계장부를 둔 것으로 본다.

2. 회계의 구분과 방법

사회복지법인의 회계는 법인의 업무 전반에 관한 법인회계와 및 법인이 수행하는 수익사업에 관한 수익사업회계와 해당 시설의 운영에 관한 시설회계로 구분한다(「사회복지법인 및 사회복지시설 재무·회계 규칙」 제6조).

회계는 단식부기에 의한다. 다만, 법인회계와 수익사업회계에 있어서 복식부기의 필요가 있는 경우에는 복식부기에 의한다(「사회복지법인 및 사회복지시설 재무·회계 규칙」 제7조).

3. 회계 집행기관

법인의 대표이사와 시설의 장은 법인과 시설의 수입 및 지출에 관한 사무를 관리한다. 법인의 대표이사와 시설의 장은 수입 및 지출원인행위에 관한 사무를 각각 소속직원에게 위임할 수 있다(「사회복지법인 및 사회복지시설 재무·회계 규칙」 제21조).

법인과 시설에는 수입과 지출의 현금출납업무를 담당하게 하기 위하여 각각 수입원과 지출원을 둔다. 다만, 법인 또는 시설의 규모가 소규모인 경우에는 수입원과 지출원을 동일인으로 할 수 있다. 수입원과 지출원은 각각 그 법인의 대표이사와 시설의 장이 임면한다(「사회복지법인 및 사회복지시설 재무·회계 규칙」 제22조).

제2절 수입·지출 회계관리

1 수입회계 관리

1. 수입금의 수납

모든 수입금의 수납은 이를 금융기관에 취급시키는 경우를 제외하고는 수입원이 아니면 수납하지 못하며, 수입원이 수납한 수입금은 그다음 날까지 금융기관에 예입하여야 한다. 출납이 완결한 연도에 속하는 수입 기타 예산 외의 수입은 모두 현 연도의 세입에 편입하여야 한다.

관련 법령

「사회복지법인 및 사회복지시설 재무 · 회계 규칙」

제25조(수입금의 수납) ① 모든 수입금의 수납은 이를 금융기관에 취급시키는 경우를 제외하고는 수입원이 아니면 수납하지 못한다.

② 수입원이 수납한 수입금은 그다음 날까지 금융기관에 예입하여야 한다. <개정 1998. 1. 7.>

③ 제1항 및 제2항의 규정에 의한 수입금에 대한 금융기관의 거래통장은 제6조의 규정에 의한 회계별로 구분될 수 있도록 보관·관리하여야 한다. <신설 1998. 1. 7.>

2. 수입품의·결의서 작성

가. 수입품의서 작성

수입품의는 수입이 보조금일 경우에는 보조금 교부결정통지서 등, 후원금 등 금융계좌로 입금된 경우에는 입금확인서 등이 수입품의서이다. 수입내역이 복잡한 경우에는 별도의 수입품의서를 작성하여 알기 쉽도록 해야 한다. 다음은 퇴직적립금 계좌 미집행액을 일반회계로 수입처리하는 수입품의서를 작성한 사례이다.

나누고 사랑하며 함께하는 복지공동체

사회복지법인 나사함복지재단

수신자 내부결재

(경유)

제목 퇴직적립금(경영기획실 및 근로지원인) 운용 및 집행잔액 조치(계획)

1. 사회복지법인 나사함복지재단 경영기획실 직원 및 근로지원인 퇴직적립금 운용 현황은 다음과 같습니다.

<퇴직적립금 운용 현황>

구분	총액 (계좌잔액)	세계전용 (일반운영비)	집행예정액 (1년 미만 적립)	집행잔액	비고
계	26,001,121	4,000,000	11,234,676	14,766,445	
경영기획실(계좌)	390,445	–	383,340	7,105	
근로지원인(계좌)	25,610,676	4,000,000	10,851,336	14,759,340	

2. 경영기획실 직원 및 근로지원인 퇴직적립금 집행예정액을 제외하고 발생잔액은 다음과 같이 일반운영비 계정으로 이체, 예산 및 회계 등 조치하고자 합니다.

가. 퇴직적립금 현황: 26,001,121원(이자 포함)

나. 금후집행 예정액: 11,234,676원(근무연수 1년 미만자)

다. 집행잔액: 14,766,445원(경영기획실 7,105, 근로지원인 14,759,340)

라. 회계조치

- 경영기획실 퇴직적립금 잔액(7,105원) 일반운영비 계좌로 이체
- 경영기획실 퇴직적립금 잔액(14,759,340원) 중 세계전용(4,000,000원)은 공제하고 10,759,340원을 일반운영비 계좌로 이체

마. 예산조치: 세입예산(잡수입) 14,766,445원 반영 ▷ 2024년도 제1회 추경. 끝.

사회복지법인 나사함복지재단 대표이사 인

2024. 2. 22.

경영기획실장 고재수 경영이사 김종윤 대표이사 방대유

협조자

시행 나복24-39 (2024. 2. 22.) 접수 - (2024. 2. .)

우 48429 부산광역시 남구 진남로70번길 1, 203호(대연동, 동원빌딩) / nshwf.or.kr

전화 (051)627-8566, FAX (051)715-8567 / nasahamwf@daum.net / 공개

나. 수입결의서 작성

수입품의는 수입이 보조금일 경우에는 보조금 교부결정통지서 등, 후원금 등 금융계좌로 임금된 경우에는 입금확인서 등이 수입품의서이다. 수입내역이 복잡한 경우에는 별도의 수입품의서를 작성하여 알기 쉽도록 해야 한다.

3. 정보시스템 결의서 작성

다음은 퇴직적립금 계좌 미집행액을 일반회계로 수입결의하는 수입결의서를 사회복지시설정보시스템 처리방법과 작성사례이다.

사회복지시설정보시스템 처리

❖ 사회서비스정보시스템(로그인) → 업무시작 → 회계 → 결의및전표관리 → 결의서관리 → 결의서/전표 등록 관리 → 결의서 등록

① 결의구분(수입), 결의일자(2022-02-22), 사업명(일반사업)

② 행 추가 → 계좌(운영비), 계정명(기타잡수입), 금액(7,105), 적요(경영기획실 직원 퇴직적립금 집행잔액), 자금원천(자부담) 입력

③ 행 추가 → 계좌(운영비), 계정명(기타잡수입), 금액(10,759,340), 적요(근로지원인 퇴직적립금 집행잔액) 자금원천(자부담) 입력 후 저장 버튼을 누른다.

※ 저장된 수입결의서는 결의서출력에서 출력해서 결재를 받은 후 회계서류로 보관한다.

수입결의서	결재	경영기획실장	경영이사

결의서 번호 :	20240222-1		2024년도	(일반) 회계	
세 입 (출) 과 목				발의	2024/02/22
관	잡수입	수 입 원	김종윤	결재	2024/02/22
항	잡수입	사 업	일반사업	출납	2024/02/22
목	기타잡수입	작 성 자	고재수	등기	2024/02/22

No.	계정과목(세목)	적 요	금액	거래처	자금원천
1	기타잡수입	경영기획실 직원 퇴직적립금 집행잔액	7,105		자부담
2	기타잡수입	근로지원인 퇴직적립금 집행 잔액	10,759,340		자부담
금액	금 10,766,445원(금 일천칠십육만 육천사백사십오 원)				
비고					

출처: 사회복지법인 나사함복지재단 내부자료

4. 과오납 수입금 반환

과오납된 수입금은 수입한 세입에서 직접 반환한다(「사회복지법인 및 사회복지시설 재무·회계 규칙」 제27조). 예를 들어 복지관 이용자 프로그램 이용료 수입을 수납한 후에 이용자의 사정으로 인해 반환하는 경우, 반환금은 수입금 처리가 아닌, 수납한 세입 예산과목에서 반환, 즉 (–) 세입결의와 수입결의서를 작성하여야 한다.

2 지출회계 관리

1. 예산집행품의서

가. 예산집행품의 작성요령

예산집행품의는 세출예산에 편성된 예산의 목적을 달성하기 위해서 집행의사를 결정하는 행위를 의미하며 실질적으로 예산지출을 확정하는 행위는 아니다. 예산집행품의는 집행내용과 집행액의 규모에 따라 일반적으로 기안문 서식을 활용하여 위임·전결 규정에 따라 결재를 받는 것을 말한다. 예산집행품의서에 대한 법정 서식은 없으며, 품의 내용에 따라 내부결재 방식 또는 품의 서식을 선택하여 사용해야 할 것이며, 품의 내용이 복잡한 경우에는 가급적 별지를 활용하여 품의내용이 정확하게 평가되도록 하는 것이 타당할 것이다.

예산집행품의에 대한 질의·회신

【질의내용】

❖ 예산집행품의를 하기 위하여는 내부결재 또는 지방자치단체에서 일정한 서식을 만들어 사용하는데 어느 것을 사용해야 하는지?

【답변사항】

❖ 예산집행품의서에 대한 법정 서식은 없으며, 품의 내용에 따라 내부결재 방식 또는 품의 서식을 선택하여 사용해야 할 것이며, 품의 내용이 복잡한 경우에는 가급적 별지를 활용하여 품의내용이 정확하게 평가되도록 하는 것이 타당할 것임

예산집행품의서 작성요령은 ⅰ) 제목은 집행목적을 나타낼 수 있도록 표기, ⅱ) 집행의 목적, 집행액, 집행내역(복잡한 경우 별지로 작성), ⅲ) 교부처(지급처), 예산과목(관, 항, 목까지 정확히 기재), ⅳ) 집행의 내용에 따라 사업·예산·세입·회계부서 협조를 받아야 한다.

예산집행품의서 작성 시 주요 검토사항은 ⅰ) 집행의 내용이 예산편성의 목적과

맞는지 여부, ii) 집행예정금액은 예산액의 범위 이내인지, 또한 예산 배정 여부, iii) 집행예정금액이 법규·지침 등에서 정한 기준액과 맞는지 여부, iv) 자금의 지급(교부)처는 정당한지 여부(정당한 채주인지 여부) 등을 검토하여야 한다.

나. 예산집행품의 위임·전결 처리

지방자치단체의 장은 i) 시·도는 추정금액 50억 원 이하의 공사 또는 토지의 매입이나, 20억 원 이하의 제조·용역 또는 물건의 매입과 그 외의 것으로서 10억 원 이하의 집행에 관한 사항, ii) 자치구가 아닌 구가 있는 시 또는 인구 50만 명 이상 시는 추정금액 20억 원 이하의 공사 또는 토지의 매입이나, 10억 원 이하의 제조·용역 또는 물건의 매입과 그 외의 것으로서 5억 원 이하의 집행에 관한 사항, iii) 시·군·구는 추정금액 10억 원 이하의 공사 또는 토지의 매입이나, 5억 원 이하의 제조·용역 또는 물건의 매입과 그 외의 것으로서 2억 원 이하의 집행에 관한 사항의 범위 내에서 부단체장(「지방자치법」 제123조제1항에 따른 부단체장), 실·국장, 실·과장 등에게 예산집행 품의를 각각 전결로 처리하게 할 수 있으며, 그 전결 기준은 따로 정한다. 봉급, 수당 등 법령에 따라 지출의무가 있는 사항은 실·과장의 전결로 처리할 수 있다. 다만, 임시일상경비의 경우에는 실·국장 이상의 결재를 받아야 한다.

관련 법령

「지방자치단체 회계관리에 관한 훈령」

제11조(예산집행품의) ① 지방자치단체의 장은 다음 각호의 범위 내에서 부단체장(「지방자치법」 제123조제1항에 따른 부단체장을 말한다), 실·국장, 실·과장 등에게 예산집행 품의를 각각 전결로 처리하게 할 수 있으며, 그 전결 기준은 따로 정한다.

1. 시·도: 추정금액 50억 원 이하의 공사 또는 토지의 매입이나, 20억 원 이하의 제조·용역 또는 물건의 매입과 그 외의 것으로서 10억 원 이하의 집행에 관한 사항
2. 자치구가 아닌 구가 있는 시 또는 인구 50만 명 이상 시: 추정금액 20억 원 이하의 공사 또는 토지의 매입이나, 10억 원 이하의 제조·용역 또는 물건의 매입과 그 외의 것으로서 5억 원 이하의 집행에 관한 사항

3. 시·군·구: 추정금액 10억 원 이하의 공사 또는 토지의 매입이나, 5억 원 이하의 제조·용역 또는 물건의 매입과 그 외의 것으로서 2억 원 이하의 집행에 관한 사항

② 봉급, 수당 등 법령에 따라 지출의무가 있는 사항은 실·과장의 전결로 처리할 수 있다. 다만, 임시일상경비의 경우에는 실·국장 이상의 결재를 받아야 한다.

「부산광역시 회계관리에 관한 규칙」

제4조(예산집행품의) ① 시장은 다음 각호의 사항을 부시장, 실·국장, 과장·담당관 및 팀장으로 하여금 각각 위임전결하게 할 수 있다.

1. 부시장: 추정가격이 30억 원 이하인 공사 또는 토지의 매입, 5억 원 이상 10억 원 이하인 용역 또는 물품의 구매·수리 또는 제조와 그 외의 것으로서 1건당 4억 원 이하의 집행에 관한 사항(단, 소방재난본부는 본부장) <개정 2022. 9. 21.>
2. 실·국장: 추정가격이 10억 원 미만의 공사 또는 토지의 매입, 5억 원 미만의 용역 또는 물품의 구매·수리 또는 제조와 그 외의 것으로서 2억 원 미만의 집행에 관한 사항, 조달물자 구매 및 징수교부금·출연금의 교부에 관한 사항, 구·군에 대한 보조금 교부에 관한 사항 <개정 2022. 9. 21.>
3. 과장·담당관 및 팀장: 추정가격이 1건당 5천만 원 이하의 집행에 관한 사항과 봉급 및 수당 등 법령에 따라 지출의무가 있는 사항 <개정 2022. 9. 21.>

법인의 대표이사는 각 시설의 예산집행품의를 각 시설장에게 위임 처리하게 할 수 있으며, 법인의 대표이사 및 시설의 장은 경영이사, 실장, 부장, 팀장 등으로 하여금 적극적으로 전결 처리하도록 하여 재정 운용 및 행정처리의 효율성을 도모하여야 할 것이다. 업무의 위임이나 전결 처리하기 위해서는 법인 및 시설「업무 위임·전결 규정」을 제(개)정 운영해야 한다.

다. 예산집행품의 생략

지방자치단체의 장은 ⅰ) 직무수행경비, ⅱ) 공공요금, ⅲ) 제세공과금, ⅳ) 인건비, ⅴ) 여비, ⅵ) 일상경비 교부 등의 어느 하나에 해당하는 경우에는 예산집행 품의를 생략할 수 있다(「지방자치단체 회계관리에 관한 훈령」 제11조제1항~제2항).

부산광역시장은 ⅰ) 직무수행경비, ⅱ) 공공요금 및 제세, ⅲ) 인건비(단, 일용인부임 및 일시사역인부임 제외), ⅳ) 여비(국외여비 제외), ⅴ) 일상경비 교부 어느

하나에 해당하는 경우에는 예산집행품의를 생략할 수 있다(「부산광역시 회계관리에 관한 규칙」 제4조).

관련 법령

「지방자치단체 회계관리에 관한 훈령」

제11조(예산집행품의) ⑤ 제1항부터 제4항까지의 규정에도 불구하고 다음 각호의 1에 해당하는 경우에는 예산집행 품의를 생략할 수 있다.

1. 직무수행경비 2. 공공요금 3. 제세공과금 4. 인건비 5. 여비 6. 일상경비 교부 등

「부산광역시 회계관리에 관한 규칙」

제4조(예산집행품의) ⑤ 제1항부터 제4항까지의 규정에도 불구하고 다음 각호의 어느 하나에 해당하는 경우에는 예산집행품의를 생략할 수 있다.

1. 직무수행경비 2. 공공요금 및 제세
3. 인건비(단, 일용인부임 및 일시사역인부임은 제외한다)
4. 여비(단, 국외여비는 제외한다) 5. 일상경비 교부

라. 예산집행품의서 작성

사회복지법인 및 시설에서는 물품 구입에 대한 예산집행품의서를 사회복지시설정보시스템에서 작성할 수 있다. 사회복지시설정보시스템에서의 작성방법은 다음과 같다.

사회복지시설정보시스템 작성

❖ 사회복지시설정보시스템(로그인) > 업무시작 > 회계 > 결의및전표관리 > 품의서관리 > 품의서 등록 > 신규에서 등록한다.

① 품의일자와 납기일자, 사업명을 선택한다.

② 행 추가 → 계좌명(수용비 및 수수료), 거래처, 금액, 적요 입력 → 자금원천 선택

③ 물품내역 행 추가 → 품목, 규격, 단위, 수량, 단가, 금액을 입력하고 물품 구분(고정자산, 소모품)을 선택한다. 작성이 완료되면 저장 버튼을 누른다.

※ 입력된 품의서는 출력해서 결재를 받은 후 회계서류로 보관한다.

다음은 근로지원인 양성교육과 관련하여 교육 참여자에게 제공하기 위한 물품 구입 예산집행품의서를 사회복지시설정보시스템에 작성한 것이다.

품의서	결재	경영기획실장	경영이사

세 입 (출) 과 목				발 의	2023/05/16
관	사업비	지 출 원	고재수	결 재	2023/05/16
항	일반사업비	사 업	일반사업	출 납	2023/05/16
목	양성교육사업비	작 성 자	고재수	등 기	2023/05/16

No.	계정과목(세목)	적 요	금액	거 래 처	자금원천
1	근로지원인 양성교육	근로지원인 양성교육 물품 구입	69,900	(주)아주문고	자부담
합 계			69,900		
원인 및 용도					

상기의 원인 용도로 아래와 같이 품의하고자 하오니 (20230516)까지
(구입, 운반, 수선, 인쇄, 지출)할 수 있도록 하여 주시기 바랍니다.

품명	규격	단위	수량	단가	금액	비고
프러스펜	모나미(흑색)	세트	1	3,000	3,000	
프러스펜	모나미(청색)	세트	1	3,000	3,000	
수료증 커버	문화 F696-7 우단	개	21	2,700	56,700	
수료증 용지	용지(A4)	세트	1	4,000	4,000	
견출지	견출지(1000)	세트	4	800	3,200	
합계			28		69,900	

출처: 사회복지법인 나사함복지재단 내부자료

다음은 기안문 형식으로 임·직원 간담회 개최 계획 알림(참석 협조)에 대한 예산집행품의서 작성 사례이다.

나누고 사랑하며 함께하는 복지공동체

사회복지법인 나사함복지재단

수신자 수신자 참조
(경유)

제목 나사함복지재단 임·직원 간담회 개최 계획 알림(참석 협조)

1. 평소 발달장애인 복지 증진을 위해 애쓰시는 임원과 법인 및 시설에서 맡은 바 직무를 성실히 수행하고 계시는 직원에 대해 깊은 감사를 드립니다.
2. 2023회계연도 결산 및 공익법인 세무확인·신고 등 업무를 원활히 수행한 임·직원과 간담회를 다음과 같이 개최하여 그동안의 노고를 격려코자 합니다. (참석하여 주시기 바랍니다.)

가. 간담회 개요
- o 주 재: 사회복지법인 나사함복지재단(대표이사)
- o 일 시: 2024. 5. 14.(화) 18:30~20:30(예정)
- o 개최장소: ○○식당(부산광역시 남구 대연동 소재)
- o 참석인원: 20명(법인 임·직원 및 시설 직원)
- o 내 용: 임·직원 격려 및 재단 발전방안 논의 등

나. 예산 집행
- o 소요금액: 금 600,000원(금 육십만 원) 정도
  - 산출기초: 30,000원 × 20명 = 600,000원
- o 지출방법: 법인 일반운영비 카드결재 및 지출회계 처리
- o 지출과목: (일반사업) 사무비, 업무추진비, 기관운영비. 끝.

사회복지법인 나사함복지재단 대표이사 인

수신자: 나사함복지재단 임원(이사, 감사), 경영기획부장, 장애인복지관장, 주간보호센터장, 나눔·공동·사랑공동가정 원장 귀하

2024. 5. 10.

경영기획실장 고재수 경영이사 김종윤 대표이사 방대유
협조자
시행 나복24-93 (2024. 5. 10.) 접수 - (2024. 5. .)
우 48429 부산광역시 남구 진남로70번길 1, 203호(대연동, 동원빌딩) / nshwf.or.kr
전화 (051)627-8566, FAX (051)715-8567 / nasahamwf@daum.net / 공개

2. 지출원인행위

가. 지출원인행위의 의의

지방자치단체의 지출 원인이 되는 계약이나 그밖의 행위는 지방자치단체의 장이 하되, 소속 공무원에게 위임하여 지출원인행위를 하게 할 수 있다. 지방자치단체의 장이나 그 위임을 받은 공무원이 지출원인행위를 할 때에는 법령, 조례 및 규칙에서 정하는 바에 따라 배정된 예산의 범위에서 하여야 한다. 다만, 다른 법률에 별도의 규정이 있는 경우에는 그러하지 아니하다.

관련 법령

「지방회계법」

제29조(지출원인행위) ① 지방자치단체의 지출 원인이 되는 계약이나 그밖의 행위(이하 "지출원인행위"라 한다)는 지방자치단체의 장이 하되, 소속 공무원에게 위임하여 지출원인행위를 하게 할 수 있다.

② 지방자치단체의 장이나 그 위임을 받은 공무원(이하 "재무관"이라 한다)이 지출원인행위를 할 때에는 법령, 조례 및 규칙에서 정하는 바에 따라 배정된 예산의 범위에서 하여야 한다. 다만, 다른 법률에 별도의 규정이 있는 경우에는 그러하지 아니하다.

지출원인행위란 세출예산(계속비 · 채무부담행위 등 포함)에 대하여 지출의 원인이 되는 계약 및 이미 법령에 의하여 발생되어 있는 채무에 대한 지출을 확정하는 행위를 말한다. 지출원인행위의 주된 내용은 계약이라 할 수 있으나 이외에도 인건비, 경상적경비 지출 결정, 보조금 교부결정, 출연금 교부결정 등이 있다.

나. 지출원인행위 검토사항

지출원인행위 검토사항은 i) 예산집행품의는 제대로 되었는가(특히 예산 배정 범위 내인지, 위임전결 규정 등에 따라 정상적으로 결재가 이루어졌는지 등), ii) 법령, 자치법규, 지침, 예규, 규정 등의 범위 내에서 집행되는 것인지, iii) 회계의 일반원칙은 준수되는지, ⅳ) 예산의 목적 외 사용은 아닌지, ⅴ) 예산과목은 임의 전용되지 않았는지 등이다.

다. 지출원인행위 확인사항

지출원인행위 확인사항은 ⅰ) 지출원인행위 검토사항 저촉 여부, ⅱ) 계약에 의할 경우에 계약상대자, 계약금액, 계약기간 등 계약내용의 정당 여부, 계약보증금 납부 등, ⅲ)지출원인행위 금액은 규정을 준수하여 적정하게 산정하였는지 여부, ⅳ) 집행내용은 예산편성목적과 부합하는지 여부 등이다.

3. 지출 원칙과 방법

가. 지출의 원칙

사회복지법인 및 시설의 지출은 지출사무를 관리하는 자 및 그 위임을 받아 지출명령이 있는 것에 한하여 지출원이 행한다. 지출명령은 예산의 범위 안에서 하여야 한다.

관련 법령

「사회복지법인 및 사회복지시설 재무 · 회계 규칙」

제28조(지출의 원칙) ①지출은 제21조의 규정에 의한 지출사무를 관리하는 자 및 그 위임을 받아 지출명령이 있는 것에 한하여 지출원이 행한다.

② 제1항의 지출명령은 예산의 범위 안에서 하여야 한다.

나. 지출의 방법

지방자치단체 지출원은 현금 지급이 불가피한 경우가 아니면 금고로 하여금 채권자 또는 지방자치단체의 지급사무를 대행하여 처리하는 자의 금융기관 예금계좌로 이체하여 지급하게 하여야 한다. 지출원이 금고로 하여금 채권자등의 예금계좌로 이체하여 지급하게 할 때에는 지급명령서를 금고에 보내야 한다. 이 경우 지방자치단체의 장은 금고와 협의하여 지급명령서를 전자적으로 보내게 할 수 있다. 지방자치단체가 세출예산 집행의 효율성과 책임성을 높이기 위한 기본원칙과 기준은 「지방자치단체 회계관리에 관한 훈령」 [별표 2] 세출예산 성질별 분류에 따른 집행기준과 [별표 4] 지방자치단체구매카드 발급 및 사용기준에 의한다.

관련 법령

「지방회계법 시행령」

제37조(지출의 방법) ① 지출원은 제52조 각호에 해당하는 경우로서 현금 지급이 불가피한 경우가 아니면 금고로 하여금 채권자 또는 제49조에 따라 지방자치단체의 지급사무를 대행하여 처리하는 자(이하 이 조에서 "채권자등"이라 한다)의 금융기관 예금계좌로 이체하여 지급하게 하여야 한다. <개정 2017. 7. 26., 2024. 4. 16.>

② 제1항에 따라 지출원이 금고로 하여금 채권자등의 예금계좌로 이체하여 지급하게 할 때에는 지급명령서를 금고에 보내야 한다. 이 경우 지방자치단체의 장은 금고와 협의하여 지급명령서를 전자적으로 보내게 할 수 있다.

「지방자치단체 회계관리에 관한 훈령」

제13조(세출예산 집행 기준) 지방자치단체가 세출예산 집행의 효율성과 책임성을 높이기 위한 기본원칙과 기준은 다음 각호와 같다.

1. 지방자치단체 세출예산 성질별 분류에 따른 집행기준은 별표 2와 같다.
2. 지방자치단체구매카드 발급 및 사용 기준은 별표 4와 같다.

[별표 2] 세출예산 성질별 분류에 따른 집행기준

[별표 4] 지방자치단체구매카드 발급 및 사용기준 HWP파일 다운로드

사회복지법인 및 시설의 지출은 상용의 경비 또는 소액의 경비지출을 제외하고는 예금통장에 의하거나 「전자문서 및 전자거래 기본법」 제2조제5호에 따른 전자거래로 행하여야 한다. 다만, 시설에 지원되는 국가 또는 지방자치단체의 보조금 지출은 보조금 결제 전용카드나 전용계좌를 이용하여야 한다. 지출원은 상용의 경비 또는 소액의 경비를 지출할 수 있으며, 이를 위하여 100만 원 이하의 현금을 보

관할 수 있다. 상용의 경비 또는 소액의 경비지출의 범위는 시·도지사가 정할 수 있다.

관련 법령

「사회복지법인 및 사회복지시설 재무 · 회계 규칙」

제29조(지출의 방법) ① 지출은 상용의 경비 또는 소액의 경비지출을 제외하고는 예금통장에 의하거나 「전자문서 및 전자거래 기본법」 제2조제5호에 따른 전자거래로 행하여야 한다. 다만, 시설에 지원되는 국가 또는 지방자치단체의 보조금 지출은 보조금 결제 전용카드나 전용계좌를 이용하여야 한다. <개정 2009. 2. 5., 2012. 8. 7., 2012. 8. 31., 2015. 12. 24.>

② 제1항에도 불구하고 지출원은 상용의 경비 또는 소액의 경비를 지출할 수 있으며, 이를 위하여 100만 원 이하의 현금을 보관할 수 있다. <개정 2009. 2. 5., 2012. 8. 7.>

③ 제1항 및 제2항에 따른 상용의 경비 또는 소액의 경비지출의 범위는 시·도지사가 정할 수 있다. <신설 2012. 8. 7.>

다. 지출의 특례

1) 선금 지급

법인의 대표이사와 시설의 장은 ⅰ) 외국에서 직접 구입하는 기계, 도서, 표본 또는 실험용재료의 대가, ⅱ) 정기간행물의 대가, ⅲ) 토지 또는 가옥의 임대료와 용선료, ⅳ) 운임, ⅴ) 소속직원 중 특별한 사정이 있는 자에 대하여 지급하는 급여의 일부, ⅵ) 관공서(「공공기관의 운영에 관한 법률」에 따른 공공기관 및 특별법에 의하여 설립된 특수법인 포함)에 대하여 지급하는 경비, ⅶ) 외국에서 연구 또는 조사에 종사하는 자에 대하여 지급하는 경비, ⅷ) 보조금, ⅸ) 사례금, ⅹ) 계약금액이 1천만 원 이상인 공사나 제조 또는 물건의 매입을 하는 경우에 계약금액의 100분의 50을 초과하지 아니하는 금액에 대하여 선금을 지급할 수 있다.

관련 법령

「사회복지법인 및 사회복지시설 재무 · 회계 규칙」

제30조(지출의 특례) ① 선금지급할 수 있는 경비의 범위는 다음과 같다. <개정 2009. 2. 5., 2019. 9. 27.>

1. 외국에서 직접 구입하는 기계, 도서, 표본 또는 실험용재료의 대가
2. 정기간행물의 대가
3. 토지 또는 가옥의 임대료와 용선료
4. 운임
5. 소속직원 중 특별한 사정이 있는 자에 대하여 지급하는 급여의 일부
6. 관공서(「공공기관의 운영에 관한 법률」에 따른 공공기관 및 특별법에 의하여 설립된 특수법인을 포함한다)에 대하여 지급하는 경비
7. 외국에서 연구 또는 조사에 종사하는 자에 대하여 지급하는 경비
8. 보조금
9. 사례금
10. 계약금액이 1천만 원 이상인 공사나 제조 또는 물건의 매입을 하는 경우에 계약금액의 100분의 50을 초과하지 아니하는 금액

2) 추산금 지급

법인의 대표이사와 시설의 장은 ⅰ) 여비 및 판공비, ⅱ) 관공서(「공공기관의 운영에 관한 법률」에 따른 공공기관 및 특별법에 의하여 설립된 특수법인 포함)에 대하여 지급하는 경비, ⅲ) 보조금, ⅳ) 소송비용에 대하여 추산지급할 수 있다.

관련 법령

「사회복지법인 및 사회복지시설 재무 · 회계 규칙」

제30조(지출의 특례) ② 추산지급할 수 있는 경비의 범위는 다음과 같다. <개정 2009. 2. 5., 2019. 9. 27.>

1. 여비 및 판공비
2. 관공서(「공공기관의 운영에 관한 법률」에 따른 공공기관 및 특별법에 의하여 설립된 특수법인을 포함한다)에 대하여 지급하는 경비
3. 보조금
4. 소송비용

4. 지출결의서 작성

가. 지출결의서의 종류

지방자치단체에서 사용하는 지출결의서는 ⅰ) 일반 지출결의서, ⅱ) 인건비 지출결의서, ⅲ) 여비 지출결의서, ⅳ) 물품(기타) 구입 지출결의서, ⅴ) 공사(용역) 집행(수리·수선) 지출결의서로 구분한다(「지방자치단체 회계관리에 관한 훈령」 [별지 37]~[별지 41]).

나. 지출결의서 작성(사례)

다음은 프로그램실 임대료 지급에 대한 지출결의서를 사회복지시설정보시스템에서 처리하는 방법이다.

사회복지시설정보시스템 처리

❖ 사회복지시설정보시스템(로그인) → 업무시작 → 회계 → 결의및전표관리 → 결의서관리 → 결의서/전표 등록 관리 → 결의서 등록

① 결의구분(지출), 결의일자(2024-05-02), 사업명(일반사업)

② 행 추가 → 계좌(비지정후원금), 계정명(기타운영비), 금액(000,000), 적요(나사함복지재단 프로그램실 2024년 5월 임대료 지급(지출), 자금원천(후원금) 입력 후 저장 버튼을 누른다.

※ 저장된 지출결의서는 결의서출력에서 출력해서 결재를 받은 후 회계서류를 보관한다.

다음은 일반 지출결의서로 프로그램실 임대료 지급에 대한 지출결의서를 사회복지시설정보시스템에서 작성사례이다.

지출결의서	결재	경영기획실장	경영이사

결의서 번호 :	20240502-1		2024년도		(일반) 회계
세 입 (출) 과 목				발의	2024/05/02
관	사무비	수 입 원	김종윤	결재	2024/05/02
항	운영비	사 업	일반사업	출납	2024/05/02
목	기타운영비	작 성 자	고재수	등기	2024/05/02
No.	계정과목(세목)	적 요	금액	거래처	자금원천
1	기타운영비	나사함복지재단 프로그램실 2024년 5월 임대료 지급(지출)	1,000,000		후원금
금액	금 1,000,000원(금 일백만 원)				
비고					

출처: 사회복지법인 나사함복지재단 내부자료

5. 지출 반납금 반납(여입)

지출된 세출의 반납금은 각각 지출한 세출의 당해과목에 다시 넣을 수 있다. 과오납된 수입금은 수입한 세입에서 직접 반환한다.

관련 법령

「사회복지법인 및 사회복지시설 재무 · 회계 규칙」

제26조(과년도 수입과 반납금 여입) ② 지출된 세출의 반납금은 각각 지출한 세출의 당해과목에 다시 넣을 수 있다. <개정 2019. 9. 27.>

지출원은 과오지급과 개산급의 정산결과 생긴 불용액 또는 잔액을 반납하고자 할 때에는 여입결의서를 작성하고 반납(여입)하여야 한다. 반납에 따른 여입(반납)결의서 및 회계장부는 주서(붉은색)로 작성하고 지출액 합산 시에는"–"로 계산한다.

3 계약 방법과 절차

1. 계약의 원칙과 청렴서약

가. 계약의 원칙

계약에 관한 사무는 각각 그 법인의 대표이사와 시설의 장이 처리한다. 법인의 대표이사와 시설의 장은 계약체결에 관한 사무를 소속직원에게 위임할 수 있다.

사회복지법인 및 사회복지시설의 계약에 관한 사항은 「지방자치단체를 당사자로 하는 계약에 관한 법률」, 같은 법 시행령 및 같은 법 시행규칙을 준용한다. 다만, 국가·지방자치단체·법인 외의 자가 설치·운영하는 시설의 경우에는 그러하지 아니하다.

관련 법령

「사회복지법인 및 사회복지시설 재무 · 회계 규칙」

제31조(계약담당자) ① 계약에 관한 사무는 각각 그 법인의 대표이사와 시설의 장이 처리한다.
② 법인의 대표이사와 시설의 장은 계약체결에 관한 사무를 소속직원에게 위임할 수 있다.

제30조의2(계약의 원칙) 계약에 관한 사항은 「지방자치단체를 당사자로 하는 계약에 관한 법률」, 같은 법 시행령 및 같은 법 시행규칙을 준용한다. 다만, 국가·지방자치단체·법인 외의 자가 설치·운영하는 시설의 경우에는 그러하지 아니하다. <개정 2012. 8. 7., 2015. 12. 24.>
[전문개정 2009. 2. 5.]

계약은 상호 대등한 입장에서 당사자의 합의에 따라 체결되어야 하고, 당사자는 계약의 내용을 신의성실의 원칙에 따라 이행하여야 한다. 지방자치단체의 장 또는 계약담당자는 계약을 체결할 때 계약상대자의 계약상 이익을 부당하게 제한하는 특약이나 조건을 정하여서는 아니 되고, 부당한 특약 등은 무효로 한다.

관련 법령

「지방자치단체를 당사자로 하는 계약에 관한 법률」

제6조(계약의 원칙) ① 계약은 상호 대등한 입장에서 당사자의 합의에 따라 체결되어야 하고, 당사자는 계약의 내용을 신의성실의 원칙에 따라 이행하여야 한다. <개정 2023. 4. 11.>

② 지방자치단체의 장 또는 계약담당자는 제5조제1항에 따른 국제입찰의 경우에는 호혜(互惠)의 원칙에 따라 정부조달협정 등에 가입한 국가의 국민과 이들 국가에서 생산되는 물품이나 용역에 대하여 대한민국의 국민과 대한민국에서 생산되는 물품이나 용역과 차별되는 특약이나 조건을 정하여서는 아니 된다.

③ 지방자치단체의 장 또는 계약담당자는 계약을 체결할 때 이 법 및 관계 법령에 규정된 계약상대자의 계약상 이익을 부당하게 제한하는 특약이나 조건(이하 "부당한 특약등"이라 한다)을 정하여서는 아니 되고, 부당한 특약등은 무효로 한다. <신설 2023. 4. 11.> [전문개정 2009. 2. 6.]

나. 계약법령과 행정규칙

지방계약법령에는 「지방자치단체를 당사자로 하는 계약에 관한 법률」 및 같은 법 시행령과 같은 법 시행규칙이 있으며, 행정규칙에는 「지방자치단체 입찰 및 계약집행기준」(행정안전부 예규) 및 「지방자치단체 입찰 시 낙찰자 결정기준」(행정안전부 예규) 등이 있다. 전자조달 법령은 「전자조달의 이용 및 촉진에 관한 법률」 및 같은 법 시행령과 같은 법 시행규칙이 있으며, 전자조달 시스템 이용을 위한 행정규칙에는 「국가종합전자조달시스템 구축 및 운용에 관한 규정」 [조달청고시]와 「국가종합전자조달시스템을 이용한 계약사무처리요령」 [조달청고시] 등이 있다.

다. 계약의 방법

지방자치단체의 장 또는 계약담당자는 계약을 체결하려는 경우에는 이를 공고하여 일반입찰에 부쳐야 한다. 일반입찰에 부치는 경우「지방자치단체를 당사자로 하는 계약에 관한 법률 시행령」으로 정하는 바에 따라 입찰 참가자격을 사전심사하여 적격자만을 입찰에 참가하게 하거나 시공능력, 실적, 기술보유상황, 법인등기부상 본점소재지(개인사업자인 경우에는 사업자등록증 또는 관련 법령에 따른 허가·인가·면허·등록·신고 등에 관련된 서류에 기재된 사업장의 소재지를 말함) 등으로 입찰 참가자격을 제한하여 입찰에 부칠 수 있다. 계약의 목적·성질·규모 및 지역특수성 등을 고려하여 필요하다고 인정되면 참가자를 지명(指名)하여 입찰에 부치거나 수의계약을 할 수 있으며, 지명기준 및 지명절차, 수의계약의 대상범위 및 수의계약상대자의 선정절차, 그밖에 필요한 사항은「지방자치단체를 당사자로 하는 계약에 관한 법률 시행령」으로 정한다. 수의계약을 체결한 경우「지방자치단체를 당사자로 하는 계약에 관한 법률 시행령」으로 정하는 바에 따라 수의계약 내용을 공개하여야 한다. 계약을 체결하는 과정에서 다른 법률에 따른 우선구매 대상이 경합하는 경우에는 계약의 목적이나 규모, 사회적 약자에 대한 배려 수준 등을 고려하여 계약상대자를 결정하여야 한다.

관련 법령

「지방자치단체를 당사자로 하는 계약에 관한 법률」

제9조(계약의 방법) ① 지방자치단체의 장 또는 계약담당자는 계약을 체결하려는 경우에는 이를 공고하여 일반입찰에 부쳐야 한다. 다만, 계약의 목적·성질·규모 및 지역특수성 등을 고려하여 필요하다고 인정되면 참가자를 지명(指名)하여 입찰에 부치거나 수의계약을 할 수 있다. <개정 2013. 8. 6.>

② 제1항 본문에 따라 일반입찰에 부치는 경우 대통령령으로 정하는 바에 따라 입찰 참가자격을 사전심사하여 적격자만을 입찰에 참가하게 하거나 시공능력, 실적, 기술보유상황, 법인등기부상 본점소재지(개인사업자인 경우에는 사업자등록증 또는 관련 법령에 따른 허가·인가·면허·등록·신고 등에 관련된 서류에 기재된 사업장의 소재지를 말한다. 이

하 같다) 등으로 입찰 참가자격을 제한하여 입찰에 부칠 수 있다. <개정 2018. 12. 24.>
③ 제1항 단서에 따른 지명기준 및 지명절차, 수의계약의 대상범위 및 수의계약상대자의 선정절차, 그밖에 필요한 사항은 대통령령으로 정한다.
④ 지방자치단체의 장 또는 계약담당자는 제1항 단서에 따라 수의계약을 체결한 경우 대통령령으로 정하는 바에 따라 수의계약 내용을 공개하여야 한다.
⑤ 제1항에 따라 계약을 체결하는 과정에서 다른 법률에 따른 우선구매 대상이 경합하는 경우에는 계약의 목적이나 규모, 사회적 약자에 대한 배려 수준 등을 고려하여 계약상대자를 결정하여야 한다. <신설 2017. 12. 26.> [전문개정 2009. 2. 6.]

라. 수의계약 운용 요령

다음은「지방자치단체 입찰 및 계약집행기준」[시행 2024. 4. 1.] [행정안전부예규 제282호, 2024. 3. 28., 일부개정] 제5장 수의계약 운영요령, 제2절 수의계약 유형별 구분이다.

≪수의계약 운용요령 유형별 구분≫

<table>
<tr><th rowspan="2">구분</th><th rowspan="2">유형</th><th colspan="4">주 요 내 용</th><th rowspan="2">견적서
제출방법</th></tr>
<tr><th>종합공사</th><th>전문공사</th><th>전기 등
그밖의 공사</th><th>용역·물품 기타</th></tr>
<tr><td>2인 이상
견적제출</td><td>금액기준</td><td>추정가격
4억 원 이하</td><td>추정가격
2억 원 이하</td><td>추정가격
1억 6천만 원 이하</td><td>추정가격
1억 원 이하</td><td rowspan="2">• 지정정보처리장치에 의한 계약
• 예외: 제6절 및 1인 견적 제출 가능의 경우</td></tr>
<tr><td>1인 견적
제출가능</td><td>금액기준</td><td colspan="4">추정가격 2천만 원 이하(다음의 어느 하나에 해당하는 기업 또는 조합과 계약을 체결하는 경우에는 5천만 원 이하. 다만 3.부터 6.까지에 해당하는 기업 또는 조합의 경우에는 취약계층 고용비율 30% 이상인 경우만 해당)
1.「여성기업지원에 관한 법률」제2조제1호에 따른 여성기업
2.「장애인기업활동 촉진법」제2조제2호에 따른 장애인기업
3.「사회적기업 육성법」제2조제1호에 따른 사회적기업
4.「협동조합 기본법」제2조제3호에 따른 사회적협동조합
5.「국민기초생활 보장법」제18조에 따른 자활기업
6.「도시재생 활성화 및 지원에 관한 특별법」제2조제1항제9호에 따른 마을기업으로서「마을기업 육성사업 시행지침」에 적합한 기업
※ 취약계층 고용비율 확인서 발급기준은 〈별표 3〉에 따른다.</td></tr>
</table>

<table>
<tr><th rowspan="2">구분</th><th rowspan="2">유형</th><th colspan="4">주 요 내 용</th><th rowspan="2">견적서
제출방법</th></tr>
<tr><th>종합공사</th><th>전문공사</th><th>전기 등
그밖의 공사</th><th>용역·물품 기타</th></tr>
<tr><td rowspan="2">1인 견적
제출가능</td><td>하자곤란
등</td><td colspan="4">• 하자구분곤란, 혼잡, 마감공사 및 특허공법 등에 따른 수의계약(시행령제25조제1항제4호 가·나·다·마목)</td><td rowspan="2"></td></tr>
<tr><td>천재지변
등</td><td colspan="4">• 천재지변, 작전상의병력이동, 긴급한 행사 등 입찰에 부칠 여유가 없는 경우 등(시행령 제25조제1항제1호~제3호, 제4호라목·바~하목, 제6호~제8호)
• 계약을 해제·해지한 경우(시행령 제27조)
• 재공고입찰결과 입찰이 성립하지 아니하거나 낙찰자가 없는 경우(시행령제26조제1항)
• 시행령 제95조제1항제4호에 따른 대안입찰, 같은 항 제5호에 따른 일괄입찰 또는 제127조제2호·제3호에 따른 기술제안입찰로 발주되었으나 재공고입찰 결과 입찰자가 1인뿐인 경우
• 지정정보처리장치를 이용하여 견적서를 제출받았으나 견적서 제출자가 1인뿐인 경우로서 다시 견적서를 제출받더라도 견적서 제출자가 1인뿐일 것으로 명백히 예상되는 경우(시행령 제30조 제1항 제3호)</td></tr>
</table>

출처: 법제처(국가법령정보센터) 행정규칙 >「지방자치단체 입찰 및 계약집행기준」> 첨부파일 > [개정전문] 지방자치단체 입찰 및 계약집행기준 >제5장 수의계약 운영요령, 제2절 수의계약 유형별 구분 pp.164-165

다음은「지방자치단체 입찰 및 계약집행기준」[시행 2024. 4. 1.] [행정안전부예규 제282호, 2024. 3. 28., 일부개정] 제5장 수의계약 운영요령, 제3절 수의계약 대상과 운영요령 1. 금액기준에 따른 2인 이상 견적서 제출 수의계약 대상이다.

≪금액기준 2인 이상 견적서 제출 수의계약≫

<table>
<tr><th rowspan="2">구분</th><th rowspan="2">유형</th><th colspan="4">주 요 내 용</th><th rowspan="2">견 적 서
제출방법</th></tr>
<tr><th>종합공사</th><th>전문공사</th><th>전기 등
그밖의 공사</th><th>용역·물품
기타</th></tr>
<tr><td>2인 이상
견적제출</td><td>금액기준</td><td>추정가격
4억 원 이하</td><td>추정가격
2억 원 이하</td><td>추정가격
1억 6천만 원 이하</td><td>추정가격
1억 원 이하</td><td>• 지정정보처리장치에 의함
• 예외: 제6절 참조</td></tr>
</table>

출처: 법제처(국가법령정보센터) 행정규칙 >「지방자치단체 입찰 및 계약집행기준」> 첨부파일 > [개정전문] 지방자치단체 입찰 및 계약집행기준 > 제5장 수의계약 운영요령, 제3절 수의계약 대상과 운영요령 p.165

다음은「지방자치단체 입찰 및 계약집행기준」[시행 2024. 4. 1.] [행정안전부예규 제282호, 2024. 3. 28., 일부개정] 제5장 수의계약 운영요령, 제3절 수의계약 대상과 운영요령 2. 금액기준에 따른 1인 견적서 제출 가능 수의계약 대상이다.

≪금액기준 1인 견적서 제출 가능 수의계약≫

<table>
<tr><th rowspan="2">구분</th><th rowspan="2">유형</th><th colspan="4">주 요 내 용</th><th rowspan="2">견 적 서
제출방법</th></tr>
<tr><th>종합공사</th><th>전문공사</th><th>전기 등
그밖의 공사</th><th>용역·물품
기타</th></tr>
<tr><td>1인 견적
제출가능</td><td>금액
기준</td><td colspan="4">추정가격 2천만 원 이하(다음의 어느 하나에 해당하는 기업 또는 조합과 계약을 체결하는 경우에는 5천만 원 이하. 다만 3.부터 6.까지에 해당하는 기업 또는 조합의 경우에는 취약계층 고용비율 30% 이상인 경우만 해당
1.「여성기업지원에 관한 법률」 제2조제1호에 따른 여성기업
2.「장애인기업활동 촉진법」 제2조제2호에 따른 장애인기업
3.「사회적기업 육성법」 제2조제1호에 따른 사회적기업
4.「협동조합 기본법」 제2조제3호에 따른 사회적협동조합
5.「국민기초생활 보장법」 제18조에 따른 자활기업
6.「도시재생 활성화 및 지원에 관한 특별법」 제2조제1항제9호에 따른 마을기업)으로서「마을기업 육성사업 시행지침」에 적합한 기업
※ 취약계층 고용비율 확인서 발급기준은 〈별표 3〉에 따른다.</td><td>• 지정정보처리장치에 의한 계약
• 예외: 1인 견적 제출 가능의 경우</td></tr>
</table>

출처: 법제처(국가법령정보센터) 행정규칙 >「지방자치단체 입찰 및 계약집행기준」> 첨부파일 > [개정전문] 지방자치단체 입찰 및 계약집행기준 > 제5장 수의계약 운영요령, 제3절 수의계약 대상과 운영요령 pp.168-169

마. 청렴서약서 제출

지방자치단체의 장 또는 계약담당자는 계약의 투명성과 공정성을 높이기 위하여 입찰참가자 또는 수의계약(隨意契約)의 계약상대자에게 청렴서약서를 제출하도록 하여야 한다. 청렴서약서에는 ⅰ) 입찰, 낙찰, 계약의 체결 및 이행, 감독, 검사와 관련된 직접 또는 간접적인 사례(謝禮), 증여, 금품·향응 제공 금지에 관한 사항, ⅱ) 특정인의 낙찰을 위한 담합 등 입찰의 자유경쟁을 방해하는 행위나 불공정한 행위의 금지에 관한 사항, ⅲ) 그밖에 계약의 투명성과 공정성을 높이기 위하여 공정한 직무수행을 방해하는 알선·청탁을 통하여 입찰 또는 계약과 관련된 특정 정보의 제공을 요구하거나 받는 행위의 금지에 관한 사항이 포함되어야 한다.

관련 법령

「지방자치단체를 당사자로 하는 계약에 관한 법률」

제6조의2(청렴서약제) ① 지방자치단체의 장 또는 계약담당자는 계약의 투명성과 공정성을 높이기 위하여 입찰참가자 또는 수의계약(隨意契約)의 계약상대자에게 청렴서약서를 제출하도록 하여야 한다.

② 제1항에 따른 청렴서약서에는 다음 각호의 사항이 포함되어야 한다.

1. 입찰, 낙찰, 계약의 체결 및 이행, 제16조에 따른 감독, 제17조에 따른 검사와 관련된 직접 또는 간접적인 사례(謝禮), 증여, 금품·향응 제공 금지에 관한 사항
2. 특정인의 낙찰을 위한 담합 등 입찰의 자유경쟁을 방해하는 행위나 불공정한 행위의 금지에 관한 사항
3. 그밖에 계약의 투명성과 공정성을 높이기 위하여 대통령령으로 정하는 사항

[본조신설 2013. 8. 6.]

「지방자치단체를 당사자로 하는 계약에 관한 법률 시행령」

제5조의2(청렴서약의 내용과 체결절차) ① 법 제6조의2제2항제3호에서 "대통령령으로 정하는 사항"이란 공정한 직무수행을 방해하는 알선·청탁을 통하여 입찰 또는 계약과 관련된 특정 정보의 제공을 요구하거나 받는 행위의 금지에 관한 사항을 말한다.

② 지방자치단체의 장 또는 계약담당자는 입찰자 및 계약상대자로 하여금 입찰서를 제출할 때 또는 수의계약을 체결할 때 법 제6조의2에 따라 청렴서약서를 제출하게 하여야 한다.

[본조신설 2014. 2. 5.]

2. 계약서 작성과 생략

가. 계약서 작성

지방자치단체의 장 또는 계약담당자는 계약을 체결하려는 경우에는 계약의 목적, 계약금액, 이행기간, 계약보증금, 위험부담, 지연배상금(遲延賠償金), 그밖에 필요한 사항을 명백히 적은 계약서를 작성하여야 한다. 계약상대자를 결정한 경우에는 지체 없이「지방자치단체를 당사자로 하는 계약에 관한 법률 시행규칙」[별지 제7호서식] 공사도급 표준계약서, [별지 제8호서식] 물품제조·구매 등 표준계약서, [별지 제9호서식] 용역 표준계약서의 표준계약서에 따라 계약을 체결하여야 한다.

관련 법령

「지방자치단체를 당사자로 하는 계약에 관한 법률」

제14조(계약서의 작성 및 계약의 성립) ① 지방자치단체의 장 또는 계약담당자는 계약을 체결하려는 경우에는 계약의 목적, 계약금액, 이행기간, 계약보증금, 위험부담, 지연배상금(遲延賠償金), 그밖에 필요한 사항을 명백히 적은 계약서를 작성하여야 한다. 다만, 대통령령으로 정하는 경우에는 계약서의 작성을 생략할 수 있다. <개정 2013. 8. 6.> [전문개정 2009. 2. 6.]

「지방자치단체를 당사자로 하는 계약에 관한 법률 시행령」

제49조(계약서의 작성) 법 제14조제1항에 따라 지방자치단체의 장 또는 계약담당자가 작성하는 계약서의 서식과 그밖에 필요한 사항은 행정안전부령으로 정한다. <개정 2014. 11. 19., 2017. 7. 26.>

[전문개정 2014. 2. 5.]

「지방자치단체를 당사자로 하는 계약에 관한 법률 시행규칙」

제47조(계약서의 작성) ① 지방자치단체의 장 또는 계약담당자는 계약상대자를 결정한 경우에는 지체 없이 별지 제7호서식, 별지 제8호서식 또는 별지 제9호서식의 표준계약서에 따라 계약을 체결하여야 한다. <개정 2014. 2. 7.>

② 지방자치단체의 장 또는 계약담당자는 제1항에 따른 표준계약서에 적힌 계약 일반사항 외에 해당 계약에 필요한 특약사항을 명시하여 계약을 체결할 수 있다.

③ 지방자치단체의 장 또는 계약담당자는 제1항에 따른 서식에 따르기 곤란하다고 인정될 때에는 이와 다른 계약서 서식에 따라 계약을 체결할 수 있다.

④ 지방자치단체의 장 또는 계약담당자는 영 제53조제1항제1호·제3호에 따라 계약보증금의 납부를 면제하는 경우에는 계약서에 그 사유 및 면제금액을 적고 계약보증금 지급각서를 제출하게 하여 첨부하여야 한다. [전문개정 2010. 11. 5.]

[별지 제7호서식] 공사도급 표준계약서

[별지 제8호서식] 물품제조·구매 등 표준계약서

[별지 제9호서식] 용역 표준계약서

나. 계약서 작성 생략

지방자치단체의 장 또는 계약담당자는 i) 계약금액이 5천만 원 이하인 계약을 체결하는 경우, ii) 경매에 부치는 경우, iii) 물품을 매각할 때 매수인이 즉시 대금을 내고 그 물품을 인수하는 경우, iv) 국가기관과 계약을 체결하거나 다른 지방자치단체와 계약을 체결하는 경우, v) 전기·가스·수도의 공급계약 등 그 계약의 성질상 계약서를 작성할 필요가 없는 경우에는 계약서 작성을 생략할 수 있다.

관련 법령

「지방자치단체를 당사자로 하는 계약에 관한 법률」

제14조(계약서의 작성 및 계약의 성립) ① 지방자치단체의 장 또는 계약담당자는 계약을 체결하려는 경우에는 계약의 목적, 계약금액, 이행기간, 계약보증금, 위험부담, 지연배상금(遲延賠償金), 그밖에 필요한 사항을 명백히 적은 계약서를 작성하여야 한다. 다만, 대통령령으로 정하는 경우에는 계약서의 작성을 생략할 수 있다. <개정 2013. 8. 6.> [전문개정 2009. 2. 6.]

「지방자치단체를 당사자로 하는 계약에 관한 법률 시행령」

제50조(계약서 작성의 생략 등) ① 법 제14조제1항 단서에 따라 계약서의 작성을 생략할 수 있는 경우는 다음 각호와 같다. <개정 2014. 2. 5.>

1. 계약금액이 5천만 원 이하인 계약을 체결하는 경우
2. 경매에 부치는 경우
3. 물품을 매각할 때 매수인이 즉시 대금을 내고 그 물품을 인수하는 경우
4. 국가기관과 계약을 체결하거나 다른 지방자치단체와 계약을 체결하는 경우
5. 전기·가스·수도의 공급계약 등 그 계약의 성질상 계약서를 작성할 필요가 없는 경우

② 법 제14조제2항에서 "천재지변 등 대통령령으로 정하는 경우"란 천재지변·전산장애 또는 그밖의 부득이한 사유로 정보처리장치를 이용할 수 없는 경우를 말한다. <신설 2014. 2. 5.>

[전문개정 2010. 7. 26.] [제목개정 2014. 2. 5.]

3. 용약계약 실무(사례)

사회복지법인 나사함복지재단과 부광세무법인 센텀지점이 2023회계연도 공익법인 세무확인·보고 및 결산서류 공시 등 용역 계약 사례이다.

[별지 제9호서식] 〈개정 2010. 11. 5.〉 (앞쪽)

<table>
<tr><td colspan="3" rowspan="2">공익법인 세무확인등 용역 계약서</td><td>계약번호 제 호</td></tr>
<tr><td>공고번호 제 호</td></tr>
<tr><td rowspan="2">계약서</td><td>발주처</td><td colspan="2">사회복지법인 나사함복지재단
(고유번호 617-82-07224, 연락처 051-627-8566)</td></tr>
<tr><td>계약상대자</td><td>• 상호명: 부광세무법인 센텀지점
• 주 소: 부산 해운대구 센텀서로 30(우동 1468)
• 대 표: 세무사 박금주</td><td>• 사업자등록번호
617-85-42974
• 전화번호
010-3180-9478</td></tr>
<tr><td rowspan="8">계약내용</td><td>계 약 명</td><td colspan="2">2023회계연도 공익법인 세무확인·보고 및 결산서류 공시 등 용역</td></tr>
<tr><td>계약금액</td><td colspan="2">• 용역비: ₩ 3,000,000원(금 삼백만 원) ※ 부가가치세 별도</td></tr>
<tr><td>총계약부기금액</td><td colspan="2">–</td></tr>
<tr><td>계약보증금</td><td colspan="2">–</td></tr>
<tr><td>지연배상금률</td><td colspan="2">1,000분의 1.3(0.13%)</td></tr>
<tr><td>계약기간</td><td colspan="2">2024. 3. 1.~2024. 5. 10.</td></tr>
<tr><td>위치</td><td colspan="2">부산광역시 남구 진남로70번길 1, 203호(대연동 1508-32)</td></tr>
<tr><td>그밖의 사항</td><td colspan="2">–</td></tr>
<tr><td colspan="4">사회복지법인 나사함복지재단과 부광세무법인 센텀지점은 따로붙임과 같이 2023회계연도 공익법인 세무확인·보고 및 결산서류 공시 등에 대한 용역 계약을 체결하고, 신의에 따라 성실히 계약상의 의무를 이행할 것을 확약하며, 계약의 증거로 계약서를 작성하여 당사자가 기명날인 한 후 각각 1부씩 보관한다.

붙임 2023회계연도 공익법인 세무확인·보고 및 결산서류 공시 등 용역 계약내용 1부. 끝.

2024. 3. 1.

사회복지법인 나사함복지재단 대표이사 방대유 (인)
부광세무법인 센텀지점 대 표 박금주 (인)</td></tr>
</table>

210㎜×297㎜
(신문용지 54g/㎡)

[붙임 1]

2023회계연도 공익법인 세무확인·보고 및 결산서류 공시 등 용역 계약내용

제1조(계약의 명칭) 이 계약의 명칭은 사회복지법인 나사함복지재단의 "2023회계연도 공익법인 세무확인·보고 및 결산서류 공시 등 용역"으로 한다.

제2조(목적) 이 계약은 사회복지법인 나사함복지재단(이하"나사함복지재단"이라 한다)과 부광세무법인 센텀지점(이하"센텀지점"이라 한다)은 나사함복지재단 2023회계연도 공익법인 세무확인·보고 및 결산서류 공시 등(이하"세무 확인 등"이라 한다.) 계약을 수행하면서 필요한 사항을 규정함을 목적으로 한다.

제3조(계약기간 등) ① 이 세무확인 등 용역 계약기간은 2024년 3월 1일부터 2024년 5월 10일까지로 한다.

제4조(대상 법인 · 시설) ① 센텀지점의 세무 확인 등 대상 나사함복지재단 법인·시설의 현황은 다음과 같다.

<table>
<tr><th rowspan="2">시 설 명</th><th rowspan="2">위치</th><th rowspan="2">층수</th><th colspan="6">면적(㎡)</th><th rowspan="2">소유</th></tr>
<tr><th>계</th><th>사무공간</th><th>대강당</th><th>프로그램실</th><th>식당</th><th>기타</th></tr>
<tr><td>재단
(경영기획실)</td><td>남구 진남로70번길 1 203호
(대연동 1508-32)</td><td>지상2층</td><td>158.67</td><td>51.58</td><td>-</td><td>77.70</td><td>-</td><td>29.39</td><td>임차</td></tr>
<tr><td>나사함발달
장애인복지관</td><td>남구 못골번영로 70
(대연동 1483-9)</td><td>지하1층
지상4층</td><td>906.21</td><td>61.00</td><td>87.32</td><td>260.40</td><td>84.95</td><td>412.54</td><td>법인</td></tr>
<tr><td>나사함
주간보호센터</td><td>남구 못골번영로 70
(대연동 1483-9)</td><td>지상3층</td><td>106.41</td><td>12.13</td><td>-</td><td>80.03</td><td>-</td><td>14.25</td><td>법인</td></tr>
<tr><td>나눔공동가정</td><td rowspan="2">남구 문현로23번길 30
(문현동 127-38)</td><td rowspan="2">지상4층</td><td rowspan="2">433.62</td><td rowspan="2">94.8</td><td rowspan="2">-</td><td rowspan="2">88.07</td><td rowspan="2">-</td><td rowspan="2">250.75
(주거공간)</td><td rowspan="2">임차</td></tr>
<tr><td>공동생활가정</td></tr>
<tr><td>사랑공동가정</td><td>수영구 무학로34번길 36
(광안동 120-82)</td><td>지상2층</td><td>127.94</td><td>15.12</td><td>-</td><td>10.0</td><td>-</td><td>102.82
(주거공간)</td><td>임차</td></tr>
</table>

② 나사함복지재단 법인·시설 2023회계연도 세입·세출결산 총괄 및 항목별 세입·결산 내역은 [붙임 1]과 같다.

제5조(자료 제출 등) ① 나사함복지재단(법인)은 센텀지점의 세무 확인 등을 위한 법인 및 시설 운영 관련 다음 각호의 자료를 성실히 작성하여, 출력물을 2024년 3월 31일까지 우편(엑셀파일은 메일)으로 제출하여야 한다.

1. 법인등기사항증명서(말소사항 포함), 법인 설립허가증 2. 사업자등록증(고유번호증)
3. 정관, 기본재산 목록, 토지 · 건물 등기사항증명서 4. 차량운반구 및 비품 목록(고정자산대장)
5. 예금잔액증명서(2023. 12. 31. 기준) 6. 부채증명서(2023. 12. 31. 기준)
7. 이자소득 원천징수영수증 8. 결산총괄표, 세입 · 세출결산서, 자금현황표
9. 기부금품의 수입 및 지출 명세서 10. 출연재산 사용명세서
11. 이사 등 선임명세서 12. 수익사업 법인세 세무조정 신고하는 경우
13. 주무관청 제출하는 대차대조표 및 손익계산서(수지계산서 등 포함) 서류 등

② 나사함복지재단은 센텀지점이 세무 확인 등을 위해 법인(경영기획실) 및 운영시설을 방문할 때, 장소 및 세무 확인 등 관련 자료 제공과 사회서비스정보시스템 및 사회복지시설정보시스템 열람 등에 적극 협조하여야 한다.

제6조(세무 확인 등) ① 센텀지점은 나사함복지재단 다음 각호의 사항에 대하여 세무 확인과 관할 국세청장(세무서장)에게 보고하고, 공시 · 공개한다. 보고 · 공시 · 공개는 국세청홈택스에 게시하는 방법에 의하며, 기한은 2024년 4월 30일까지로 한다.

1. 「상속세 및 증여세법」 제50조에 의한 공익법인 등의 세무 확인
2. 「상속세 및 증여세법 시행령」 제41조에 의한 출연재산 명세의 보고 등
3. 「상속세 및 증여세법」 및 같은 법 제50조의3에 의한 공익법인 등의 결산서류 등의 공시
4. 「법인세법 시행령」 제39조제5항제3호에 의한 기부금 모금액 및 활용실적 공개

② 센텀지점은 제1항의 기간 내에 세무 확인 등을 성실히 수행하여야 하며, 공시 내용에 오류가 있어, 국세청장이 오류를 시정하도록 요구할 때 이를 수정하여야 한다.

③ 센텀지점은 제1항에 따른 세무 확인 등에 대한 다음 각호의 자료 3부를 세무 확인 등이 완료된 날로부터 5일 이내에, 나사함복지재단에 제출하여야 한다.

1. 공익법인 출연재산 등에 대한 보고서
2. 공익법인 등의 세무확인서
3. 공익법인 결산서류 등의 공시 내용

제7조(용역비 등) ① 나사함복지재단이 제6조에 의한 세무 확인 등에 지급할 용역비는 금 3,000,000원(금 삼백만 원)으로 제6조제3항에 의한 자료 제출 5일 이내에 지급한다.

② 제6조제3항에 의한 자료 인쇄 비용은 용역비에 포함되며, 그 외 자료 인쇄 등으로 발생하는 비용은 나사함복지재단이 부담한다.

③ 나사함복지재단은 어떠한 명목으로도 센텀지점으로부터 금전 또는 재산상의 이익이나 그밖의 반대급부(反對給付)를 받지 못한다.

④ 센텀지점은 제6조제1항에 의한 세무 확인 등과 같은 조 제3항에 의한 자료 제출이 지연되면 「지방자치단체를 당사자로 하는 계약에 관한 법률」 제30조 및 같은 법 시행령 제90조, 같은 법 시행규칙 제75조제3호에서 정한 지연배상금을 나사함복지재단에 납부하여야 한다.

제8조(센텀지점의 의무와 책임) ① 센텀지점은 계약 업무를 성실히 수행하여야 하며, 「지방자치단체를 당사자로 하는 계약에 관한 법률」, 같은 법 시행령, 같은 법 시행규칙과 행정안전부 예규인 「지방자치단체 입찰 및 계약집행기준」 및 계약 사항을 준수하여야 한다.

② 센텀지점은 나사함복지재단 세무 확인 등 계약 체결 및 이행하면서 「지방자치단체를 당사자로 하는 계약에 관한 법률」 제6조의2의 규정에 따라 금지에 관한 사항을 준수하고 청렴하게 업무를 추진할 것을 서약하는 청렴서약서 [붙임 2]를 계약과 동시에 나사함복지재단에 제출하여야 한다.

③ 센텀지점은 정당한 사유 없이 직무상 알게 된 사실을 다른 사람에게 누설하여서는 아니 되며, 이 계약을 통하여 얻은 개인정보에 대하여 목적 외에 이용하거나 제삼자에게 제공하여서는 아니 된다.

제9조(계약의 해지 등) ① 나사함복지재단은 다음 각호의 어느 하나에 해당하면 계약을 해지할 수 있다.

1. 센텀지점이 계약조건을 위반한 경우
2. 센텀지점이 관련 법령이나 조례·규칙·지침을 위반한 경우

② 나사함복지재단은 제1항 각호의 어느 하나에 해당하는 사유로 계약을 해지하려면 해지일 3일 전에 센텀지점에 해지 의사를 문서로 통보하여야 한다.

③ 센텀지점은 제1항 각호의 사유로 계약이 해지된 때에는 계약 해지로 인한 손해배상 및 부당이득반환 청구 등을 할 수 없다.

제10조(계약의 해석 등) ① 이 계약서에 명시되지 아니한 사항에 대해서는 「지방자치단체를 당사자로 하는 계약에 관한 법률」, 같은 법 시행령 및 시행규칙, 「지방자치단체 입찰 및 계약 집행기준」 등 관계 법령을 적용한다.

② 제1항 및 이 계약에 관하여 해석상 이견이 있거나 계약서에 규정되지 아니한 사항은 상호 합의하여 결정하되, 합의가 이루어지지 아니할 때는 전문가 의견을 들어 결정한다.

③ 이 계약과 관련한 법적 분쟁의 관할은 나사함복지재단 소재지를 관할하는 법원으로 한다.

제11조(계약의 효력 등) 이 계약서의 효력은 계약기간 시작일인 2024년 3월 1일부터 발생하며, 계약기간의 만료 또는 계약이 해지되는 날까지 효력이 있다.

[붙임 1]

나사함복지재단 2023회계연도 결산 내역

□ 세입·세출 결산총괄

(금액단위: 원)

구분	법인(재단)			발달장애인복지관			주간보호 센 터	나눔공동 가 정	공동생활 가 정	사랑공동 가 정	합계
	일반사업	근로지원인	소계	일반사업	주간활동	소계					
최종예산액	114,238,913	728,712,388	872,951,301	1,925,623,605	311,926,580	2,237,550,185	201,714,375	108,322,000	104,000,000	105,480,000	3,630,017,861
세입결산액	141,977,373	676,356,979	818,334,352	1,884,854,797	305,406,719	2,190,261,516	198,740,541	108,100,270	103,543,671	105,044,285	3,524,024,635
세출결산액	138,123,890	673,312,911	811,436,801	1,671,803,863	245,944,839	1,917,748,702	172,528,507	95,343,438	99,483,306	102,077,848	3,198,618,602
집행잔액	6,115,023	55,399,477	61,514,500	253,819,742	65,981,741	319,801,483	29,185,868	12,978,562	4,516,694	3,402,152	431,399,259
집 행 률	95.76%	92.40%	92.95%	86.82%	78.85%	85.71%	85.53%	88.02%	95.66%	96.77%	88.12%
세계잉여금	3,853,483	3,044,068	6,897,551	213,050,934	59,461,880	272,512,814	26,212,034	12,756,832	4,060,365	2,966,437	325,406,033

□ 항목별 세입결산 내역

(금액단위: 원)

구분	법인(재단)			발달장애인복지관			주간보호 센 터	나눔공동 가 정	공동생활 가 정	사랑공동 가 정	합계
	일반사업	근로지원인	소계	일반사업	주간활동	소계					
재산수입	2,150,063	–	2,150,063	–	–	–	–	–	–	–	2,150,063
입소자부담금	–	–	–	–	–	–	–	7,420,000	7,400,000	9,200,000	24,020,000
사업수입	16,112,670	629,244,790	645,357,460	177,574,420	294,252,650	471,827,070	31,145,000	–	–	–	1,148,329,530
보조금수입	–	–	–	1,135,118,550	–	1,135,118,550	140,867,530	70,250,360	77,786,220	85,923,230	1,509,945,890
후원금수입	68,777,651	–	68,777,651	370,667,720	–	370,667,720	3,014,000	16,043,794	10,670,281	4,130,121	473,303,567
전입금	–	–	–	–	–	–	–	7,000,255	2,000,000	–	9,000,255
이월금	51,036,713	47,111,388	98,148,101	200,676,665	11,150,364	211,827,029	23,679,373	6,682,873	5,086,441	5,070,515	350,494,332
잡수입	3,900,276	801	3,901,077	817,442	3,705	821,147	34,638	702,988	600,729	720,419	6,780,998
계	141,977,373	676,356,979	818,334,352	1,884,854,797	305,406,719	2,190,261,516	198,740,541	108,100,270	103,543,671	105,044,285	3,524,024,635

□ 항목별 세출결산 내역

(금액단위: 원)

구분	법인(재단)			발달장애인복지관			주간보호 센 터	나눔공동 가 정	공동생활 가 정	사랑공동 가 정	합계
	일반사업	근로지원인	소계	일반사업	주간활동	소계					
사무비	87,092,302	669,948,771	757,041,073	1,118,565,830	168,040,909	1,286,606,739	133,362,037	73,161,045	78,934,213	83,287,028	2,412,392,135
재산조성비	20,439,980	1,352,630	21,792,610	4,756,740	9,487,510	14,244,250	–	11,572,970	7,913,430	4,886,760	60,410,020
사업비	21,591,608	2,011,510	23,603,118	532,613,688	68,416,420	601,030,108	39,166,470	10,608,948	12,635,230	13,904,060	700,947,934
전출금	9,000,000	–	9,000,000	–	–	–	–	–	–	–	9,000,000
잡지출	–	–	–	–	–	–	–	–	–	–	–
예비비 및 기타	–	–	–	15,867,605		15,867,605		475	433		15,868,513
계	138,123,890	673,312,911	811,436,801	1,671,803,863	245,944,839	1,917,748,702	172,528,507	95,343,438	99,483,306	102,077,848	3,198,618,602

[붙임 2]

청 렴 서 약 서

부광세무법인 센텀지점(대표 박금주)은 사회복지법인 나사함복지재단(대표 방대유)과 나사함복지재단 "2023회계연도 공익법인 세무확인·보고 및 결산서류 공시 등" 용역 계약 체결 및 이행함에 있어서 「지방자치단체를 당사자로 하는 계약에 관한 법률」 제6조의2의 규정에 따라 다음 각호의 금지에 관한 사항을 준수하고 청렴하게 업무를 추진할 것을 서약합니다.

1. 계약의 체결 및 이행에 따른 회계감사 및 보고서 작성과 관련된 직접 또는 간접적인 사례(謝禮), 증여, 금품·향응 제공 금지에 관한 사항
2. 계약의 투명성과 공정성을 높이기 위해 공정한 직무수행을 방해하는 알선·청탁을 통하여 계약과 관련된 특정 정보의 제공을 요구하거나 받는 행위의 금지에 관한 사항 등

2024. 3. 1.

부광세무법인 센텀지점
대표 세무사 박 금 주 (인)

사회복지법인 나사함복지재단 대표이사 귀하

출처: 사회복지법인 나사함복지재단 내부자료

4. 대가(준공금) 지급

지방자치단체의 장 또는 계약담당자는 공사·물품·용역, 그밖에 재정지출의 부담이 되는 계약에서는 검사한 후 또는 검사조서를 작성한 후에 그 대가를 지급하여야 한다(「지방자치단체를 당사자로 하는 계약에 관한 법률」 제18조 및 제1항).

대가는 계약상대자로부터 대가 지급의 청구를 받은 날부터 검사를 완료한 후 계약상대자의 청구를 받은 날부터 5일 이내에 지급하여야 한다(「지방자치단체를 당사자로 하는 계약에 관한 법률 시행령」 제67조제1항).

5. 지연배상금

지방자치단체의 장 또는 계약담당자는 정당한 사유 없이 계약의 이행을 지체한 계약상대자로 하여금 ⅰ) 공사의 경우 1,000분의 0.5, ⅱ) 물품의 제조·구매(소프트웨어사업 시 물품과 용역을 한꺼번에 입찰에 부치는 경우 포함)의 경우 1,000분의 0.8(계약 이후 설계와 제조가 일괄하여 이루어지고, 그 설계에 대하여 발주한 지방자치단체의 장의 승인이 필요한 물품의 제조·구매의 경우에는 1,000분의 0.5), ⅲ) 물품의 수리·가공·대여, 용역(소프트웨어사업 시 물품과 용역을 한꺼번에 입찰에 부치는 경우 그 용역 제외) 및 그밖의 계약의 경우 1,000분의 1.3, ⅳ) 운송·보관 및 양곡가공의 경우에는 1,000분의 2.5의 지연배상금을 내도록 하여야 한다.

관련 법령

「지방자치단체를 당사자로 하는 계약에 관한 법률」

제30조(지연배상금 등) ① 지방자치단체의 장 또는 계약담당자는 정당한 사유 없이 계약의 이행을 지체한 계약상대자로 하여금 지연배상금을 내도록 하여야 한다.

② 제1항에 따른 지연배상금의 금액·납부방법과 그밖에 필요한 사항은 대통령령으로 정한다.

③ 지방자치단체의 장 또는 계약담당자는 계약상대자가 지연배상금을 내지 아니하면 제18조에 따른 대가의 지급과 상계 처리할 수 있다.

「지방자치단체를 당사자로 하는 계약에 관한 법률 시행령」

제90조(지연배상금) ① 지방자치단체의 장 또는 계약담당자는 법 제30조제1항에 따라 계약상대자(국가기관과 지방자치단체를 제외한다)가 계약상의 의무를 지체하였을 때에는 지연배상금으로서 계약금액(장기계속공사계약·장기계속물품제조계약·장기계속용역계약의 경우에는 연차별 계약금액을 말한다. 이하 이 조에서 같다)에 행정안전부령으로 정하는 비율과 지체일 수를 곱한 금액을 계약상대자로 하여금 현금으로 납부하게 하여야 한다. 이 경우 계약상대자의 책임 없는 사유로 계약이행이 지체되었다고 인정될 때에는 그 해당 일수를 지체일 수에 포함하지 아니한다. <개정 2013. 3. 23., 2014. 11. 19., 2017. 7. 26.>

「지방자치단체를 당사자로 하는 계약에 관한 법률 시행규칙」

제75조(지연배상금률) 영 제90조제1항에 따른 지연배상금률은 다음 각호와 같다. <개정 2016. 11. 29.>

1. 공사: 1,000분의 0.5
2. 물품의 제조·구매(영 제16조제3항에 따라 소프트웨어사업 시 물품과 용역을 한꺼번에 입찰에 부치는 경우를 포함한다): 1,000분의 0.8. 다만, 계약 이후 설계와 제조가 일괄하여 이루어지고, 그 설계에 대하여 발주한 지방자치단체의 장의 승인이 필요한 물품의 제조·구매의 경우에는 1,000분의 0.5로 한다.
3. 물품의 수리·가공·대여, 용역(영 제16조제3항에 따라 소프트웨어사업 시 물품과 용역을 한꺼번에 입찰에 부치는 경우 그 용역은 제외한다), 그밖의 계약: 1,000분의 1.3
4. 운송·보관 및 양곡가공: 1,000분의 2.5

[전문개정 2010. 11. 5.]

4 수입·지출회계 정산

1. 시스템과 금융계좌 확인(일일)

사회복지법인 및 사회복지시설에서는 금융기관 통장계좌로 수입·지출이 이루어지고 있으며, 수입·지출회계 처리는 사회복지시설정보시스템에서 한다. 따라서 매일 일과 종료 시 금융기관 통장 잔액과 정보시스템 잔액이 일치하는지 확인을 하여야 한다. 통장 잔액과 시스템 잔액이 일치하면 수입·지출회계 처리가 정확하게 된 것이다.

정보시스템과 금융기관 계좌와 일치 여부 확인

❖ 사회복지시설정보시스템 회계 > 보고서 > 계좌별 입출내역 > 조회 및 확인

계좌별 잔액 확인

❖ 금융기관(은행통장) 거래 내역 인터넷뱅킹 운영 통장 확인(보조금, 후원금, 사업비, 운영비 등)

계좌별 잔액 확인

2. 주요장부 출력 · 결재(매월)

사회복지법인 및 시설에는 ⅰ) 현금출납부, ⅱ) 총계정원장, ⅲ) 재산대장, ⅳ) 비품관리대장을 두어야 하며, 회계프로그램 또는 시스템에 의하여 전자장부를 사용하는 경우에는 회계장부를 둔 것으로 본다(「사회복지법인 및 사회복지시설 재무·회계 규칙」 제24조 및 제6조의2제5항). 따라서 매월 초 전월 현금출납부 및 총계정원장 등 회계장부를 사회복지시설정보시스템에서 출력하여, 장부별 집행액과 집행잔액이 맞는지 확인 후, 업무 전결규정에 따라 결재를 받아 회계서류로 보관하여야 한다.

월별 출력 보관 회계장부는 ⅰ) 현금출납부, ⅱ) 총계정원장 및 보조부, ⅲ) 자금현황표, ⅳ) 현금 및 예금명세서이다. 재산대장 및 비품대장은 ⅰ) 구입(매입), 관리전환, 폐기(매각) 등 변동이 있는 경우, ⅱ) 정기재물조사 이후에 출력하여 결재받은 후 보존기간에 따라 보관하면 된다.

주요장부 월별 출력 및 결재방법

≪현금출납부≫

- 사회복지시설정보시스템 > 회계 > 보고서 > 현금출납부 > 회계연월(2024-04) 선택 조회 > 출력, 결재(보관) ☞ 사업 전체, 사업별, 자금원천별 출력 가능

≪총계정원장≫

- 사회복지시설정보시스템 > 회계 > 보고서 > 총계정원장Ⅱ > 회계연월(2024-02~2024-04) 선택 조회 → 출력, 결재(보관) ☞ 사업 전체, 사업별, 자금원천별, 출력형태별 출력 가능

  ※ 총계정원장은 계정별·계정과목별·일별 수입·지출금액 및 차인금액으로 상세히 출력되며, 총계정원장Ⅱ는 계정과목별·일별 수입·지출금액 및 차인금액으로 출력된다.

≪총계정원장 보조부≫

- 사회복지시설정보시스템 > 시설정보시스템 > 회계 > 보고서 > 총계정원장 보조부 > 회계연월(2024-04~2024-04) 선택 조회 → 출력, 결재 보관 ☞ 사업 전체, 사업별, 자금원천별 출력 가능

≪자금현황표≫

o 사회복지시설정보시스템 > 장부출력 > 자금현황표 > 회계일자(2024-04-01~2024-02-30) 선택 조회 > 출력, 결재(보관)

≪현금 및 예금명세서≫

o 사회복지시설정보시스템 > 보고서 > 현금 및 예금명세서 > 기준일자(2024-04-30) 선택 조회 > 출력, 결재(보관) ※ 기준 금융기관 예금잔액증명서(2024. 4. 30. 기준) 발급 첨부

≪재산 및 비품관리대장≫

o 사회복지시설정보시스템 > 인사/급여/세무/자산 > 고정자산 > 고정자산대장 > 기준일자(2024-04-30) 지정 조회 > 출력, 결재(보관)

5 물품관리 및 재물조사

1. 물품관리자와 출납원

법인의 대표이사와 시설의 장은 그 소관에 속하는 물품(현금 및 유가증권을 제외한 동산)을 관리한다. 법인의 대표이사와 시설의 장은 그 소관에 속하는 물품관리에 관한 사무를 소속직원에게 위임할 수 있다. 법인의 대표이사와 시설의 장은 물품의 출납보관을 위하여 소속직원 중에서 물품출납원을 지정하여야 한다. 물품관리자 및 물품출납원은 선량한 관리자의 주의로써 사무에 종사하여야 한다(「사회복지법인 및 사회복지시설 재무·회계 규칙」 제38조 및 제39조).

2. 물품의 관리

물품관리자는 물품을 출납하게 하고자 할 때에는 물품출납원에게 출납하여야 할 물품의 분류를 명백히 하여 그 출납을 명령하여야 한다. 물품출납원은 명령이 없이는 물품을 출납할 수 없다(「사회복지법인 및 사회복지시설 재무·회계 규칙」 제40조).

3. 불용품 처리

법인과 시설의 물품관리자는 물품 중 그 사용이 불가능하거나 수리하여 다시 사용할 수 없게 된 물품이 있을 때에는 그 물품에 대하여 불용의 결정을 하여야 한다. 불용품을 매각한 경우 그 대금은 당해법인 또는 시설의 세입예산에 편입시켜야 한다(「사회복지법인 및 사회복지시설 재무·회계 규칙」 제41조).

4. 정기재물조사

법인의 대표이사와 시설의 장은 연 1회 그 관리에 속하는 물품에 대하여 정기적으로 재물조사를 실시하여야 하며, 필요하다고 인정하는 때에는 정기재물조사 외에 수시로 재물조사를 할 수 있다(「사회복지법인 및 사회복지시설 재무·회계 규칙」 제44조의2).

가. 정기재물조사 계획수립

법인의 대표이사와 시설의 장은 정기 재물조사를 실시하기 위해서는 계획을 수립하여야 한다. 계획서에는 조사기간, 조사자, 시점, 자산현황, 조사방법, 조치사항 등의 내용이 포함되어야 한다. 다음은 나사함복지재단(법인) 2023년도 정기 재물조사 계획 문서이다.

나누고 사랑하며 함께하는 복지공동체

사회복지법인 나사함복지재단

수신자 내부결재

(경유)

제목 나사함복지재단(법인) 2023년도 정기 재물조사 계획

「사회복지법인 및 사회복지시설 재무·회계 규칙」 제40조의2(재물조사)의 규정에 의거 사회복지법인 나사함복지재단 법인(경영기획실) 소관 2023년도 정기 재물조사를 다음과 같이 실시하고자 합니다.

1. 조사기간: 2023. 12. 4.(월)~12. 6.(수) ▷ 3일간
2. 조 사 자: 경영기획실장
3. 고정자산: 158건 2,096,017,570원(2023. 11. 30. 기준)
4. 조사방법
   가. 사회복지시설정보시스템의 고정자산 등록 현황 실태 조사
   나. 사회복지시설정보시스템 등록사항과 자산(비품) 현황과 일치 여부 확인
   다. 내용연수 초과 및 자산·비품으로 관리가 적정한지 검토
   라. 2022년도 재물조사 이후 신규(구입) 자산 및 비품의 회계 연계 시스템 등록사항 확인
5. 조치사항
   가. 2023년도 신규(구입) 자산 및 비품 고정자산으로 관리(사회복지시설정보시스템 등록)
   나. 사용 불가 또는 관리가 부적정한 비품은 폐기 조치(사회복지시설정보시스템 고정자산등록의 자산처분 폐기)

붙임 1. (2023. 11. 30. 기준) 고정자산대장 1부.
　　 2. 2023년도 비품관리대장 현황 1부. 끝.

사회복지법인 나사함복지재단 대표이사 인

결재 2023. 12. 4.

경영기획실장 고재수　　경영이사 김종윤　　대표이사 방대유
협조자
시행 나복23-288 (2023. 12. 4.)　　접수 - (2023. . .)
우 48429 부산광역시 남구 진남로70번길 1, 203호(대연동, 동원빌딩) / nshwf.or.kr
전화 (051)627-8566, FAX (051)715-8567 / nasahamwf@daum.net / 공개

나. 정기재물조사 결과보고

법인의 대표이사와 시설의 장은 정기 재물조사가 완료되면 결과보고서를 작성하여야 한다. 결과보고서에는 기간, 조사자, 방법, 조치, 완료 후 자산현황 등의 내용이 있어야 한다. 다음은 나사함복지재단(법인) 2023년도 정기 재물조사 결과보고 문서이다.

나누고 사랑하며 함께하는 복지공동체

사회복지법인 나사함복지재단

수신자 내부결제

(경유)

제목 나사함복지재단(법인) 2023년도 정기 재물조사 결과 보고(조치)

1. 사회복지법인 나사함복지재단 나복23-288(2022. 12. 4.) "나사함복지재단(법인) 2023년도 정기 재물조사 계획"과 관련입니다.

2. 나사함복지재단(법인) 2023년도 정기 재물조사 결과에 대하여 다음과 같이 조치하고자 합니다.

가. 조사개요

ㅇ 조사기간: 2022. 11. 4.(월)~11. 6.(수) ▷ 3일간

ㅇ 조 사 자: 경영기획실장

ㅇ 조사방법

- 사회복지시설정보시스템의 고정자산 등록 현황 실태 조사
- 사회복지시설정보시스템 등록사항과 자산(비품) 현황과 일치 여부 확인
- 내용연수 초과 및 자산·비품으로 관리가 적정한 것인지를 검토
- 2022년도 신규(구입) 자산 및 비품의 회계 연계 시스템 등록사항 확인

나. 조치결과

ㅇ 2023년도 신규(구입) 고정자산으로 관리(시스템 등록 관리): 7건 1,170,610원

- 기 등록 4건 6대 1,140,610원, 추가등록 1건 10개 630,000월

다. 자산현황: 168건 2,096,647,570원(2023. 11. 6. 기준) ▷5건 16대(개) 1,170,610원 증가

ㅇ 2023년도 재물조사 비품 라벨 부착: 168건

붙임 1. 2023년도 정기 재물조사 후 고정자산대장 1부.
2. 2023년도 고정자산증가내역 1부.
3. 2023년도 재물조사 비품 라벨 1부. 끝.

사회복지법인 나사함복지재단 대표이사 인

전결

경영기획실장 고재수 2023. 12. 6.

협조자 경영이사 김종윤

시행 나복23-289 (2023. 12. 6.) 접수 - (2023. . .)

우 48429 부산광역시 남구 진남로70번길 1, 203호(대연동, 동원빌딩) / nshwf.or.kr

전화 (051)627-8566, FAX (051)715-8567 / nasahamwf@daum.net / 공개

제3절 회계장부와 인계·인수 등

1 세입세출외현금 등

1. 세입세출외현금 관리

지방자치단체의 장은 세입세출외현금은 「지방재정법」 제34조제3항과 같은 법 시행령 제40조에서 정한 경비에 한하여 운영할 수 있다. 세입세출외현금은 ⅰ) 보관금(공공시설 손실부담, 계약보증·입찰보증·차액보증 및 하자보수보증, 다른 법률에 의한 예치 포함), ⅱ) 잡종금 등 기타(사무관리상 필요에 의하여 지방자치단체가 일시적으로 보관하는 경비) 구분에 따라 관리하여야 한다.

관련 법령

「지방자치단체 회계관리에 관한 훈령」

제61조(세입세출외현금의 운영) ① 세입세출외현금은 「지방재정법」 제34조제3항과 같은 법 시행령 제40조에서 정한 경비에 한하여 운영할 수 있다.

② 제1항에 따른 세입세출외현금은 다음 각호의 구분에 따라 관리하여야 한다.

1. 보관금(공공시설 손실부담, 계약보증·입찰보증·차액보증 및 하자보수보증, 다른 법률에 의한 예치 포함)
2. 잡종금등 기타(사무관리상 필요에 의하여 지방자치단체가 일시적으로 보관하는 경비)

법인의 대표이사 및 시설장은 1회계연도의 모든 수입을 세입으로 하고, 모든 지출을 세출로 한다. 세입과 세출은 모두 예산에 계상하여야 한다. 그러나 ⅰ) 「소득세법」 및 「지방소득세법」에 의한 직원 소득세 및 지방소득세 원천징수액, ⅱ). 국민연금·건강보험(장기요양보험 포함)·고용보험·산재보험 근로자 부담금과 사용자 부담금, ⅲ) 법인 및 시설 임대보증금 등 일시보관금을 처리하기 위해 수입지출외현금 계정의 별도 계좌를 개설하여 운영할 수 있다.

2. 현금기본재산 별도관리

법인의의 대표이사는 현금기본재산은 세입 및 세출 운영 금융계좌와 별도로 금융기관 정기예금계좌로 관리하여야 한다. 정기예금 만기에 따라 해지하는 경우, 원금은 다시 정기예금으로 재예치하고, 이자는 기본재산수입(배당 및 이자수입)으로 세입처리하고 법인 운영경비 및 사업비 등으로 사용할 수 있다. 이 경우 반드시 수입 및 지출예산에 편성 등으로 반영하여야 한다.

2 법인 · 시설 회계장부

1. 비영리법인 회계장부

법인 및 시설에는 i) 현금출납부, ii) 총계정원장, iii) 재산대장 iv) 비품관리대장의 회계장부를 둔다. 회계장부는 「사회복지법인 및 사회복지시설 재무·회계」 [별지 제24호서식] 현금출납부(법인용), [별지 제24호의2서식] 현금출납부(시설용), [별지 제25호서식] 총계정원장(법인용), [별지 제25호의2서식] 총계정원장(시설용) 및 [별지 제26호서식] 총계정원장보조부, [별지 제27호서식] 재산대장 및 [별지 제28호서식] 비품관리대장에 따른다.

노인장기요양기관의 장이 예산을 기한 내에 제출하지 않은 경우에는 현금출납부 및 총계정원장 회계장부(해당 회계연도 1월부터 6월까지 회계장부)를 해당 회계연도 8월 15일까지 시장·군수·구청장에게 정보시스템을 사용하여 제출해야 한다. 노인장기요양기관의 장이 결산보고서를 기한 내에 제출하지 않은 경우에는 현금출납부 및 총계정원장 회계장부(해당 회계연도 1월부터 6월까지 회계장부)를 해당 회계연도의 다음 연도 8월 15일까지 시장·군수·구청장에게 정보시스템을 사용하여 제출해야 한다(「사회복지법인 및 사회복지시설 재무·회계 규칙」 제24조).

「노인장기요양보험법」에 의한 장기요양기관에는 i) [별지 제11호서식]의 현금출납부, ii) [별지 제12호서식]의 총계정원장의 회계장부를 둔다(「장기요양기관 재무·회계 규칙」 제14조).

2. 보조사업자 회계장부

지방보조사업자는 지방보조사업의 수행과 관련된 i) 지방보조사업자가 취급한 회계사무의 집행실적을 기간별로 합산한 서류(계산서), ii) 계산서 내용을 증명하는 서류(증거서류), iii) 계산서 또는 증거서류의 내용을 설명하기 위하여 필요한 서류 등 자료를 5년 동안 보관하여야 한다(「지방자치단체 보조금 관리에 관한 법률」 제16조 및 같은 법 시행령 제7조).

3. 회계장부 등 보존기한

사회복지법인·시설은 서류 및 회계장부를 다음과 같이 비치, 보존하여야 한다. 지방자치단체 또는 사회복지법인에서 서류의 보존기간이 규정되어 있는 「문서관리규정」 등 관련 규정이 있는 경우에는 별도 적용이 가능하다. 다만, 주무관청이 법인사무의 지도 및 감독을 위하여 법인에게 관계 서류의 제출을 명하거나 소속 공무원으로 하여금 법인의 사무 및 재산상황을 검사하게 할 수 있으므로 비치서류 관리에 철저를 기하여야 한다(「2024년 사회복지법인 관리안내」).

≪사회복지법인·시설 서류 및 회계장부 보존기한≫

문서유형	보존기간	비고
정관	영구	
임원명부 및 이력서	영구	
재산목록	영구	기본재산과 보통재산 구분 작성
총회 또는 이사회 회의록	영구	사단법인일 경우 총회 회의록, 사회복지법인 등 재단법인일 경우에는 이사회 회의록
사업계획서, 사업실적서 및 예·결산서	10년	추정손익계산서 및 추정재무상태표와 그 부속명세서 첨부
현금 및 물품의 출납대장	10년	
보조금관리대장	영구	보조금을 받는 경우
주무관청 등 관계기관과의 서류 및 자산·회계 증빙서류	10년	

출처: 「2024년 사회복지법인 관리안내」 p.92

3 회계사무 인계 · 인수

1. 인계 · 인수 시기

회계사무를 담당하는 직원이 교체된 때에는 당해사무의 인계 · 인수는 발령일로부터 5일 이내에 행하여져야 한다(「사회복지법인 및 사회복지시설 재무 · 회계 규칙」 제43조제1항).

2. 인계 · 인수서 보관(제출)

인계자는 인계할 장부와 증빙서류 등의 목록을 각각 3부씩 작성하여 인계 · 인수자가 각각 서명 또는 날인한 후 각각 1부씩 보관하고, 1부는 이를 예금잔고증명과 함께 인계 · 인수보고서에 첨부하여 법인의 대표이사 및 시설의 장에게 제출하여야 한다. 이 경우 법인이 설치 · 운영하는 시설에 있어서는 시설의 장을 거쳐 제출하여야 한다(「사회복지법인 및 사회복지시설 재무 · 회계 규칙」 제43조제2항).

제4장

후원금(품) 발굴·등록·집행·관리

「사회복지사업법」 제45조에서 법인의 대표이사와 시설의 장은 아무런 대가 없이 무상으로 받은 금품이나 그밖의 자산(후원금)의 수입·지출 내용을 공개하여야 하도록 규정하고 있으며「사회복지법인 및 사회복지시설 재무·회계 규칙」 제41조의2에서 법인의 대표이사와 시설의 장은 후원금의 수입·지출 내용과 관리에 명확성이 확보되도록 규정하고 있다.

「상속세 및 증여세법」에서 사회복지법인 등 공익법인 출연재산에 대해 증여세 및 상속세 과세 가액 불산입 등 혜택을 주고 있으나,「상속세 및 증여세법」 및「법인세법」에서 다양한 의무를 부여하고 있다. 공익법인 주관으로 공익법인 의무이행 여부보고서 및 기부금영수증 발급합계표 제출, 전자기부금영수증 일괄발급 신청은 국세청(홈택스)에서 하며, 세무법인 등 전문가를 통한 세무확인 및 기부금품 결산사항 등을 공시(제출) 하여야 한다.

후원금 수입·지출 공개와 명확성, 후원금전용계좌 사용, 후원금의 용도 외 사용금지, 비지정 후원금의 사용기준, 세입·세출예산 편성 사용 등 후원금의 운영원칙과 후원금 수입 및 사용내역 후원자 통보와 시·군·구 사용결과 제출 및 공개, 후원금 영수증 발급 등 후원금 수입 및 사용결과 공개는「사회복지법인 및 사회복지시설 재무·회계 규칙」에서 규정하고 있으며, 연말정산 간소화서비스 자료 생성을 사회서비스정보시스템에 해야 한다.

제4장에는 후원금 운영원칙과 수입 및 사용결과 공개, 전자기부금 영수증 발급 등 후원금 운영원칙과 집행기준을 서술하였으며, 후원신청서 접수, 사회서비스정보시스템 등록, 전용계좌 후원금 처리, 후원자 정보변경 및 해지 등 후원자 발굴 등록 등을 체계적으로 구성하였으며, CMS후원금 자금이체 신청 및 방법, 출금 신청, 이체결과 총괄표(목록) 작성 등에 관한 내용과 공익법인 의무사항, 공익법인 주관 보고(제출) 및 외부전문가 세무확인 등 자료 작성, 제출 방법 및 사례, 정보시스템 및 홈택스 활용 방법과 사례를 담았다.

제1절 후원금 운영원칙과 집행기준

1 후원금의 운영원칙

1. 수입·지출 공개와 명확성

사회복지법인의 대표이사와 시설의 장은 아무런 대가 없이 무상으로 받은 금품이나 그밖의 자산(후원금)의 수입·지출 내용을 공개하여야 하며 그 관리에 명확성이 확보되도록 하여야 한다. 법인의 대표이사와 시설의 장은 「사회복지사업법」 제45조에 따른 후원금의 수입·지출 내용과 관리에 명확성이 확보되도록 하여야 한다. 시설거주자가 받은 개인결연후원금을 당해인이 정신질환 기타 이에 준하는 사유로 관리능력이 없어 시설의 장이 이를 관리하게 되는 경우에도 또한 같다.

후원금에 관한 영수증 발급, 수입 및 사용결과 보고, 그밖에 후원금 관리 및 공개 절차 등 구체적인 사항은 보건복지부령으로 정한다. 「사회복지사업법」 제45조를 위반한 자에게는 300만 원 이하의 과태료를 부과한다.

관련 법령

「사회복지사업법」

제45조(후원금의 관리) ① 사회복지법인의 대표이사와 시설의 장은 아무런 대가 없이 무상으로 받은 금품이나 그밖의 자산(이하 "후원금"이라 한다)의 수입·지출 내용을 공개하여야 하며 그 관리에 명확성이 확보되도록 하여야 한다. <개정 2012. 1. 26.>

② 후원금에 관한 영수증 발급, 수입 및 사용결과 보고, 그밖에 후원금 관리 및 공개 절차 등 구체적인 사항은 보건복지부령으로 정한다. <개정 2012. 1. 26.> [전문개정 2011. 8. 4.]

제58조(과태료) ② 제13조제2항 단서 및 제3항, 제11조의4, 제18조제6항, 제24조, 제31조, 제34조의3, 제34조의4, 제37조, 제38조제1항·제2항 또는 제45조를 위반한 자에게는 300만 원 이하의 과태료를 부과한다. <개정 2012. 1. 26., 2016. 2. 3., 2018. 12. 11.>

「사회복지법인 및 사회복지시설 재무 · 회계 규칙」

제41조의2(후원금의 범위등) ① 법인의 대표이사와 시설의 장은 「사회복지사업법」 제45조에 따른 후원금의 수입·지출 내용과 관리에 명확성이 확보되도록 하여야 한다. 시설거주자가 받은 개인결연후원금을 당해인이 정신질환 기타 이에 준하는 사유로 관리능력이 없어 시설의 장이 이를 관리하게 되는 경우에도 또한 같다. <개정 1999. 3. 11., 2012. 8. 7.>

② 삭제 <1999. 3. 11.>

[본조신설 1998. 1. 7.]

후원금 관리 주의사항

※ 최근 사회복지법인 및 사회복지시설에서의 후원금 부정·부당 사용, 횡령 등 사례가 수사기관을 통해 반복적으로 적발되고 있음에도 불구하고, 지자체에서의 과태료 처분 사례는 거의 확인되지 않고 있는바, 법인·시설 관할 지자체에의 엄정한 법 집행 차원에서 후원금 사용과 관련한 위법 사례가 확인될 경우 과태료 처분 등을 통해 법인·시설의 투명성을 제고할 것

※ 사회복지법인은 「법인세법 시행령」 제39조제1항제1호가목에 따른 '공익법인(구 지정기부금단체)'에 해당하며, 같은 조 제6항 및 「법인세법 시행규칙」 제19조제1항에 따라 의무이행 여부 등을 사업연도 종료일부터 4개월 이내에 국세청(관할 세무서)에 보고하여야 함

☞ 사회복지법인은 의무이행 규정의 적용대상이 아니었으나, 법인세법령 개정에 따라 2020년도부터(2019. 1. 1. 이후 개시하는 사업연도분에 대하여) 매년 4개월 이내에 「사회복지사업법」상 주무관청인 시·도지사에게 보고 필요[「법인세법 시행령」 제36조(현행 제39조) 개정(2018.2.13.) 및 「법인세법 시행규칙」 제18조의2(현행 제19조) 개정(2018. 3. 21. 개정)]

출처: 「2024년 사회복지법인 관리안내」 p.145

「기부금품 모집 및 사용에 관한 법률」 질의 회신<행안부 민간협력과-1292(2023. 11. 17.)>

【질의내용】

❖ 사회복지사업법상 사회복지법인 및 사회복지시설의 운영자가 적극적 모금행위 없이 사회복지사업법에 따라 법인 또는 시설 운영을 위해 후원금을 수령할 경우 이에 대해 기부금품법상 모집자 등록, 모집계획 제출 등의 절차를 지켜야 하는지 여부

【답변사항】

❖ 「기부금품의 모집 및 사용에 관한 법률」 제5조제2항에 따르면 "국가나 지방자치단체 및 그 소속기관·공무원과 국가 또는 지방자치단체에서 출자·출연하여 설립된 법인·단체는 자발적으로 기탁하는 금품이라도 법령에 다른 규정이 있는 경우 외에는 이를 접수할 수 없다."라고 규정되어 있습니다.

❖ 따라서, 사회복지사업법상 사회복지법인 및 사회복지시설이 국가 또는 지방자치단체에서 출자·출연하여 설립된 단체 등이 아닌 경우, 적극적인 모집행위* 없이 자발적으로 기탁하는 금품을 접수할 시 「기부금품의 모집 및 사용에 관한 법률」 적용 대상이 아닐 것으로 판단됩니다.

* 서신, 광고, 그밖의 방법으로 기부금품의 출연을 타인에게 의뢰·권유 또는 요구하는 행위(「기부금품법」 제2조제2호)

출처:「2024년 사회복지법인 관리안내」 p.145

2. 후원금전용계좌 사용

법인의 대표이사와 시설의 장은 금융기관 또는 체신관서의 계좌입금을 통하여 후원금을 받은 때에는 법인명의의 후원금전용계좌나 시설의 명칭이 부기된 시설장 명의의 계좌를 사용하여야 한다. 법인의 대표이사 및 시설의 장은 후원금을 받을 때에는 각각의 법인 및 시설별로 후원금전용계좌 등을 구분하여 사용하여야 하며, 미리 후원자에게 후원금전용계좌 등의 구분에 관한 사항을 안내하여야 한다. 모든 후원금의 수입 및 지출은 후원금전용계좌등을 통하여 처리하여야 한다. 다만, 물품 형태의 후원금은 그러하지 아니하다.

관련 법령

「사회복지법인 및 사회복지시설 재무 · 회계 규칙」

제41조의4(후원금의 영수증 발급 등) ② 법인의 대표이사와 시설의 장은 금융기관 또는 체신관서의 계좌입금을 통하여 후원금을 받은 때에는 법인명의의 후원금전용계좌나 시설의 명칭이 부기된 시설장 명의의 계좌(이하 "후원금전용계좌등"이라 한다)를 사용하여야 한다. 이 경우 후원자가 영수증 발급을 원하는 경우를 제외하고는 제1항에 따른 영수증의 발급을 생략할 수 있다. <개정 2009. 2. 5.>

③ 법인의 대표이사 및 시설의 장은 후원금을 받을 때에는 각각의 법인 및 시설별로 후원금전용계좌등을 구분하여 사용하여야 하며, 미리 후원자에게 후원금전용계좌등의 구분에 관한 사항을 안내하여야 한다. <신설 2012. 8. 7.>

④ 모든 후원금의 수입 및 지출은 후원금전용계좌등을 통하여 처리하여야 한다. 다만, 물품 형태의 후원금은 그러하지 아니하다. <신설 2012. 8. 7.>

후원금전용계좌 발생이자 비지정후원금 사용기준 부합 사용 등

- 사회복지사업법상 사회복지법인 및 사회복지시설의 운영자가 적극적 모금행위 없이 사회복지사업법에 따라 법인 또는 시설 운영을 위해 후원금을 수령할 경우 이에 대해 기부금품법상 모집자 등록, 모집계획 제출 등의 절차를 지켜야 하는지 여부
- 후원금전용계좌에서 발생하는 이자도 후원금의 성격을 가지는 금액으로 후원금 관리 기준에 따라 사용하여야 함
  → 시설 · 법인회계로 세입처리 시, 해당 세입과목 비고란에 후원금전용계좌에서 발생한 이자임을 표기하고 비지정후원금 사용기준에 부합하게 사용할 것
- 2013. 11월 안전행정부에서 실시한 「취약 계층 복지 실태 기획 감찰」 결과에 따르면, 후원자가 법인과 시설을 동일체로 인식하여 시설입소자를 위한 목적으로 법인에 기탁하는 경향이 높은 것으로 조사됨
- 지자체는 법인으로 하여금 후원금이 시설 입소자들의 복리증진을 위한 용도로 사용될 수 있도록 시설에의 「법인 전입금(후원금)」 비율을 확대하도록 하게끔 권고할 것

출처: 「2024년 사회복지법인 관리안내」 p.147

3. 후원금의 용도외 사용금지

법인의 대표이사와 시설의 장은 후원금을 후원자가 지정한 사용용도 외의 용도로 사용하지 못한다. 다만, 지정후원금의 15%는 후원금 모집, 관리, 운영, 사용, 결과보고 등에 필요한 비용으로 사용 가능하다. 단, 사회복지법인 어린이재단을 통한 지정후원금 및 생활자에 대한 결연후원금은 제외한다(「2024년 사회복지법인 관리안내」).

관련 법령

「사회복지법인 및 사회복지시설 재무 · 회계 규칙」

제41조의7(후원금의 용도외 사용금지) ① 법인의 대표이사와 시설의 장은 후원금을 후원자가 지정한 사용용도 외의 용도로 사용하지 못한다.

지정후원금 인정기준 등

❖ 지정후원금은 기탁서에 다음과 같은 기준에 모두 부합되는 용도를 명시한 경우에 한해서 지정후원금으로 인정(2017년 국무조정실 부패예방감시단 지적사항)

① 지정용도가 「사회복지법인 및 사회복지시설 재무 · 회계 규칙」 별표 2, 별표 4, 별표 6, 별표 8, 별표 10의 세출 '목' 수준으로 상세하게 명시하되, 가급적 내역수준으로 구체적인 용도가 지정되도록 할 것

- 법인 · 시설의 운영 등과 같이 용도를 포괄적으로 지정한 경우, 비지정후원금의 사용 기준에 따라 관리하여야 함

② 사회복지법인에 후원하는 경우 그 지정용도가 해당 사회복지법인의 권리 · 행위능력의 범위 내일 것

- 예컨대, 사회복지법인이 수행할 수 없는 사업(의료기관 개설 등)을 수행하라는 취지의 용도는 「사회복지사업법」상 후원금으로 볼 수 없음

❖ 사회복지시설정보시스템에 기탁내용(후원약속사항)이 등록된 경우에만 회계 반영이 가능하도록 함(2018년 하반기)

❖ <참고> 모금기관*에서 받은 배분금에 대한 회계처리 기준
- 지정후원금 인정은 원칙적으로 후원자로부터 받은 <기탁서>에 용도가 세출예산 "목" 수준으로 상세히 명시되어야 가능하나,
- 모금기관으로부터 배분금을 받는 경우에는 기탁서를 발부하지 않으므로, 기탁서 대신 구체적인 용도가 지정된 공문 및 사업계획서, 계약서 등(또는 공모 공고문, 수행기관 선정 공문)을 근거로 하여 <지정후원금>으로 회계처리

* 사회복지공동모금회, 한국사회복지협의회

출처 : 「2024년 사회복지법인 관리안내」 p.149

4. 비지정 후원금의 사용기준

보건복지부장관은 후원자가 사용용도를 지정하지 아니한 후원금에 대하여 그 사용기준을 정할 수 있다.

관련 법령

「사회복지법인 및 사회복지시설 재무 · 회계 규칙」

제41조의7(후원금의 용도외 사용금지) ② 보건복지부장관은 후원자가 사용용도를 지정하지 아니한 후원금에 대하여 그 사용기준을 정할 수 있다. <신설 2012. 8. 7.>

비지정후원금 사용 기준

❖ 후원자가 사용용도를 지정하지 않은 비지정후원금은 법인 운영비 및 시설 운영비로 하되, 간접비로 사용하는 비율은 50%*를 초과하지 못함

☞ 간접비 사용 비율 50%는 당해연도 후원금 수입금액이 아닌, 지출금액을 기준으로 함

【예시】 2012년도 말 기준, 비지정후원금 모집액 1,000천 원에 대하여 지출금액이 700천 원일 경우 간접비 사용금액 한도는?

☞ 비지정후원금 간접비 사용금액은 지출금액 기준 700천 원에 대한 50%인 350천 원

을 초과하지 못하며, 2012년도에 지출하지 못한 비지정후원금 300천 원은 2013년도 세입예산과목 중 전년도 이월금(후원금)으로 처리함

❖ 다만, 간접비 중에서도 업무추진비(기관운영비, 직책보조비, 회의비), 법인회계전출금, 부채상환금, 잡지출, 예비비 등으로는 사용 금지(구체적인 내용은 후면 참고)

☞ 업무추진비 중 후원금 모집 등을 위한 운영비, 회의비는 당해연도 비지정후원금 지출금액의 15%범위 내에서 사용 가능

❖ 자산취득비로 사용하는 것은 원칙적으로 금지하나, 토지 · 건물을 제외하고 시설 운영에 필요한 집기, 장비 등은 구입 가능

❖ 시설비는 건물 노후화, 정원 대비 협소한 공간 등 시설 입소 · 이용자의 불편을 해소하기 위하여 시설 증 · 개축이 필요하다고 인정되는 경우에는 관할 주무관청의 승인을 받아 사용 가능

❖ 인건비로 사용 가능하되, 후원금으로 직원 수당을 지급하는 경우에는 근로기준법 또는 '사회복지시설 종사자 가이드라인'에서 정하고 있는 수당(명절휴가비, 시간외 근무수당, 가족수당), 사회복지업무수당(다만 사회복지공무원에게 지급되는 수당 이상을 초과할 수 없으며 전체 비지정후원금의 50% 한도 내에서만 수당 지급 가능)과 지방자치단체에서 별도로 정하고 있는 수당에 한하여 편성 · 지급해야 함을 원칙으로 함. 다만, 개별 사회복지법인 및 사회복지시설에서는 지방자치단체와 협의하여 수당 항목을 추가로 정할 수 있음

※ 사회복지업무수당이란 종사자 처우 개선을 위한 특수업무수당, 직무수당, 종사자 장려수당, 종사자 복지수당 등

※ 종사자 처우 관련 수당을 이미 지급하고 있는 시 · 도 또는 시 · 군 · 구의 경우 기존대로 지급

※ 분기별 정산 원칙으로, 전(前)분기에서 수령한 비지정 후원금의 50% 이내에서 현(現)분기에 사회복지업무수당 지급 가능하며 필요시 지자체와 협의하에 조정 가능

【사례예시】

• 종사자에게 지급되는 사회복지업무수당이 공무원에게 지급되는 사회복지업무수당 이상의 금액으로 지급되고 있던 경우

→ 기존대로 사회복지업무수당 지급 가능하되, 비지정 후원금으로 추가 지급 불가능

- 종사자에게 지급되는 사회복지업무수당이 공무원에게 지급되는 사회복지업무수당 이하의 금액으로 지급되고 있던 경우
  → 공무원 사회복지업무수당과의 차액만큼 비지정 후원금으로 추가 지급 가능
- 사회복지업무수당이 지급되지 않았던 경우
  → 비지정 후원금으로 공무원에게 지급되는 사회복지업무수당 한도 내에서 지급 가능

출처 :「2024년 사회복지법인 관리안내」p.150

가. 사회복지법인 운영비 구분

비지정후원금 사용을 위한 법인 운영비 구분은 다음과 같다.

≪비지정후원금 사용을 위한 법인 운영비 구분≫

과목		직접비	간접비	비고
관	항	목		
사무비	인건비	• 급여 • 제수당 • 일용잡금 • 퇴직금 및 퇴직적립금 • 사회보험부담금 • 기타 후생경비		수당은 근로기준법 또는 이 지침에서 정하고 있는 수당, 사회복지업무수당(다만 사회 복지공무원에게 지급되는 수당 이상을 초과할 수 없으며 전체 비지정후원금의 50% 한도 내에서만 수당 지급 가능) 및 지방자치단체에서 별도로 정하고 있는 수당에 한함. 다만, 지방자치단체와 협의하여 수당 항목을 추가로 정할 수 있음
	업무추진비		• 기관운영비 • 직책보조비 • 회의비	사용불가(다만, 15% 이내에서 후원금 모집을 위한 회의비, 운영비로 사용 가능)
	운영비	• 공공요금 • 차량비 • 연료비 • 여비 • 수용비 및 수수료 • 제세공과금	• 기타 운영비	

과 목		직접비	간접비	비 고
관	항	목		
재산조성비	시설비	• 시설장비 유지비	• 시설비 • 자산취득비	시설비는 시설 증·개축이 필요하다고 인정되는 경우에는 관할 주무관청의 승인을 받아 사용 가능 자산취득비는 토지, 건물을 제외한 시설 운영에 필요한 집기, 장비 등 구입 가능
사업비	일반사업비	• ㅁㅁ사업비		단, 수익사업 사업비로는 사용 불가
전출금	전출금	• ㅁㅁ시설 전출금		
과년도지출	과년도지출		• 과년도지출	
상환금	부채상환금		• 원금상환금 • 이자지급금	사용불가
잡지출	잡지출		• 잡지출	사용불가
예비비 및 기타	예비비 및 기타		• 예비비 • 반환금	사용불가

출처:「2024년 사회복지법인 관리안내」p.151

나. 사회복지시설 운영비 구분

비지정후원금 사용을 위한 시설 운영비 구분은 다음과 같다. 세출예산과목은 시설유형에 따라 별표4 또는 별표6을 적용한다.

≪ 비지정후원금 사용을 위한 시설 운영비 구분≫

과 목		직접비	간접비	비 고
관	항	목		
사무비	인건비	• 급여 • 제수당 • 일용잡금 • 퇴직금 및 퇴직 적립금 • 사회보험부담금 • 기타 후생경비		수당은 근로기준법 또는 이 지침에서 정하고 있는 수당, 사회복지 업무수당(다만 사회 복지 공무원에게 지급되는 수당 이상을 초과할 수 없으며, 전체 비지정후원금의 50% 한도 내에서만 수당 지급 가능) 및 지방자치단체에서 별도로 정하고 있는 수당에 한함. 다만, 지방자치단체와 협의하여 수당 항목을 추가로 정할 수 있음

<table>
<tr><th colspan="2">과 목</th><th>직접비</th><th>간접비</th><th rowspan="2">비 고</th></tr>
<tr><th>관</th><th>항</th><th colspan="2">목</th></tr>
<tr><td rowspan="2">사무비</td><td>업무추진비</td><td></td><td>• 기관운영비
• 직책보조비
• 회의비</td><td>사용불가(다만, 15% 이내에서 후원금 모집을 위한 회의비, 운영비로 사용 가능)</td></tr>
<tr><td>운영비</td><td>• 공공요금
• 차량비
• 연료비
• 여비
• 수용비 및 수수료
• 제세공과금</td><td>• 기타 운영비</td><td></td></tr>
<tr><td>재산조성비</td><td>시설비</td><td>• 시설장비 유지비</td><td>• 시설비
• 자산취득비</td><td>시설비는 시설 증·개축이 필요하다고 인정되는 경우에는 관할 주무관청의 승인을 받아 사용 가능
자산취득비는 토지, 건물을 제외한 시설 운영에 필요한 집기,장비 등 구입 가능</td></tr>
<tr><td rowspan="3">사업비</td><td>운영비</td><td>• 생계비
• 수용기관경비
• 피복비
• 의료비
• 장의비
• 직업재활비
• 자활사업비
• 특별급식비
• 연료비</td><td></td><td></td></tr>
<tr><td>교육비</td><td>• 수업료
• 학용품비
• 도서구입비
• 교통비
• 급식비
• 학습지원비
• 수학여행비
• 교복비
• 이미용비
• 기타 교육비</td><td></td><td></td></tr>
<tr><td>□□사업비</td><td>• □□사업비</td><td></td><td></td></tr>
<tr><td>전출금</td><td>전출금</td><td></td><td>• 법인회계 전출금</td><td>사용불가</td></tr>
</table>

과 목		직접비	간접비	비 고
관	항	목		
과년도지출	과년도지출		• 과년도지출	
상환금	부채상환금		• 원금상환금 • 이자지급금	사용불가
잡지출	잡지출		• 잡지출	사용불가
예비비 및 기타	예비비 및 기타		• 예비비 • 반환금	사용불가
적립금	운영충당 적립금		• 운영충당적립금	사용불가
준비금	환경개선 준비금		• 시설환경재선 준비금	사용불가

출처:「2024년 사회복지법인 관리안내」pp.152-153

5. 세입·세출예산 편성 사용

후원금의 수입 및 지출은 예산의 편성 및 확정절차에 따라 세입·세출예산에 편성하여 사용하여야 한다(「사회복지법인 및 사회복지시설 재무·회계 규칙」 제41조의7제3항).

후원금은 예산의 편성 및 확정절차에 따라 세입·세출예산에 편성하여 사용하고, 가급적 적립·이월하지 않고 회계연도 내에 집행할 수 있도록 노력하여야 한다. 후원금을 이월하거나 타 회계로 전출할 경우, 그 세입이 후원금이라는 것을 반드시 명시해야 하며, 이에 따라 이월·전출된 후원금은 후원금 관리기준에 따라 사용하여야 한다.

이월·전출된 후원금 관리기준

❖ 법인회계 세입예산 과목 구분

<table>
<tr><th colspan="6">과 목</th><th rowspan="2">내 역</th></tr>
<tr><th colspan="2">관</th><th colspan="2">항</th><th colspan="2">목</th></tr>
<tr><td rowspan="2">08</td><td rowspan="2">이월금</td><td rowspan="2">81</td><td rowspan="2">이월금</td><td>811</td><td>전년도 이월금</td><td>전년도 불용액으로서 이월된 금액</td></tr>
<tr><td>812</td><td>전년도 이월금
(후원금)</td><td>전년도 후원금에 대한 불용액으로서 이월된 금액</td></tr>
</table>

❖ 법인회계 세출예산 과목 구분

<table>
<tr><th colspan="6">과 목</th><th rowspan="2">내 역</th></tr>
<tr><th colspan="2">관</th><th colspan="2">항</th><th colspan="2">목</th></tr>
<tr><td rowspan="2">04</td><td rowspan="2">이월금</td><td rowspan="2">41</td><td rowspan="2">이월금</td><td>811</td><td>○○시설전출금</td><td>법인이 유지·경영하는 시설에 대한 부담금을 시설별로 목을 설정함</td></tr>
<tr><td>812</td><td>○○시설전출금
(후원금)</td><td>법인이 유지·경영하는 시설에 대한 부담금(후원금)을 시설별로 목을 설정</td></tr>
</table>

❖ 시설회계 세입예산 과목 구분

<table>
<tr><th colspan="6">과 목</th><th rowspan="2">내 역</th></tr>
<tr><th colspan="2">관</th><th colspan="2">항</th><th colspan="2">목</th></tr>
<tr><td rowspan="2">08</td><td rowspan="2">전입금</td><td rowspan="2">81</td><td rowspan="2">전입금</td><td>811</td><td>법인전입금</td><td>법인으로부터의 전입금(국가 및 지방자치단체의 보조금은 제외함)</td></tr>
<tr><td>812</td><td>법인전입금
(후원금)</td><td>법인으로부터의 전입금(후원금)</td></tr>
<tr><td rowspan="2">09</td><td rowspan="2">이월금금</td><td rowspan="2">91</td><td rowspan="2">이월금</td><td>911</td><td>전년도이월금</td><td>전년도 불용액으로서 이월된 금액</td></tr>
<tr><td>912</td><td>전년도이월금
(후원금)</td><td>전년도 후원금에 대한 불용액으로서 이월된 금액</td></tr>
</table>

출처:「2024년 사회복지법인 관리안내」p.154

2 수입 및 사용내역 공개 등

1. 후원금 수입 및 사용내역 통보

법인의 대표이사와 시설의 장은 연 1회 이상 해당 후원금의 수입 및 사용내용을 후원금을 낸 법인 · 단체 또는 개인에게 통보하여야 한다. 이 경우 법인이 발행하는 정기간행물 또는 홍보지 등을 이용하여 일괄 통보할 수 있다(「사회복지법인 및 사회복지시설 재무 · 회계 규칙」 제41조의5).

가. 후원금의 수입 및 사용내용 통보

일반적으로 법인 및 시설이 발행하는 정기간행물 또는 홍보지 등을 이용하여 일괄 통보하는 경우가 많으며, 일반적으로 연 1회(또는 반기별 1회) 법인 및 시설 소식지 등을 통해서 일괄 통보하는 경우가 많다.

나. 정기간행물(소식지) 후원금 내역 통지

일정기간 내 후원자별 후원금 입금현황을 파악하기 위해서는 다음과 같은 자료 추출이 중요하다. 특히 후원자별 후원금액은 후원금의 수입에 해당하므로 정확하게 파악을 하여야 한다. 다음은 연간 또는 반기 내 후원금 입금현황 지료 작성 서식을 나타낸 것이다.

후원 소식지 발간 자료 작성(사회서비스정보시스템)

❖ 후원금 입금현황 작성: 사회서비스정보시스템(희망이음) > 후원관리 > 후원금 현황 > 후원금 입금현황을 선택

① 입금기간(2023-01-01~2023-12-31)을 선택하고 구분(집계)을 선택하고 조회를 누른다.

② (엑셀)다운로드를 누르고 다른이름으로 저장(폴더)에 저장하여 필요한 자료(후원자명, 입금횟수, 후원입금액 등)를 활용하면 된다.

❖ 우편물 발송 DM 작성: 사회서비스정보시스템(희망이음) > 후원관리 > 후원자/결연자 관리 > DM출력을 선택한다.

① 조회기간에서 입금일을 선택하고 입금일(2023-01-01~2023-12-31)을 입력하고 중복 제거를 체크한 후 조회를 누른다.

② (엑셀)다운로드를 누르고 다른이름으로 저장(폴더)에 저장하여 필요한 자료(후원자명, 우편번호, 주소 등)를 활용하면 된다.

매년 초(또는 반기별 1회)에 전년도(또는 전반기) 후원금의 수입 및 지출내역을 법인 홈페이지에 게시하고, 소식지 등에 게시하여 후원금을 낸 기관·법인·단체 또는 개인에게 통보하여야 한다. 다음은 법인 소식지 수록 2023년도 후원금 수입 및 지출내역이다.

≪2023년도 후원금 수입 및 지출내역≫

수입		지출		
기부금의 종류		기부금의 종류		
전년도이월금(비지정)	7,994,878	비지정후원금	급여	51,100,000
전년도이월금(지정)	39,585,648		퇴직금 및 퇴직적립금	4,158,310
비지정후원금(이자 포함)	67,426,582		사회보험 부담금	3,725,790
지정후원금(이자)	1,069		여비	542,600
			수용비 및 수수료	2,129,730
			공공요금	1,429,332
			제세공과금	2,685,080
			기타운영비	1,853,263
			포상사업비	1,925,000
			양성교육사업비	2,500,000
			2024년 후원금 이월	3,372,355
		지정후원금	기타운영비	10,146,737
			시설비	20,022,000
			자산취득비	417,980
			시설전출금(후원금)	9,000,000
계	115,008,177	계		115,008,177

2. 후원금 수입 및 사용결과 제출

법인의 대표이사와 시설의 장은 결산보고서를 제출할 때에 별지 제19호서식에 따른 후원금수입 및 사용결과보고서(전산파일 포함)를 관할 시장·군수·구청장에게 제출(「사회복지사업법」 제6조의2제2항에 따른 정보시스템을 활용 제출 포함)하여야 한다.

관련 법령

「사회복지법인 및 사회복지시설 재무 · 회계 규칙」

제41조의6(후원금의 수입 · 사용결과 보고 및 공개) ① 법인의 대표이사와 시설의 장은 제19조 및 제20조에 따른 결산보고서를 제출할 때에 별지 제19호서식에 따른 후원금수입 및 사용결과보고서(전산파일을 포함한다)를 관할 시장·군수·구청장에게 제출(「사회복지사업법」 제6조의2제2항에 따른 정보시스템을 활용한 제출을 포함한다)하여야 한다. <개정 2005. 7. 15., 2009. 2. 5., 2012. 8. 7., 2015. 12. 24.>

후원금의 수입 및 사용결과 제출 시 유의사항

❖ 대표이사와 시설장은 관할 시장·군수·구청장에게 결산보고서를 제출할 때 후원금 수입 및 사용결과보고서를 함께 제출, 이 경우 반드시 전자파일로 제출하여야 하며 출력한 보고서도 추가 제출 가능

☞ 변경된 후원금 수입 및 사용결과보고서(별지제19호) 양식은 2013년도 후원금부터 적용

☞ (주의) 후원금 수입 및 사용결과보고서(별지제19호, p.226)의 3. 후원금 사용명세서의 '사용내역'란에는 법인·시설별 세출예산과목구분표상의 목이나 내역 수준으로 구체적인 사항을 반드시 기재하고, 지원대상자의 실명 등 민감정보가 기입되지 않도록 개인정보보호에 유의하여야 함

출처: 「2024년 사회복지법인 관리안내」 p.148

3. 후원금 수입 및 사용결과 공개

시장·군수·구청장은 제출받은 후원금수입 및 사용결과보고서를 제출받은 날부터 20일 이내에 인터넷 등을 통하여 3개월 동안 공개하여야 하며, 법인의 대표이사 및 시설의 장은 해당 법인 및 시설의 게시판과 인터넷 홈페이지에 같은 기간 동안 공개하여야 한다. 다만, 후원자의 성명(법인 등의 경우는 그 명칭)은 공개하지 아니한다. 공개는「사회복지사업법」제6조의2제2항에 따른 정보시스템에 게시하는 것으로 갈음할 수 있다.

관련 법령

「사회복지법인 및 사회복지시설 재무 · 회계 규칙」

제41조의6(후원금의 수입 · 사용결과 보고 및 공개) ② 시장·군수·구청장은 제1항에 따라 제출받은 후원금수입 및 사용결과보고서를 제출받은 날부터 20일 이내에 인터넷 등을 통하여 3개월 동안 공개하여야 하며, 법인의 대표이사 및 시설의 장은 해당 법인 및 시설의 게시판과 인터넷 홈페이지에 같은 기간 동안 공개하여야 한다. 다만, 후원자의 성명(법인 등의 경우는 그 명칭)은 공개하지 아니한다. <신설 2005. 7. 15., 2009. 2. 5., 2012. 8. 7., 2015. 12. 24.>

③ 제2항에 따른 공개는「사회복지사업법」제6조의2제2항에 따른 정보시스템에 게시하는 것으로 갈음할 수 있다. <신설 2015. 12. 24.>

[본조신설 1998. 1. 7.] [제목개정 2005. 7. 15.]

4. 후원금 영수증 발급 등

가. 후원금(기부금) 영수증 발급

법인의 대표이사와 시설의 장은 후원금을 받은 때에는「소득세법 시행규칙」제101조제20호의2에 따른 기부금영수증 서식 또는「법인세법 시행규칙」제82조제7항제3호의3에 따른 기부금영수증 서식에 따라 후원금 영수증을 발급하여야 한다. 금융기관 또는 체신관서의 계좌입금을 통하여 후원금을 받은 때에는 후원자가 영수증 발급을 원하는 경우를 제외하고는 영수증의 발급을 생략할 수 있다(「사회복지법인 및 사회복지시설 재무 · 회계 규칙」 제41조의4제1항 및 제2항).

장기요양기관의 장은 후원금을 받은 때에는 「소득세법 시행규칙」 제101조제20호의2에 따른 기부금영수증 서식 또는 「법인세법 시행규칙」 제82조제7항제3호의3에 따른 기부금영수증 서식에 따라 후원금 영수증을 발급하고, 그 발급 목록을 별도의 장부에 작성하여 갖추어 두어야 하며, 후원자가 영수증의 발급을 원하지 아니하는 경우에는 영수증의 발급을 생략할 수 있도록 규정하고 있다(「장기요양기관 재무 · 회계 규칙」 제17조제2항).

「소득세법 시행규칙」 [별지 제45호의2서식]의 기부금영수증과 「법인세법 시행규칙」 [별지 제63호의3서식]의 기부금영수증의 내용은 동일하다. 후원자의 대부분은 연말정산 및 종합소득세 신고 시 사용하기 위해 매년 초에 발급을 요청하는 경우가 대부분이나, 법인의 대표이사 및 시설의 장 또는 장기요양기관의 장은 후원자가 발급을 요청할 경우에 언제든지 기부금영수증을 발급하여야 한다.

관련 법령

「소득세법 시행규칙」

제58조(특별소득공제 및 특별세액공제) ① 영 제113조제1항 각호 외의 부분 본문에서 "기획재정부령으로 정하는 서류"란 다음 각호의 서류[국세청장이 정하여 고시하는 기준에 해당하는 자로서 국세청장이 지정하는 자가 인터넷을 통하여 발급하는 서류(이하 이 조에서 "인터넷증빙서류"라 한다)를 포함한다]를 말한다.

5. 법 제59조의4제4항에 따른 공제에 있어서는 기부금명세서. 이 경우 기부금영수증을 첨부하되, 「정치자금에 관한 법률」 등 관련 법령에서 영수증을 별도로 정하고 있는 경우에는 해당 법령에서 정하는 바에 따르며, 원천징수의무자가 기부금을 일괄징수하는 경우에는 기부금영수증을 첨부하지 아니할 수 있다.

제101조(과세표준확정신고 관련서식) 과세표준확정신고 관련 서식은 다음 각호의 어느 하나에 따른다. 20의2. 제58조제1항제5호 후단에 규정하는 기부금영수증은 별지 제45호의2서식에 의한다.

[별지 제45호의2서식] 기부금영수증

「법인세법 시행규칙」
제82조(서식) ①법인세 및 법인세에 부가되는 농어촌특별세의 신고 및 납부에 관한 서식은 다음 각호와 같다. 이 경우 영 제97조제5항제1호에 따른 세무조정계산서 부속서류는 제4호, 제5호, 제6호, 제6호의2, 제7호부터 제13호까지, 제15호 및 제16호, 제16호의2, 제17호부터 제29호까지, 제32호부터 제35호까지, 제37호부터 제40호까지, 제40호의2, 제41호부터 제44호까지, 제44호의2 및 제44호의3, 제45호부터 제50호까지, 제50호의2, 제50호의4, 제52호부터 제56호까지의 서류 중 해당 법인과 관련된 서류로 한다.
⑦ 제1항 및 제2항에 따른 서식 외의 신청·신고 등에 관련한 서식은 다음 각호와 같다.
3의3. 영 제39조제4항에 따른 별지 제63호의3서식의 기부금영수증
[별지 제63호의3서식] 기부금영수증

다음은 사회서비스정보시스템을 통한 기부금영수증 및 대장발급 절차 등을 나타낸 것이다.

사회서비스정보시스템을 통한 후원영수증 발급 및 대장관리

≪후원영수증 발급≫

❖ 사회서비스정보시스템 > 후원관리 > 후원영수증 관리 > 후원영수증 생성에서 발급한다.

① 기부기간 지정(2023-01-01~2023-12-31), 발행일자의 (개인 또는 단체·법인) 선택, 후원자(후원자명 입력) 검색, 해당 후원자 검색(선택) 클릭, 번호 전체 체크 후 생성 버튼, 미발행 체크 후 영수증 발행을 누른다.

② ⅰ) 후원가가 등기 우편으로 영수증 발급을 희망할 경우에 2부를 출력하여 1부는 발송하고 1부는 보관하여, ⅱ) 후원가가 FAX로 영수증 발급을 희망할 경우에 1부를 출력하여 팩스로 송신하고 출력물은 보관하고, E-mail 송부를 희망할 경우 1부를 PDF파일로 보관하여 메일로 송신하고 출력물 1부 보관·관리한다.

③ 모든 후원영수증 발급에 대해서는 서류로 출력한 출력물과 PDF파일로 저장한 문서(파일)를 각각 보관·관리한다.

≪후원영수증 발급대장≫

❖ 사회서비스정보시스템 > 후원관리 > 후원영수증 관리 > 후원영수증 발급대장에서 출력한다.

① 발행기간 지정(2024-01-01~2024-05-08) 후 조회 버튼을 누른다.

② 출력을 통해 대장을 출력할 수 있으며, 엑셀 다운로드를 통해 다양한 방법으로 활용할 수 있다.

나. 영수증 발급대장 비치·관리

법인의 대표이사 및 시설의 장은 후원금을 받은 때에는 후원금 영수증 교부 후 발급목록을 별도 장부로 관리하여 비치하여야 한다.

≪후원금 영수증 발급대장≫

연번	일시	후원자(법인)	후원금 유형 및 금액(원)		지정후원금 용도	비고
			지정	비지정		
1	2024. 4. 10.	대표이사	5,000,000		법인 운영경비	
2	2024. 4. 30.	고재수		1000000		
3						

3 전자기부금영수증 발급 등

1. 연말정산 간소화서비스 자료 생성

법인의 대표이사 및 시설의 장은 후원자의 후원금에 대해 연말정산 간소화서비스를 통해 제공받을 수 있도록 연말정산 간소화서비스 자료(데이터)를 생성해야 한다. 사회서비스정보시스템에서 생성한 자료를 국세청홈택스와 연계되어 후원자에게 제공하게 된다.

데이터 생성기간은 해당 기간 내 자료생성을 완료한 데이터에 한하여 국세청에 제출 대상이다. 생성기간 이외 데이터는 모두 삭제 처리되니 유의하여야 한다. 다음은 사회서비스정보시스템을 통한 연말정산 간소화서비스 자료 생성과정이다.

연말정산 간소화서비스 자료 생성(사회서비스정보시스템)

❖ 사회서비스정보시스템(로그인) > 후원관리 > 연말정산 > 후원금 연말정산에서 생성한다

① 기준연도 지정(2023), 후원일 지정(01~12), 주민번호 체크, 일괄 조회(최대 2천 건)를 체크하고 조회 버튼을 누른다.

② ⅰ) 기초정보 관리 내용 확인 및 저장, ⅱ) 후원자 동의 등록의 후원자 전체 선택, 연말정산 간소화 서비스 동의 여부 일괄 적용 동의 체크 후 선택형 동의 여부 저장, ⅲ) 후원금 기부금유형 입력의 지정기부금 등 해당 항목 선택 후 선택형 유형코드 저장, ⅳ) 후원품 기부금유형 입력 및 선택형 유형코드 저장, ⅴ) 자료생성을 하면 된다. (엑셀)로 다운로드할 수 있다.

※ 희망이음 연말정산 데이터 생성 기간은 2023. 12. 11.부터 2024. 1. 4.까지 가능하며, 해당 기간 내 자료생성 완료한 데이터에 한하여 제출 대상이다.

2. 전자기부금영수증 일괄발급 신청

연말정산 간소화서비스 자료(데이터) 생성을 못한 경우 국세청 홈택스를 통해 전자기부금영수증 일괄 발급으로 후원자에 연말정산 간소화시비스를 제공할 수 있다. 다음은 국세청홈택스를 통해 전자기부금영수증 일괄발급을 신청한 것이다.

전자기부금영수증 일괄발급(국세청홈택스)

❖ 국세청홈택스(로그인) > 장려금·연말정산·전자기부금 > 전자기부금영수증 > (기부금 단체용)발급 → 전자기부금영수증 일괄발급에서 한다.

- 기부금 일괄등록 절차는 ① 파일선택(제출하고자 하는 파일을 선택 후 업로드), ② 검증하기(업로드된 파일에 대한 검증 실행 후 오류발생 시 파일 삭제 후 1단계 수행), ③ 제출하기(검증이 완료된 파일에 대해 기부금 영수증 등록)

※ 전자기부금영수증 일괄 작성은 전자기부금영수증 일괄발급의 엑셀서식 내려받기 > 10 특례(법정)의 신청구분코드, 주민등록번호/사업자법호, 성명/업체명, 기재내용 구분, 관리번호, 기부금단체코드, 기부일자, 기부금합계, 기부금액합계, 공제대상 기부금액, 기부장려금 신청금액을 작성 후 파일을 업로드한다.

제2절 후원자 발굴·등록 등

1 후원신청서 접수

1. 후원자 발굴

사회복지법인 등 공익법인 및 시설 후원 유형은 ⅰ) 후원금의 사용 목적을 지정해서 후원하는 지정후원금과 ⅱ) 후원금 사용 목적을 지정하지 않는 비지정후원금으로 구분되어지는데, 일반적인 후원금은 후원금 사용 목적을 지정하지 않는 비지정후원금이 대부분일 것이다. 지정후원금은 사회복지시설 기능보강 등을 위해 사용목적을 지정해서 후원하는 경우이다. 후원 방법으로는 후원자가 비지정(또는 지정) 후원계좌로, ⅰ) 정기 또는 수시로 입금(또는 계좌이체) 하는 방법, ⅱ) 매월 일정한 금액을 자동으로 계좌이체 하는 방법, ⅲ) 금융결재원 CMS[1] 자금이체를 활용하는 방법이 있다. 정기 후원의 경우 후원자가 금융기관 자동이체 신청을 통해서 하기도 하지만, 금융결재원 CMS 자금이체 방식을 활용하는 것이 용이하다.

사회복지법인 등 공익법인 및 시설 운영함에 있어 후원금은 매우 중요한 물적자원이라 할 것이다. 후원 개발을 위해서는 공익법인(사회복지법인 등)이 추구하는 미션이나 비전, 전략과제를 마련하고 경영 성과 및 재정 운영 현황, 후원금 수입·지출 현황 등을 홈페이지 및 소식지 등을 통하여 널리 알릴 필요성이 있다. 또한 홈페이지에 후원 및 재능기부 코너에 후원 회원 신청서를 다운받아 활용할 수 있도

1) CMS는 Cash Management Service의 약자이다. CMS는 금융투자회사 등 금융회사와 금융결재원이 함께 운영하는 서비스를 의미하며, 은행에 직접 가지 않아도 쉽고 편리하게 온라인으로 수시로 자사 계정 상황을 파악하고 출금, 예금, 주식 매매 등을 처리하고 관리할 수 있는 금융자산 결제 방법이다. CMS는 법인 및 개인사업자, 고유 번호증이 있는 임의 단체, 학교 등 누구나 사용할 수 있다. CMS 참가 금융회사에는 국내 전 은행과 금융 투자회사가 있다.

록 하고, 후원 신청은 방문 신청, 팩스 등 다양한 방법이 있으나, 비영리법인 및 시설 전자메일로 신청을 받는 것이 가장 효과적이다.

2. 후원 신청서 접수

사회복지법인 등 공익법인 및 시설 후원회원 신청서에는 후원자 및 후원금품 관리, 기부금 영수증 발급 등을 위해 후원자의 인적사항 및 후원방법, 금융기관 계좌번호 등 개인이나 법인의 정보가 상세하게 기재되어야 한다. 이러한 개인이나 법인의 정보를 이용 및 제공하기 위해서는「개인정보보호법」등 관련 법령에 따라 동의를 받아야 하므로 그 내용이 포함되어야 한다. CMS 후원일 경우에 후원기준일, 후원금액, 연계 금융 계좌번호, CMS 출금동의 내용과 사회보장정보시스템 기본정보란에 개인정보 수집 동의와 간소화 서비스 동의 여부도 확인되어야 한다. 후원 신청서는 A4용지 1장 정도로 요약 작성할 수 있도록 하고 ⅰ)「개인정보보호법」규정에 따라 개인정보 이용 및 제공 동의와 ⅱ) CMS를 통한 출금의 경우 출금 동의를 받아야 한다. 다음은 후원 회원 신청서 작성 서식 예시이다.

≪후원회원 신청서 작성 서식(예시)≫

<table>
<tr><td colspan="7">[후원회원 신청서] ※ 해당란 작성 및 체크</td></tr>
<tr><td colspan="2" rowspan="2">후원자 구분</td><td>□ 개인</td><td colspan="2">□ 민간단체</td><td colspan="2">□ 영리법인</td></tr>
<tr><td>□ 비영리법인</td><td colspan="2">□ 국가기관</td><td colspan="2">□ 공공기관</td></tr>
<tr><td rowspan="5">인적
사항</td><td rowspan="2">성명
(기업·기관·단체명)</td><td rowspan="2"></td><td colspan="2">주민등록번호</td><td colspan="2">-</td></tr>
<tr><td colspan="2">사업자등록번호</td><td colspan="2">- -</td></tr>
<tr><td>주소</td><td colspan="5">(우.)</td></tr>
<tr><td>전화번호</td><td colspan="2">(휴 대 폰) - -
(일반전화) - -</td><td>FAX</td><td colspan="2">- -</td></tr>
<tr><td>전자우편(E-mail)</td><td colspan="2">@</td><td>후원 추천인</td><td colspan="2"></td></tr>
<tr><td rowspan="2">후원
구분</td><td>□ 비지정</td><td colspan="5">부산은행 093-01-021017-6, 사회복지법인 나사함복지재단</td></tr>
<tr><td>□ 지 정</td><td colspan="5">부산은행 101-2052-3095-06, 사회복지법인 나사함복지재단 ※ 용도:</td></tr>
<tr><td>후원
방법</td><td colspan="6">□ 정기(CMS) □ 정기(자동이체) □ 정기(통장입금) □ 비정기 후원</td></tr>
</table>

<table>
<tr><td>후원
금액</td><td colspan="2">☐ 1만 원/월 ☐ 2만 원/월 ☐ 3만 원/월 ☐ 5만 원/월 ☐ 10만 원/월 ☐ (   )만 원/월</td></tr>
<tr><td rowspan="3">CMS
후원</td><td>후원기준일</td><td>☐ CMS기준일(12일) ☐ CMS기준일(27일)</td></tr>
<tr><td>후원(출금)계좌</td><td>은행명: (농협은 중앙회, 단위농협 구분)계좌번호: 계좌명의:</td></tr>
<tr><td>출금 동의</td><td>사회보장정보시스템 후원약속사항의 CMS 출금에 동의합니다. ☐(체크)</td></tr>
</table>

[개인정보 수집·이용 및 제3자 제공 및 처리 동의]

사회복지법인 나사함복지재단에서는 후원자 관리 및 시스템 등록 등을 위해 최소한의 필수 개인정보를 처리하고 있습니다. 이를 위해 「개인정보보호법」 제15조, 제17조, 제23조, 제24조에 따라 각각 동의가 필요합니다. 다음 사항을 충분히 숙지하신 후 자필로 서명하여 주시기 바랍니다.

1. 개인정보 수집·이용 동의 및 제3자 제공·처리 동의

〈개인정보 수집·이용 동의〉

- 개인정보 항목: 성명, 주소, 연락처, 전자메일, 팩스번호, 주소 등
- 수집·이용 목적: 사회서비스정보시스템 등록 및 후원자 관리 등
- 보유·이용기간: 후원신청 시부터 후원 종료(탈퇴) 시까지

〈고유식별정보 및 민감정보 수집·이용 동의〉

- 고유식별정보 항목: 주민등록번호, 생년월일, 성별
- 수집·이용 목적: 사회서비스정보시스템 등록 및 후원자 관리
- 보유·이용기간: 후원신청 시부터 후원 종료(탈퇴) 시까지

2. 개인정보 제3자 제공·처리 및 고유식별정보 제공 동의

〈개인정보 제3자 제공 및 처리 동의〉

- 개인정보를 제공받는 자: 보건복지부(한국사회보장정보원), 국세청, 지방자치단체 등
- 개인정보 항목: 성명, 주소, 연락처, 전자메일, 팩스번호, 주소 등
- 수집·이용 목적: 사회서비스정보시스템 등록 및 연말정산간소화서비스 등 후원자 관리
- 보유·이용기간: 후원신청 시부터 후원 종료(탈퇴) 시까지

〈고유식별정보 제공 동의〉

- 개인정보를 제공받는 자: 보건복지부(한국사회보장정보원), 국세청, 지방자치단체 등
- 개인정보 항목: 성명, 주소, 연락처, 전자메일, 팩스번호, 주소 등
- 수집·이용 목적: 사회서비스정보시스템 등록 및 연말정산간소화서비스 등 후원자 관리
- 보유·이용기간: 후원신청 시부터 후원 종료(탈퇴) 시까지

본인은 상기와 같이 사회복지법인 나사함복지재단에 후원하고자 하며, 개인정보 수집 이용 처리 내용과 개인정보 제3자 제공 및 처리 내용을 충분히 안내받았으며 개인정보 수집·이용 및 제3자 제공 및 처리, 사회보장정보시스템 개인정보처리 방침 및 후원금 연말정산간소화서비스 연계 이용에 동의합니다.

2024년 5월 일

동의 및 후원자(기업·기관·단체장) (서명)

[후원 문의] 사회복지법인 나사함복지재단 경영기획실(051-627-8566)
주소: (48429) 부산광역시 남구 진남로70번길 1, 203호(대연동, 동원빌딩) http://www.nshwf.or.kr 전화: 051) 627-8566 팩스: 051) 715-8567 전자우편(E-mail): nasahamwf@daum.net
※ 선생님의 후원금은 발달장애인에게는 큰 희망이 되며, 「소득세법」 제34조 및 「법인세법」 제24조에 의한 기부금으로 연말정산 시 소득공제를 받으실 수 있습니다.

2 사회서비스정보시스템 등록

1. 기본정보 등록

사회복지법인 및 사회복지시설 후원회원 신청을 받은 경우에는 후원자 및 후원금품 관리, 기부금 영수증 발급 등 후원자 관리와 국세청 연말정산간소화서비스 후원자료 제공 등을 위해 사회서비스정보시스템(희망이음)에 등록을 하여야 한다.

사회복지법인 및 사회복지시설 후원 계좌 수시 입금 및 정기 자동이체의 경우에는 기본정보와 후원약속사항을 등록하여야 한다.

2. CMS 약속사항 등록

금융결제원 CMS(Cash Management Service)란 은행 및 금융투자회사(증권사) 등 금융회사와 금융결제원이 공동으로 운영하는 서비스로서, 쉽고 편리하게 이용기관의 고객계좌에서 자금을 출금하거나 고객계좌로 자금을 입금하는 서비스를 말한다.

사회복지법인 등 비영리기관(이용기관)은 ⅰ) 은행공동 지급결제기관인 결제원에서 제공하는 안정적이고 신뢰할 수 있는 서비스를 최저의 요금으로 제공받을 수 있다. ⅱ) 전 은행 및 금융투자회사(증권사)와 거래하는 고객의 자금을 하나의 계좌로 손쉽게 수납할 수 있다. ⅲ) 금융회사마다 계좌를 개설할 필요 없이 각종 자금을 하나의 계좌로 손쉽게 수납할 수 있다. ⅳ) 고객계좌에서 정해진 날짜에 자금을 출금하므로 체계적인 자금계획 수립이 가능하다. ⅴ) 고객계좌에서 미출금 시 여러 번 재출금요청이 가능하므로 연체관리가 수월해지며, 수납률을 높일 수 있다.

vi) 고객계좌 출금일(D) 바로 다음 영업일(D+1)에 이용기관 지정계좌로 자금이 입금된다. 단, 신규이용기관은 신규등록일 익월부터 3개월 동안 D+3일, 그 후 3개월 동안은 D+2일, 그 후에는 D+1일에 자금이 입금된다

이용기관의 고객은 국내 전 은행 및 금융투자회사(증권사) 계좌에서 출금이 가능하므로 금융회사 선택에 제약 없이 원하는 금융회사를 지정할 수 있어 편리하다. 정해진 날짜에 이용기관이 자동 출금하므로 각종 대금의 납부방법 및 납기일에 신경 쓸 필요가 없다. CMS 이용대상은 법인사업자, 개인사업자, (고유번호증을 득한) 임의단체, 학교, 유치원 등 각종 자금 수납·지급업무를 편리하게 수행하고자 하는 업체라면 누구나 CMS를 이용할 수 있다. 2024. 5. 15. 기준 사회복지법인 및 사회복지설의 경우 금융회사 수수료(VAT면제)는 이체 성공 시에는 건별 80원, 이체 실패 시에는 건별 20원의 수수료가 부과되어, 후원금 이체금액에서 선공제된 후 비영리법인 연계 계좌로 입금된다. 다음은 신규 후원 회원의 정보를 사회서비스정보시스템에 입력하는 방법이다.

후원 회원 사회서비스정보시스템 입력 방법

❖ 기본정보 등록: 사회서비스정보시스템(로그인) > 후원관리 > 후원자/결연자 관리 > 후원자 관리에서 기본정보 입력창이 뜬다.

① 후원자 번호의 변경을 클릭하면 (2024)가 생성되며, 후원자 구분(개인 또는 영리법인 등)을 선택하되, 개인을 선택하면 주민등록번호가 활성화되고, 영리법인 등을 선택하면 사업자번호 입력란이 활성화되며, 후원자명(성명 또는 사업체명)을 입력하고 성별을 선택한다.

② 주민등록번호(사업자번호)를 입력하고 실명확인과 중복확인을 누른다. 전화번호, 핸드폰번호, 이메일, 자료발송 방법을 선택한 후 주소 및 우편물주소 등을 입력하되, 주소는 도로명주소를 입력하여 검색 후 상세주소를 입력한다. 우편물 주소가 주소와 같으면 상동을 체크(☑)한다.

③ 모금(자)기관 여부에 ⊙N 체크, 후원자/봉사자 후원자 ☑ 체크하고, 개인정보 수집 동의 및 간소화서비스 동의 ☑ 각각 체크, 추천인 등 입력할 사항이 있으면 입력하고 저장 버튼을 누른다.

❖ 후원약속사항 입력: 후원관리 > 후원자/결연자 관리 > 후원자 관리 > 후원약속사항에서 입력한다.

① 신규를 선택하고 후원금의 종류(지역사회 후원금), 시설계좌번호(비지정후원계좌), 입금목적(후원), 입금주기(정기), 회계연도/계정(2024, 비지정후원금)을 입력(선택)한다.

② 후원금액과 후원접수일, 후원시작일, 정기후원일을 입력(선택)하고 저장 버튼을 누른다.

☞ 지정후원금인 경우 내역을 구체적으로 입력한다.

❖ CMS 정보 등록: 후원자가 CMS 후원을 약속한 후원자는 후원약속사항에 CMS 정보를 추가로 입력해야 한다.

① 입금방법에서 CMS를 선택하면 CMS 정보란이 활성화된다. 자금종류(후원금), 출금형태(전액출금), 접수구분(시설접수), 주민번호앞자리(사업번호) 입력, 후원상태(신규), 후원자 이체은행(선택). 계좌번호 및 예금주명 입력한다.

② 출금동의파일 첨부는 후원회원신청서를 스캔하여 첨부하되 i) 금결원의 이미지(jpg, jpeg, gif, tif, pdf)파일은 300kbyte 이하, ii) 효성CMS의 이미지파일은 5mbete 이하로 첨부 가능하다.

☞ 출금동의파일을 자동으로 전송하기 위해서는 후원관리 > 기초등록 > CMS정보관리에서 출금동의파일 자동전송 여부가 '⊙사용'으로 체크되어 있어야 한다.

3 전용계좌 입금 후원금 처리

1. 전용계좌 입금 확인

사회복지법인 및 시설은 비지정후원금(또는 지정후원금) 전용계좌의 자동이체(또는 수시 입금) 입금 상황을 1일 1회 이상 확인한다.

2. 수입결의서 작성(결재)

전용계좌에 입금이 확인되면 사회서비스정보시스템에서 수입결의서를 작성하여 결재를 받은 후 회계서류로 보관한다.

3. 사회서비스정보시스템 입력

통장에 입금된 사항에 대하여 사회서비스정보시스템의 후원금 관리의 비정기 입금 관리에서 등록을 하여야 한다.

통장입금 후원금 비정기입금 관리(사회서비스정보시스템)

❖ 사회서비스정보시스템 > 후원관리 > 후원금 관리 > 비정기입금 관리에서 한다.

① 하단 후원금 비정기입금 후원자번호(후원자명)에서 입금자를 검색한다.

② 입금일 선택, 후원금액 입력 후 저장 버튼을 누른다. ※ 전자기부금영수증은 체크하지 않는다.

※ 자동이체 등으로 입력하는 경우, 후원금액이 자동으로 검색되어 저장 버튼만 누른다.

4 후원자 정보변경 및 해지

1. 후원자 정보변경

후원자가 후원금액 조정, 주소 변경 등 변경 요청이 있는 경우가 발생한다. 변경 요청은 전화로 요청하는 경우가 대부분으로, 별도의 변경 신청서를 받을 필요는 없다. 변경 요청을 받을 경우 등록자 중 동명이인(同名異人)을 구별하기 위해 성명과 생년월일, 연락처 등을 파악하는 것이 좋다. 변경사항은 ⅰ) 연락처, 이메일, 주소 등 기본정보, ⅱ) CMS 후원의 경우 후원금액, 정기후원일, 은행과 계좌번호 등 후원약속사항이 변경되는 경우가 대부분이다.

후원자 정보변경 처리(사회서비스정보시시템)

❖ 기본정보 변경: 사회서비스정보시스템 > 후원관리 > 후원자/결연자 관리 > 후원자 관리 > 후원자(별칭)에서 후원자명을 입력하고 조회 버튼을 누른다.

① 후원자 목록에서 해당 후원자를 클릭하면 후원자 정보가 검색된다. 기본정보에서 주소, 연락처, 이메일 등의 변경 내용을 입력한다.

② 기본정보 하단 기타사항에 변경내용 ⅰ) 주소 변경의 경우: 후원자 요청에 의해 2024. 3. 15.자 주소변경 처리, ⅱ) 연락처 변경의 경우: 후원자 요청에 의해 2024. 3. 28.자 연락처 변경 처리를 입력하고 저장 버튼을 누른다.

❖ 후원약속사항 변경: 사회서비스정보시스템 > 후원관리 > 후원자/결연자 관리 > 후원자 관리 > 후원자(별칭)에서 후원자명을 입력하고 조회 버튼을 누른다.

① 후원자 목록에서 해당 후원자를 클릭하면 후원자 정보가 검색된다. 후원약속사항에서 금액, 은행 및 계좌번호 등 변경내용을 입력하고 저장 버튼을 누른다.

② 기본정보 하단의 기타사항에 변경내용 ⅰ) 금액 변경의 경우: 후원자 요청에 의해 2024. 4. 30.자 후원금액 3만 원 → 5만 원으로 변경 처리, ⅱ) 금융기관이 변경이 있는 경우: 후원자 요청에 의해 2024. 5. 13. 자 은행 및 계좌번호 변경 처리로 입력하고 저장 버튼을 누른다.

※ 후원자 관리 > "출력" 버튼을 클릭하여 "후원자카드"을 출력하고 변경내용을 확인한 후 문서에 편철하여 관리한다.

2. 후원 해지 처리

CMS 후원자 폐업 등의 사정 등으로 해지를 요청하는 경우가 있다. 해지 신청은 전화, 이메일, 팩스 등 다양한 방법으로 한다. 따라서 반드시 후원 해지 신청서 등을 받을 필요는 없다. 후원 해지 신청이 있을 경우 기존 후원금에 대한 지속적인 관리가 필요한 실정으로 사회서비스정보시스템에서 삭제할 필요성은 없으며 다음과 같이 후원 해지로 처리하면 된다.

후원자 후원해지 처리(사회서비스정보시시템)

❖ 사회서비스정보시스템 > 후원자/결연자 관리 > 후원자 관리 > 후원자(별칭)에서 후원자명을 입력하고 조회 버튼을 누른다.

① 후원자 목록에서 해당 후원자를 클릭하면 후원자 정보가 검색된다. 후원자정보의 후원약속사항 내용을 클릭하면 후원약속사항 등록 화면(팝업)이 뜬다.

② 금액은 그대로 두고* 정기후원일(말일), 하단 CMS 정보의 후원상태(해지)로 선택한 후 저장 버튼을 누른다.

③ 기본정보 하단 기타사항에 “후원자 요청에 의해 2024. 3. 31.자 후원 해지 처리”를 입력하고 저장 버튼을 누른다.

* 사회복지시설정보시스템에서는 금액을 “0”으로 처리하였으나, 사회서비스정보시스템으로 변경되면서 금액을 “0”으로 입력하고 저장하면 “후원금액은(는) 필수 입력 항목입니다.”라는 팝업창이 뜬다.

※ 후원자 관리 > “출력” 버튼을 클릭하여 “후원자카드”을 출력하고 변경내용을 확인한 후 문서에 편철하여 관리한다.

제3절 CMS(금융결재원) 후원금

1 CMS 자금이체 신청

1. CMS후원금 자금이체 방법

금융결재원 CMS 자금이체 신청은 사회서비스정보시스템에서 자동출금과 수동출금의 두 가지 방법으로 할 수 있다. 자동출금 방법은 입력한 후원자의 정보를 후원기준일에 따라 시스템이 출금 신청을 하기 때문에 후원자의 정보가 정확하게 입력되어 있어야 한다. 따라서 일반적으로 수동출금 방식으로 선택하는 경우가 많다. 자동출금과 수동출금 방식의 선택은 사회서비스정보시스템에서 하며, 그 방법은 다음과 같다.

CMS 후원금 출금방법 선택(사회서비스정보시스템)

❖ 자동출금: 사회서비스정보시스템(로그인) > 후원관리 > 기초등록 > CMS정보관리에서 한다.

○ 자동출금에서 자동출금 ‘⊙사용’을 선택하고 저장 버튼을 누른다.

❖ 수동출금: 사회서비스정보시스템(로그인) > 후원관리 > 기초등록 > CMS정보관리에서 한다.

ㅇ 자동출금에서 자동출금 '⊙미사용'을 선택하고 저장 버튼을 누른다.

※ 실패건 반복출금 사용 여부를 '⊙사용'으로 하면 실패한 건에 대해, 다시 출금요청을 자동으로 하게 되는데, 실패건은 후원자 사정으로 인한 경우가 대부분이기 때문에 사용하지 않는 것이 좋다.

2. CMS후원금 수동 출금 신청

가. CMS 후원자 후원금 수동출금 신청

CMS 후원금 수동출금 신청을 하기 위해서는 사회서비스정보시스템(사회서비스 포털 PROD)의 후원관리 → 기초등록 → CMS정보관리 → CMS정보 → 자동출금(미사용)에 체크(☑)가 되어 있어야 한다.[2)]

후원금 CMS 수동출금 신청은 늦어도 후원기준일 2일 전까지는 하여야 한다. 다음은 사회복지법인 나사함복지재단 후원 기준일(후원약속일)이 27일로 등록(승인)된 후원자에 대해 2024. 4. 23.(화) 07:24에 수동출금을 신청한 것이다.

CMS 후원금 수동출금 신청방법(사회서비스정보시스템)

≪CMS 후원금 수동출금 신청 등≫

❖ 사회서비스정보시스템(로그인) > 후원관리 > 금결원CMS관리 > 출금이체 대상자관리에서 신청한다.

① 기준일(후원약속일) 선택(27일) > 신청일(2024-04-29) 선택 > 기존신청기간(미입력) > 파일구분([EB21]출금이체(익일출금) 선택 > 자료생성 > 알림창(확인) > 알림창(확인) > 출금요청(출금신청) 클릭 > 확인창(확인)을 누르면 출금신청이 완료된다.

2) 실패건 반복출금은 미사용으로 체크하는 것이 좋다. 실패는 후원자 계좌 변경 및 통장 잔고 부족, 후원기관의 후원해지에 따른 것이다.

☞ 신청일은 기준일(후원약속일)과 동일하게 입력한다. 신청일이 법정휴일, 명절, 근로자의 날 등 휴무일로 신청하면 금결원 출금요청 시 전송오류가 발생한다. 기준일(후원약속일)이 공휴일인 경우, 신청일은 최초 도래되는 금융기관 영업일을 입력한다.

☞ 기준일(후원약속일)이 27일인 경우 2024. 4. 23.(화)에 4. 27. 기준일(후원약속일)로 수동출금 신청을 할 경우 4. 27.(토)은 휴일로 4. 29.(월)을 신청일로 해야 한다.

② 신청이 완료되면 출금이체 대상자 관리에서 처리상태는 "전송중" 출금요청은 "신청취소"로 나타난다.

번호	신청일	파일명	기준일(약속일)	출금신청(EB21/EC21)						
				총신청 건수(건)	총신청액(원)	재신청수(건)	재신청액(원)	생성일시	처리상태	출금요청
1	2024-04-29	EB210429	27	184	3,1110,000	0	0	2024-04-23 07:54	전송중	신청취소

③ 출금요청 후 10분 정도 경과되면 처리상태는"전송성공" 출금요청은 "신청취소"로 처리내용은 "처리완료"로 나타난다.

번호	신청일	파일명	기준일(약속일)	출금신청(EB21/EC21)						
				총신청 건수(건)	총신청액(원)	재신청수(건)	재신청액(원)	생성일시	처리상태	출금요청
1	2024-04-29	EB210429	27	184	3,1110,000	0	0	2024-04-23 07:54	전송성공	처리완료

※ 전송완료 후 착오 등으로 변경이 필요한 경우 출금요청의 신청취소를 하고 다시 신청한다.

④ 신청일에 처리가 완료되면 처리내용은 처리완료로 나타난다. 이 내용은 정상적으로 후원자 계좌에서 이체 등 처리가 완료되었음을 의미한다.

⑤ 신청일+1영업일에 출금이체 대상자 생성 목록에 다음과 같이 나타난다. 출금요청의 확인요청을 누르면 출금요청이 된 것이다.

☞ 금결원 출금 결과(EB22/EC22)를 확인 요청하시겠습니까?(결과를 반영하는 데는 약 30분~1시간 소요됩니다.) 팝업창의 확인을 누르면 된다.

번호	신청일	파일명	기준일(약속일)	출금신청(EB21/EC21)						
				총신청 건수(건)	총신청액(원)	재신청수(건)	재신청액(원)	생성일시	처리상태	출금요청
1	2024-04-29	EB210429	27	184	3,1110,000	0	0	2024-04-23 07:54	수신성공	재수신

처리내용	출금신청(EB22/EC22)			
	출금액(원)	실패액(원)	출금수(건)	실패수(건)
	2,961,000	150,000	175	9

☞ 출금요청 후 법인 CMS연계 계좌에 입금이 확인되며, 출금요청 전이라도 계좌에 입금될 수도 있다.

나. CMS 후원금 이체결과 및 계좌 입금 확인

CMS 후원금 출금이체 결과 확인방법(사회서비스정보시스템)

≪CMS 후원금 출금이체 결과 조회 등≫

❖ 사회서비스정보시스템(로그인) > 후원관리 > 금결원CMS관리 > 출금이체 결과 조회에서 확인한다.

① 출금이체 결과 조회에서 해당 항목을 선택하면 하단에 상세목록이 나타난다. 다운로드(엑셀)하여 폴더에 저장한 후 편집하여 회계서류 등으로 관리하면 된다.

번호	신청일	후원자번호	후원자명	은행	계좌번호	통장기재내용	출금요청액	출금액	에러코트	에러내용
1	2024-04-29	2012M031516	홍길동	부산은행	******3687	나사함복지재단	100,000	100,000	0000	정상완료

② 비지정후원금(CMS 연계) 금융계좌 입금내역을 확인하면 CMS공동 명의로 2,929,320원이 입금되어 출금액 대비 31,680원이 적은 것을 알 수 있다.

☞ 금융계좌 입금내역을 확인하면 출금액과 차이가 발생한다. 이는 금융결재원에서 각각 금융기관의 CMS이체 수수료를 선공제하고 입금하기 때문인데, CMS 이체 금융기관 수수료는 성공했을 경우에는 건별 80원, 실패했을 경우 건당 20원이 수수료이다.

☞ 2,961,000(출금액)-2,929,320(입금액)=31,680(수수료)[=(175×80) + (9×20)]가 선공제 입금

CMS 후원자 후원금 출금이 완료되면 사회서비스정보시스템에서 출금요청건수와 금액, 출금건수와 금액, 실패건수와 금액을 확인할 수 있으며, 법인 및 시설의 CMS 연계 금융계좌에 입금된 것을 확인할 수 있다. 법인 및 시설에서는 엑셀 등 계산프로그램으로 다음의 서식을 작성하여 활용하면 이해하기 쉬울 것이다,

2 CMS후원금 출금결과 작성

1. 이체결과 총괄표(목록) 작성

가. CMS 후원금 이체결과 총괄표 작성

CMS후원금 연계 비지정후원금 금융계좌에 입금된 내역이 확인되면 사회서비스정보시스템에서 확인된 내용을 통해 CMS후원금 이체결과 총괄표를 작성하여야 후원금에 대한 내역을 확인하기 쉽다. 총괄표는 엑셀로 작성하되 함수로 연결하여야 파악이 용이하다. 다음은 사회복지법인 나사함복지재단 CMS후원금 2024. 4. 27. 기준일 이체결과를 포함한 2024년도 CMS후원금 이체결과 총괄표를 작성한 것이다.

≪2024년도 CMS 후원금 이체결과 총괄표≫

구분(기준일)	입금일	출금요청액		출금액				실패	
		건수	금액	건수	후원(출금)액	수수료(공제)	통장입금액	건수	금액
합계		1,058	18,256,000	994	17,216,000	180,200	17,035,800	64	1,040,000
2024.01월		267	4,704,000	250	4,414,000	45,340	4,368,660	17	290,000
20240112	20240115	79	1,433,000	73	1,333,000	13,260	1,319,740	6	100,000
20240127	20240130	188	3,271,000	177	3,081,000	32,080	3,048,920	11	190,000
2024.02월		264	4,574,000	245	4,244,000	44,480	4,199,520	19	330,000
20240212	20240214	79	1,433,000	72	1,343,000	13,100	1,329,900	7	90,000
20240227	20240228	185	3,141,000	173	2,901,000	31,380	2,869,620	12	240,000
2024.03월		264	4,504,000	250	4,304,000	45,280	4,258,720	14	200,000
20240312	20240313	79	1,363,000	74	1,293,000	13,420	1,279,580	5	70,000
20240327	20240328	185	3,141,000	176	3,011,000	31,860	2,979,140	9	130,000
2024.04월		263	4,474,000	249	4,254,000	45,100	4,208,900	14	220,000
20240412	20240415	79	1,363,000	74	1,293,000	13,420	1,279,580	5	70,000
20240427	20240430	184	3,111,000	175	2,961,000	31,680	2,929,320	9	150,000

나. CMS계좌 이체결과 목록 작성

CMS후원금 이체결과 목록에는 ⅰ) 연번, ⅱ) 신청일, ⅲ)후원자번호, ⅳ) 후원자 이체 은행 및 계좌번호, ⅴ) 통장기재내용, ⅵ) 출금요청액, ⅶ) 출금액, ⅷ) 에러코드 및 에러내용이 나타난다. 이체결과 목록 전체를 엑셀로 다운받아 편집 후, 수입 및 지출품의 회계서류로 보관하면 된다. 이체결과 목록은 사회서비스정보시스템에서 엑셀파일로 다운받는 방법은 다음과 같다.

CMS 후원금 출금이체 결과 목록 출력(사회서비스정보시스템)

❖ 사회서비스정보시스템(로그인) → 후원관리 → 금결원CMS관리 → 출금이체 결과 조회에서 확인한다.

① 출금이체 결과 조회에서 해당 항목을 선택하면 하단에 상세목록이 나타난다.

번호	신청일	후원자 번호	후원자명	은행	계좌번호	통장 기재내용	출금 요청액	출금액	에러 코드	에러 내용
1	2024-04-29	2012M031516	홍길동	부산 은행	******3687	나사함 복지재단	100,000	100,000	0000	정상 완료

② (엑셀)다운로드 클릭, 다른이름으로 저장하여 A4용지에 맞게 편집하여 회계서류 결재 및 보관자료로 활용한다.

2024. 4. 27. 기준일 CMS후원금 이체결과 목록을 엑셀 편집한 결과는 다음과 같다.

≪(2024. 4. 27. 기준일) CMS출금 이체결과 목록 작성(2024. 4. 30.)≫

번호	신청일	후원자 번호	후원자명	은행	계좌번호	통장 기재내용	출금 요청액	출금액	에러 코드	에러 내용
							3,111,000	2,961,000		
1	2024-04-29	2009M 0175638	***	032-부산	******* **9108	나사함 복지재단	30,000		0017	출금이체 미신청계좌
2	2024-04-29	2009M 0175644	***	050-상호저축	******** **4430	나사함 복지재단	10,000		0038	계좌정보 확인불가
3	2024-04-29	2009M 0176169	***	048-신협	******* **0286	나사함 복지재단	30,000	30,000	0000	정상완료
4	2024-04-29	2009M 0176171	***	012-단위농협	******** **2831	나사함 복지재단	10,000	10,000	0000	정상완료
5	2024-04-29	2009M 0176177	***	048-신협	******* **5619	나사함 복지재단	30,000	30,000	0000	정상완료
		(이하 생략)								

2. 시스템 출금수수료 (–) 처리

CMS은행 출금 이체 후원금은 후원자별 이체된 후원금이 사회서비스정보시스템에 자동으로 저장되지만, 후원자의 후원금 수입에서 은행 출금 수수료가 선공제되고 은행계좌에 입금되므로 수수료만큼 차액이 발생하게 된다. 따라서 출금 수수료 금액만큼은 후원금에서 (–) 처리를 해 주어야 사회서비스정보시스템 후원금 통계와 사회복지시설정보시스템, 법인 · 시설 비지정후원금 통장과 일치된다. 다음은 나사함복지재단 2024. 4. 27. 기준일 CMS후원금 금융기관 출금수수료 31,680원을 사회서비스정보시스템에서 비정기입금(-31,680원) 처리방법을 나타낸 것이다.

후원금 비정기입금 (–) 처리(사회서비스정보시스템)

❖ 사회서비스정보시스템(로그인) > 후원관리 > 후원금 관리 > 비정기입금 관리에서

- 후원자명(CMS은행출금수수료) 검색, 임금일(2024-04-30) 입력, 후원금(원)에 (-31,680) 입력 후 저장 버튼을 누른다.

3 CMS후원금 수입 · 지출회계

1. 수입 · 지출품의서 작성(결재)

다음은 나사함복지재단 (2024. 4. 27. 기준일) 2024. 4. 30. 연계 금융계좌 입금사항에 대해 수입결의 및 지출품의서를 작성한 것이다.

나누고 사랑하며 함께하는 복지공동체

사회복지법인 나사함복지재단

수신자 내부결재

(경유)

제목 (2024. 4. 27. 기준일) CMS후원금 수입 및 지출회계 처리(건의)

1. 나사함복지재단 2024년 4월 27일 기준일 CMS후원금을 다음과 같이 수입회계 처리하고자 합니다.
   가. CMS후원금 출금개요 ▷ 기준시점: 2024. 4. 27.(토), 자료생성: 2024. 4. 24.(수)
      ㅇ 출금요청: 184건 금 3,111,000원
      ㅇ 출금내역: 175건 금 2,961,000원▷실패: 9건 150,000원(지불가능잔액 부족 등)
   나. 계좌입금 현황
      ㅇ 입금계좌: 비지정후원금 계좌(부산은행, 093-01-021017-6) ▷ 2024. 4. 30.(화)
      ㅇ 입금금액: 금 2,929,320원(금 이백구십이만 구천삼백이십 원) ▷ 출금 은행 수수료 금 31,680원 선공제
   다. 수입금액: 금 2,961,000원(금 이백구십육만 일천 원)
   라. 예산과목: (일반사업), 후원금수입, 후원금수입, 비지정후원금
2. CMS후원금 출금처리에 따른 금융결재원 선공제 후 나사함복지재단 계좌에 입금한 금융기관 출금 수수료를 다음과 같이 지출회계 처리하고자 합니다.
   가. 지출일시: 2024. 4. 30.(화)
   나. 지출내용: (2024. 4. 27. 기준일) 금융기관 CMS 출금 수수료
   다. 지 급 처: 금융결재원
   라. 지출금액: 금 31,680원(금 삼만 일천육백팔십 원)
      ㅇ 산출기초: [180원(성공)*175] + [20원(실패)*9건]
   마. 지급방법: 비지정후원금 계좌(부산은행 093-01-021017-6) 출금(선공제)
   바. 예산과목: (일반사업), 사무비, 운영비, 수용비 및 수수료. 끝.

붙임 1. 2024년도 CMS 후원금 출금요청 및 자금이체 결과 1부.
　　 2. 2024년 4월 27일 기준 CMS출금 이체결과 목록 1부. 끝.

사회복지법인 나사함복지재단 대표이사 인

전결

경영기획실장 고재수　　　　2024. 4. 30.

협조자　　　　경영이사 김종윤

시행 나복24-84 (2024. 4. 30.) 접수 - (. . .)

우 48429 부산광역시 남구 진남로70번길 1, 203호(대연동, 동원빌딩) / nshwf.or.kr

전화 (051)627-8566, FAX (051)715-8567 / nasahamwf@daum.net / 공개

2. 수입 · 지출결의서 작성(결재)

다음은 나사함복지재단 2024. 4. 27. 기준일 CMS후원금 수입 및 지출회계 처리(건의) 문서를 작성한 것이다.

≪CMS후원금 수입 및 지출결의서 작성≫

수입결의서	결재	경영기획실장	경영이사

결의서 번호 :		20240430-4	2024년도		(일반) 회계
세 입 (출) 과 목				발의	2024/04/30
관	후원금수입	수 입 원	김종윤	결재	2024/04/30
항	후원금수입	사 업	일반사업	출납	2024/04/30
목	비지정후원금	작 성 자	고재수	등기	2024/04/30
No.	계정과목(세목)	적 요	금액	거래처	자금원천
1	비지정후원금	CMS후원금(2024. 4. 27. 기준일) 수입	2,961,000		후원금
금액	금 2,961,000원(금 이백 구십육만일천 원)				
비고					

출처 : 사회복지법인 나사함복지재단 내부자료

<table>
<tr><td colspan="4" rowspan="2">지출결의서</td><td rowspan="2">결
재</td><td>경영기획실장</td><td>경영이사</td></tr>
<tr><td></td><td></td></tr>
</table>

<table>
<tr><td colspan="3">결의서 번호 :　　20240430-5</td><td colspan="4">2024년도　　(일반) 회계</td></tr>
<tr><td colspan="2">세 입 (출) 과 목</td><td></td><td></td><td>발의</td><td colspan="2">2024/04/30</td></tr>
<tr><td>관</td><td>사무비</td><td>수 입 원</td><td>김종윤</td><td>결재</td><td colspan="2">2024/04/30</td></tr>
<tr><td>항</td><td>운영비</td><td>사 업</td><td>일반사업</td><td>출납</td><td colspan="2">2024/04/30</td></tr>
<tr><td>목</td><td>수용지 및 수수료</td><td>작 성 자</td><td>고재수</td><td>등기</td><td colspan="2">2024/04/30</td></tr>
<tr><td>No.</td><td>계정과목(세목)</td><td>적 요</td><td>금액</td><td>거래처</td><td colspan="2">자금원천</td></tr>
<tr><td>1</td><td>수용비 및 수수료</td><td>CMS후원금(2024. 4. 27. 기준일) 출금 수수료</td><td>31,680</td><td></td><td colspan="2">후원금</td></tr>
<tr><td>금액</td><td colspan="6">금 31,680원(금 삼만일천 육백팔십 원)</td></tr>
<tr><td>비고</td><td colspan="6"></td></tr>
</table>

출처: 사회복지법인 나사함복지재단 내부자료

수입 및 지출결의서 작성(사회복지시설정보시스템)

【수입결의서 작성】

○ 사회복지시설정보시스템 업무시작 > 회계 > 결의및전표관리 > 결의서관리 > 결의서/전표 등록 관리 > 결의서등록 > 결의구분(수입) > 결의일자 및 사업명 선택 > 행 추가 > 계좌(비지정후원금 계좌) 및 계정명(비지정후원금), 금액(2,961,000) 및 적요 [CMS후원금(2024. 4. 27. 기준일)], 자금원천(후원금) > 저장 > 출력 및 결재 후 회계서류 보관

【지출결의서 작성】

○ 사회복지시설정보시스템 업무시작 > 회계 > 결의및전표관리 > 결의서관리 > 결의서/전표 등록 관리 > 결의서등록 > 결의구분(지출) > 결의일자 및 사업명 선택 > 행 추가 > 계좌(비지정후원금 계좌) 및 계정명(수용비 및 수수료), 금액(31,680) 및 적요

[CMS후원금(2024. 4. 27. 기준일) 출금 수수료)], 상대계정(비지정후원금), 자금원천(후원금) > 저장 > 출력 및 결재 후 회계서류 보관

☞ 매일(월) 반복적 업무로 결의서를 쉽게 작성할 수 있다.

o 사회복지시설정보시스템(로그인) 업무시작 > 회계 > 결의및전표관리 > 결의서관리 > 결의서/전표 등록 관리 > 결의일자(2024-03-25~2024-04-30) 선택 후 조회 > 前)수입 또는 지출결의서 선택 > 결의일자 복사 후 해당일 선택 > 결의내용(금액 및 적요 등) 수정 후 저장 > 출력

※ (주의) 결의일자에서 복사를 체크하지 않고 일자변경을 했을 경우 기존 결의서가 수정되어 前)수입 또는 지출결의서가 사라지는 경우가 발생하므로 주의 요망

제4절 세법상 공익법인 의무사항

1 공익법인 의무사항

1. 공익법인의 의의

공익법인 등은 종교·자선·학술 관련 사업 등 공익성을 고려하여 ⅰ) 종교의 보급 기타 교화에 현저히 기여하는 사업, ⅱ)「초·중등교육법」 및「고등교육법」에 의한 학교,「유아교육법」에 따른 유치원을 설립·경영하는 사업, ⅲ)「사회복지사업법」의 규정에 의한 사회복지법인이 운영하는 사업, ⅳ)「의료법」에 따른 의료법인이 운영하는 사업, ⅴ)「법인세법」 제24조제2항제1호에 해당하는 기부금을 받는 자가 해당 기부금으로 운영하는 사업, ⅵ)「법인세법 시행령」 제39조제1항제1호 각 목에 따른 공익법인 등 및「소득세법 시행령」 제80조제1항제5호에 따른 공익단체가 운영하는 고유목적사업(회원의 친목 또는 이익을 증진시키거나 영리를 목적으로 대가를 수수하는 등 공익성이 있다고 보기 어려운 고유목적사업 제외), ⅶ)「법인세법 시행령」 제39조제1항제2호다목에 해당하는 기부금을 받는 자가 해당 기부

금으로 운영하는 사업(회원의 친목 또는 이익을 증진시키거나 영리를 목적으로 대가를 수수하는 등 공익성이 있다고 보기 어려운 고유목적사업 제외)을 하는 자를 말한다(「상속세 및 증여세법」 제16조제1항 및 같은 법 시행령 제12조).

2. 공익법인 의무사항

「상속세 및 증여세법」에서 사회복지법인 등 공익법인에 대해서는 증여세 및 상속세 과세 가액 불산입 등의 혜택을 주고 있으나,「상속세 및 증여세법」 및「법인세법」에서 다양한 의무를 부여하고 있다.

공익법인 연간 세무일정(공익법인 의무사항과 의무이행 대상)은 국세청홈페이지에서 다음과 같이 안내하고 있다.

≪공익법인 의무사항과 의무이행 대상≫

월	의무사항(기한)	의무이행 대상
3월	수익사업에 대한 법인세 신고(3/31) (사업연도 종료일부터 3개월 이내)	수익사업을 영위하는 경우
4월	출연재산 보고서 등 제출(4/30) (사업연도 종료일부터 4개월 이내)	출연받은 재산이 있는 경우
	결산서류 등 공시(4/30) (사업연도 종료일부터 4개월 이내)	모든 공익법인(종교법인 제외, 다만 종교법인도 주식보유 관련 의무이행 신고대상일 경우 표준공시의무 대상임) ☞ 총자산가액 5억 원 미만이면서 수입금액과 출연재산가액 합계액이 3억 원 미만인 경우 간편공시 가능
	외부전문가 세무확인 결과 보고(4/30) (사업연도 종료일부터 4개월 이내)	총자산가액 5억 원 이상 또는 수입금액과 출연재산가액 합계액이 3억 원 이상
	외부회계 감사보고서 제출(4/30) (사업연도 종료일부터 4개월 이내)	직전년도 총자산가액 100억 원 이상 또는 수입금액과 출연재산 합계액이 50억 원 이상 또는 출연재산가액이 20억 원 이상인 경우 ☞ 종교법인, 학교법인 제외(다만, 주식보유 관련 의무이행 신고대상일 경우 외부회계 감사보고서 제출 대상임)

월	의무사항(기한)	의무이행 대상
4월	주식보유 관련 의무이행 신고(4/30) (사업연도 종료일부터 4개월 이내)	동일기업주식 5% 초과 취득(출연), 계열기업주식을 총재산가액 30%(50%) 초과 보유한 경우 ☞ 외부회계감사, 전용계좌 개설·사용, 결산서류 등 공시 이행 시
	연간 기부금모금액과 활용실적 공개(4/30) (사업연도 종료일부터 4개월 이내)	법인령 § 39①(1)에 따른 공익법인 등(종교법인 제외) 기획재정부장관이 지정한 한국학교, 전문모금기관
	국세청에 의무이행 여부 보고(4/30) (사업연도 종료일부터 4개월 이내)	
6월	기부금영수증발급합계표 제출(6/30) (사업연도종료일부터 6개월 이내)	기부금영수증을 발급한 경우
9월	주기적 감사인 지정 기초자료 제출(9/14) (과세연도 개시일부터 9개월째 되는 달의 초일부터 2주 이내)	지정기준일이 속하는 과세연도의 직전 과세연도 종료일 현재 총자산가액 1,000억 원 이상 지정기준일- 지정회계감사대상 과세연도의 직전 과세연도 개시일부터 11개월 15일이 되는 날

출처: 국세청홈페이지 > 국세신고안내 > 법인신고안내 > 공익법인(공익법인 의무사항과 의무이행 대상)

2 공익법인 주관 보고(제출)

1. 공익법인 의무이행 여부보고서

공익활동을 수행하는 기부금단체로서 기부금 모금액 및 활용실적 공개 등의 의무이행 여부를 매년 자체 점검하고 주무관청에 공익법인 등 의무이행 점검결과 보고서를 제출해 오던 것을 2020. 2. 11.「법인세법」개정으로 국세청장에게 보고하도록 변경되었다.

「영유아보육법」에 따른 어린이집 및 종교의 보급, 그밖에 교화를 목적으로「민법」제32조에 따라 문화체육관광부장관 또는 지방자치단체의 장의 허가를 받아 설립한 비영리법인을 제외한 공익법인 등은 각 사업연도의「법인세법 시행령」제5항에 따른 의무의 이행 여부를 사업연도 종료일부터 4개월 이내에 국세청장에게 보고해야 한다. 공익법인 등이 보고하는 서식은「법인세법 시행규칙」[별지 제63호의10서식] 공익법인 등 의무이행 여부 보고서에 의한다. 국세청장은 보고기한까지

의무이행 여부를 보고하지 않은 공익법인 등에 대해서는 보고기한으로부터 2개월 이내에 의무이행 여부를 보고하도록 지체 없이 요구해야 한다(「법인세법 시행령」 제39조 및 같은 규칙 제19조의2).

공익법인 등 의무이행 여부보고서를 국세청홈택스에서 제출하는 방법은 다음과 같다.

공익법인 등 의무이행 여부보고서 제출(국세청홈택스)

❖ 국세청홈택스 > 지급명세서·자료제출·공익법인 > 공익법인 보고서 제출/공시 > 출연재산 및 의무이행 보고 > 공익법인 의무이행 보고(기부금단체 제출)에서 한다.

※ 나사함복지재단은 "의무이행 여부(⑧) ㉮ 해당 없음 ㉯ 해당 없음 ㉰ 해당 없음 ㉱ 여 ㉲ 여 ㉳ 여 ㉴ 여 ㉵ 여 ㉶ 여 ㉷ 여 ㉸ 여"로 2024. 4. 24. 신고하였다.

2. 기부금영수증 발급합계표

기부금영수증을 발급하는 법인은 대통령령으로 정하는 기부자별 발급명세를 작성하여 발급한 날부터 5년간 보관하여야 하며, 보관하고 있는 기부자별 발급명세를 국세청장, 지방국세청장 또는 납세지 관할 세무서장이 요청하는 경우 이를 제출하여야 한다. 다만, 전자기부금영수증을 발급한 경우에는 그러하지 아니하다(「법인세법」 제112조의2제1항 및 제2항). 기부금영수증을 발급하는 법인은 해당 사업연도의 기부금영수증 총발급 건수 및 금액 등이 적힌 기획재정부령으로 정하는 기부금영수증 발급합계표를 해당 사업연도의 종료일이 속하는 달의 말일부터 6개월 이내에 관할 세무서장에게 제출하여야 한다. 다만, 전자기부금영수증을 발급한 경우에는 그러하지 아니하다(「법인세법」 제112조의2제1항 및 제3항). 기부금영수증 발급합계표 작성 서식은 「법인세법 시행규칙」 [별지 제75호의3서식] 기부금영수증 발급합계표에 의하여 작성한다(「법인세법」 제112조의2제3항).

기부금영수증 발급합계표를 국세청홈택스에 제출하는 방법은 다음과 같다.

기부금영수증 발급합계표 제출(국세청홈택스)

❖ 국세청홈택스 > 지급명세서·자료제출·공익법인 > 과세자료 제출 > 소득·법인세 관련 자료 제출 > 기부금영수증 발급합계표 제출/내역조회에서 한다.

※ 기부금영수증발급 현황 작성은 「법인세법」 제24조제2항제1호에 따른 기부금(종전 법정기부금)·「법인세법」 제24조제3항제1호에 따른 기부금별, 법인·개인별 건수 및 금액과 합계를 건수와 금액으로 작성한다.

3 외부전문가 확인(제출)

1. 공익법인 주요 의무

가. 공익법인 세무확인

공익법인 등은 과세기간별 또는 사업연도별로 출연받은 재산의 공익목적사업 사용 여부 등에 대하여 「상속세 및 증여세법 시행령」 제43조제1항 각호의 어느 하나에도 해당하지 아니하는 2명 이상의 변호사, 공인회계사 또는 세무사를 선임하여 세무확인을 받아야 한다(「상속세 및 증여세법」 제50조제1항).

외부전문가의 세무확인 항목은 ⅰ) 출연받은 재산의 공익목적 사용 여부, ⅱ) 「상속세 및 증여세법」 제48조 및 같은 법 시행령 제37조 및 제39조에 따른 의무사항 이행 여부, ⅲ) 출연받은 재산의 운영 및 수익사업내역의 적정성 여부, ⅳ) 장부의 작성·비치 의무의 준수 여부, ⅴ) 공익법인 등의 수혜자 선정의 적정성 여부 등이다(「상속세 및 증여세법 시행령」 제43조제5항 및 「상속세 및 증여세법 시행규칙」 제14조제1항). 다만 외부전문가의 세무확인을 받아야 하는 과세기간 또는 사업연도의 종료일 현재 재무상태표상 총자산가액의 합계액이 5억 원 미만인 공익법인 등은 제외한다(「상속세 및 증여세법 시행령」 제43조제1항제1호).

외부전문가의 세무확인을 받은 공익법인 등은 그 결과를 기획재정부령이 정하는 보고서에 의하여 세무확인을 받은 해당 공익법인 등의 과세기간 또는 사업연도의 종료일부터 4개월 이내에 해당 공익법인 등을 관할하는 세무서장에게 보고해야 한다(「상속세 및 증여세법 시행령」 제43조제6항).

나. 공익법인 출연재산 등 보고서 제출

재산을 출연받은 공익법인 등은 결산에 관한 서류[「공익법인의 설립·운영에 관한 법률」 및 그밖의 법령에 따라 공익법인 등이 주무관청에 제출하는 재무상태표 및 손익계산서(손익계산서에 준하는 수지계산서 등 포함)로 한정]와 ⅰ) 출연받은 재산의 명세, ⅱ) 출연재산(출연재산 운용소득 포함)의 사용계획 및 진도현황, ⅲ) 매각재산 및 그 사용명세, ⅳ) 운용소득의 직접 공익목적사업 사용명세, ⅴ) 공익법인 출연재산 등에 대한 보고서, ⅵ) 출연재산·운용소득·매각대금의 사용계획 및 진도내역서, ⅶ) 출연받은 재산의 사용명세서, ⅷ) 출연재산 매각대금 사용명세서, ⅸ) 운용소득 사용명세서, ⅹ) 주식(출자지분)보유명세서, ⅺ) 이사 등 선임명세서, ⅻ) 특정기업광고 등 명세서 서류를 과세기간 또는 사업연도 종료일부터 4개월 이내에 납세지 관할 세무서장에게 제출해야 한다.

출연재산 등에 대한 보고서를 제출하지 아니하였거나 제출된 보고서의 내용을 누락 또는 잘못 기재하여 사실을 확인할 수 없는 경우 가산세가 부과된다(「상속세 및 증여세법」 제48조 및 같은 법 시행령 제41항).

다. 공익법인 결산서류 등 공시

공익법인 등은 ⅰ) 재무제표, ⅱ) 기부금 모집 및 지출 내용, ⅲ) 해당 공익법인 등의 대표자, 이사, 출연자, 소재지 및 목적사업에 관한 사항, ⅳ) 출연재산의 운용소득 사용명세, ⅴ) 회계감사를 받을 의무가 있는 공익법인 등에 해당하는 경우에는 감사보고서와 그 감사보고서에 첨부된 재무제표, ⅵ) 주식보유 현황 등 대통령령으로 정하는 사항 등을 해당 공익법인 등의 과세기간 또는 사업연도 종료일부터 4개월 이내에 대통령령으로 정하는 바에 따라 국세청의 인터넷 홈페이지에 게재하는 방법으로 공시하여야 한다. 다만, 자산 규모 등을 고려하여 대통령령으로 정하는 공익법인 등은 대통령령으로 정하는 바에 따라 간편한 방식으로 공시할 수 있다. 국세청장, 납세지 관할 지방국세청장 또는 납세지 관할 세무서장은 공익법인 등이 제1항에 따라 결산서류 등을 공시하지 아니하거나 그 공시 내용에 오류가 있는 경우에는 해당 공익법인 등에 대하여 1개월 이내의 기간을 정하여 공시하도록 하거나 오류를 시정하도록 요구할 수 있다. 국세청장은 공익법인 등이 공시한 결산서류 등을 대통령령으로 정하는 자에게 제공할 수 있다(「상속세 및 증여세법」 제50조의3 및 같은 법 시행령 제43조의5).

라. 공익법인 기부금 모금액 및 활용실적 공개

기부금단체는 기부금 모금·활용 실적을 사업연도 종료일부터 4개월 이내에 공익법인 등의 인터넷 홈페이지와 국세청의 인터넷 홈페이지에 공개하여야 한다. 「상속세 및 증여세법」 제50조의3제1항제2호에 따른 사항을 같은 법 시행령 제43조의5제4항에 따른 표준서식에 따라 공시하는 경우에는 ⅰ) 해당 공익법인 등의 인터넷 홈페이지 공개, ⅱ) 국세청의 인터넷 홈페이지에 공개(기획재정부령으로 정하는 기부금 모금액 및 활용실적 명세서에 따라 공개)를 모두 한 것으로 본다(「법인세법 시행령」 제3조).

공익법인 결산서류 등 공시(국세청홈택스)

❖ 공익법인 결산서류 등 공시: 국세청홈택스(로그인) > 지급명세서·자료제출·공익법인 > 공익법인 보고서 제출/공시 > 공익법인 결산서류 등에서 공시

ㅇ 공시자료는 공익법인 결산서류 등의 공시(표준서식), 재무상태표, 운영성과표, 공익법인 결산서류 등의 공시(표준서식) 표준 주석, 기부금품의 모집 및 지출명세서, 주식 등의 출연 취득 보유 및 처분명, 출연자 및 이사 등 주요 구성원 현황, 출연받은 재산의 공익목적사용 현황 등 9종

❖ 기부금품 모금액 및 활용실적 공개: 국세청홈택스(로그인) > 지급명세서·자료제출·공익법인 > 기부금품 모금액 및 활용실적 공개 > 연간 기부금 모금액 및 활용실적 공개에서 공시

※ 공시자료는 공익법인 결산서류 등의 공시(표준서식)에 의해 공시하는 경우 공개 모두 인정

❖ 공익법인 출연재산 등에 대한 보고서 제출: 국세청홈택스(로그인) > 지급명세서·자료제출·공익법인 > 공익법인 보고서 제출/공시 > 출연재산 및 의무이행 보고 > 공익법인 출연재산 등에 대한 보고서 제출

2. 자료 작성 및 제출

공익법인은 과세기간별 또는 사업연도별로 출연받은 재산의 공익목적사업 사용 여부 등에 대하여 2명 이상의 변호사, 공인회계사 또는 세무사를 선임하여 세무확인과 공익법인 출연재산 등 보고서 제출, 공익법인 결산서류 등 공시, 공익법인 기부금 모금액 및 활용실적 공개는 세법상의 의무사항이다. 그러나 법령의 내용도 복잡하고 다양하여, 법인에서 처리하기에는 한계가 있어 세무법인 등 전문가에게 위탁(대리) 용역을 통해서 추진해야 할 것이다. 세무확인 등을 받기 위해서는 방대한 자료를 작성하여 제출하여야 한다. 일부는 법인에서 작성이 가능하지만 대부분은 법인 및 시설에서 작성하여야 하며, 일부는 시·군·구에 정보시스템으로 보고한 내용도 있다. 따라서 전년도 회계연도 결산과정과 연계해서 추진하면 될 것이다. 다음은 사회복지법인 나사함복지재단 법인 및 운영 시설에 2023회계연도 세무확인 및 후원금 결산 제출(공시) 자료 작성(요청) 문서이다.

나누고 사랑하며 함께하는 복지공동체

사회복지법인 나사함복지재단

수신자 수신자 참조
(경유)

제목 2023회계연도 세무확인 및 후원금 결산 제출(공시) 자료 작성(요청)

1. 사회복지법인 나사함복지재단은 공익법인으로「상속세 및 증여세법」제48조 및 제50조 및「법인세법 시행령」제3조 등에 따라 의무사항을 이행하여야 합니다.
   가. 과세기간별 또는 사업연도별로 출연받은 재산의 공익목적사업 사용 여부 등에 대하여 2명 이상의 변호사, 공인회계사 또는 세무사를 선임하여 세무확인을 받아야 하며, 세무확인을 받은 공익법인은 사업연도의 종료일부터 4개월 이내에 해당 공익법인 등을 관할하는 세무서장에게 보고해야 한다.
   나. 재산을 출연받은 공익법인은 ⅰ) 출연받은 재산의 명세, ⅱ) 출연재산의 사용계획 및 진도현황 등을 사업연도 종료일부터 4개월 이내에 세무서장에게 제출해야 한다.

다. 공익법인은 ⅰ) 재무제표, ⅱ) 기부금 모집 및 지출 내용 등을 종료일부터 4개월 이내에 국세청의 인터넷 홈페이지에 게재하는 방법으로 공시하여야 한다.

라. 기부금단체는 기부금 모금·활용 실적을 사업연도 종료일부터 4개월 이내에 공익법인의 인터넷 홈페이지와 국세청의 인터넷 홈페이지에 공개하여야 한다.

2. 세무확인 및 보고(제출·공시)를 세무법인 센텀지점에 위탁(대리)하여 처리하고자 하며, 법인(경영기획부) 및 각 시설장은 2023회계연도 세무확인 등 작성항목 및 요령에 따라 작성하시어 2024. 2. 15.(목)까지 법인 경영기획실로 제출하여 주시기 바랍니다.

3. 2023회계연도 공익법인 세무확인 등 위탁(대리) 용역비는 3,000천 원(부가세 별도)으로 법인 및 시설별 세입결산액 비율로 부담(지출)함을 알려드리오니, 금회추경 예산에 반영(편성)하시기 바랍니다.

붙임 2023회계연도 세무확인 등 작성항목 및 요령 1부. 끝.

사회복지법인 나사함복지재단 대표이사 인

수신자: 법인(경영기획부장), 장애인복지관장, 주간보호센터장, 나눔공동가정 원장, 공동생활가정 원장, 사랑공동가정 원장

결재 2024. 1. 29.

경영기획실장 고재수　　경영이사 김종윤　　대표이사 방대유

협조자

시행 나복24-21 (2024. 1. 29.)　접수　-　(2024. . .)

우 48429 부산광역시 남구 진남로70번길 1, 203호(대연동, 동원빌딩) / nshwf.or.kr

전화 (051)627-8566, FAX (051)715-8567 / nasahamwf@daum.net / 공개

[붙임]

≪2023회계연도 세무확인 등 작성항목 및 요령≫

작성항목	작성요령
1. 법인 등기사항전부 증명서 및 설립허가증	■ 법인에서 발급(제출): 변동사항 모두 포함 발급 ※ 대법원 인터넷등기소 > 등기열람/발급 >법인 > 발급하기(출력)에서 발급
	■ 주무관청의 법인 설립허가증 사본(제출)
2. 고유번호증(사업자등록증)	■ 법인 및 시설 각각 고유번호증 사본(제출)
3. 정관, 기본재산 목록, 토지 및 건물 등기사항전부증명서	■ 법인 정관 사본(제출)
	■ 법인에서 기본재산 목록 작성(제출) • (2023. 12. 31. 기준) 기본재산 목록(구분, 소재지, 규모, 평가가액, 출연자)
	■ 법인에서 등기사항전부증명서 발급(제출) • 토지 및 건물 등기사항전부증명서는 사업연도 변동사항 모두 포함한 최종분(2023. 12. 31.) 발급(제출) ※ 대법원 인터넷등기소 > 등기열람/발급 > 부동산 > 발급하기(출력)에서 발급
4. 차량운반구 및 비품 목록(고정자산대장)	■ 법인·시설별 각각 작성 • 취득금액 및 합계금액 기재 • 폐기된 비품은 목록에서 삭제, 자산가액 미포함 • 비품목록이 A4 2페이지가 넘는 경우 자산합계 금액만 기재 ※ 사회복지시설정보시스템 > 인사/급여/세무/자산 > 고정자산 > 고정자산현황 > 고정자산대장 > 기준일자(2023-12-31) 지정 > 조회 > 출력 > 저장(PDF파일)
5. 예금잔액증명서	■ 법인·시설별 각각 작성 • 2023. 12. 31. 기준으로 발급 • 법인 및 시설별 금융기관별 발급(계좌번호별 발급이 아님) ※ 로그인(기업뱅킹) → 조회 → 부가서비스 → 잔액증명서 → 발급구분(잔액증명), 발급용도[회계(감사)·결산 관련 확인용], 발급 기준일자(2023-12-31 → 정상계좌선택(해당 계좌 체크) → 선택완료 → 잔액조회 → 보안수단(OPT) 입력 후 다음
6. 부채증명서	■ 법인·시설별 각각 작성 • 2023. 12. 31. 기준으로 발급 • 금융기관 외 개인 차입금이 있는 경우 차용증 사본

작성항목	작성요령
7. 이자소득 및 원천징수영수증	■ 법인·시설별 각각 작성 • 출연받은 재산(후원금)으로 정기예금 등 자산 있는 경우, 그에 해당하는 이자소득원천징수영수증 • 보조금, 자부담 등 다른 자금원천에 대한 것은 불필요 • 2023. 1. 1.~2023. 12. 31. 해당 자료 • 인터넷뱅킹을 하는 경우, 금융기관(例示, 부산은행) 사이트에서 출력 ※ 로그인(기업뱅킹) > 조회 > 부가서비스 > 원천징수영수증발급 > 원화계좌 체크, 계좌번호 및 대상기간(2023-01-01~2023-12-31) 조회 > 증명서 발급 ※ 현금기본재산 해지 정기적금은 원천징수영수증발급에서 직접입력을 선택한 후 계좌번호와 대상기간 2023-01-01~2023-12-31)을 직접입력하여 조회 발급
8. 결산총괄표, 세입세출결산서, 자금현황표(주무관청 제출)	■ 법인·시설별 각각 작성, 법인 취합(총괄) • 엑셀파일(시스템에서 출력) 또는 PDF: 엑셀 sheet 하나에 나오게 설정 저장 • 자금현황표상에 후원금 계좌는 별도로 표기 • 결산총괄표, 세입세출결산서, 자금현황표는 주무관청 제출 문서에서 출력 ※ 사회서비스정보시스템(희망이음) > 시군구보고 > 세입세출결산서 > 세입세출결산 보고 > 해당 문서(2023회계연도 세입·세출결산보고서 및 첨부서류 제출) 선택 > 공문출력 > 보고서 종류 선택 > 출력 > 저장(PDF파일)
9. 기부금품의 수입 및 지출명세서	■ 법인·시설별 제출 취합(총괄) 작성: 제공 엑셀(Excel)파일에 기재 • 후원금 명세서(연간): 전기이월, 당기 증가, 당기 지출, 차기이월 • 기부금품의 수입·지출명세(월별): 전기이월, 당기 월별, 차기이월 합계금액 • 기부금품 세부현황: 기부처별, 기부금과 기부물품 구분 기재 • 기부금품 지출 명세서(국내사업): 지출목적별로 작성방법 확인, 정확하게 기재 ※ 사회서비스정보시스템 > 후원관리 > 별지서식 > 후원금(금전) 및 후원금(물품) 수입명세서, 후원금(금전) 및 후원금(물품) 사용명세서 월별 검색 작성 ※ 월별 후원금(금전) 수입명세 작성 시 사회서비스정보시스템(희망이음)상 수입금에 CMS 금융기관 출금수수료는 합하고, 발생 이자는 공제 작성

작성항목	작성요령
10. 출연재산사용명세서	■ 법인·시설별 제출(취합) 법인 총괄 작성: 제공 엑셀(Excel)파일에 기재 • 후원자 중 사업자등록번호(또는 주민등록번호)를 모르고, 기부금영수증 미발급한 경우: 내/외국인/무기명 구분 시 무기명 "1"로 기재, 출연자명 "무기명" / 출연자주민번호 공란 • 주민번호를 생년월일만 알고, 기부금영수증 발급한 경우: "999999-9999999"로 기재 • 재산종류 01 (현금)과 10(기타)은 출연재산수량은 공란으로 두면 됨 • 출연자명에 성함 / 회사명만 간단히 기재 (길면 오류 발생) • 출연자가 법인일 경우 금액 상관없이 전부 기재 • 출연자가 개인 or 개인사업자번호인 경우 연간 50만 원이 넘지 않는 경우 별도로 기재하지 않고, 전부 (99) 소액계에 포함하여 기재 ※ 기재 시 재산종류 번호별로 정렬해서 기재
11. 이사 등 선임명세서	■ 법인에서 작성: 제공 엑셀(Excel)파일에 기재
12. 주무관청 제출 대차대조표 및 손익계산서(수지계산서 등 포함)	■ 법인·시설별 제출 법인 취합(총괄) 작성: 2023. 12. 기준 ※ 사회복지시설정보시스템 > 회계 > 장부출력(AC) > 대차대조표 > 회계연월(2023-12) > 조회 > 출력 > 저장(PDF파일) ※ 사회복지시설정보시스템 > 회계 > 장부출력(AC) > 손익계산서 > 회계연월(2023-12) → 조회 → 출력 → 저장(PDF파일)
13. 수익사업 법인세 세무조정 자료	■ 수익사업 법인세 세무 조정이 있는 경우 작성 • 법인세 과세표준 및 세액신고서, 법인지방소득세 과세표준 및 세액신고서 • 별지 제3호서식: 법인세과세표준 및 세액조정계산서 • 별지 제27호서식(갑): 고유목적사업준비금조정명세서(갑) • 별지 제27호서식(을): 고유목적사업준비금조정명세서(을) • 재무상태표, 손익계산서, 합계잔액시산표, 이익잉여금처분계산서
14. 기본정보 자료	■ 법인·시설별 제출 법인 취합(총괄) 작성 • 법인 소재지, 전화 및 팩스번호, 이사 수, 홈페이지 주소 및 전자우편주소 • 자원봉사자 수: 법인 및 시설 법인 취합(연인원 수– 1명이 50일 경우 50명) • 자원봉사자 수: 법인 및 시설 법인 취합(자원봉사자 연인원 수) • 고용직원 수: 정규직, 비정규직 포함(일용직 제외). 매월 말 직원 수 합계/12 • 임대차 계약이 있는 경우에는 부동산(사무실) 월세 계약서 • 국세청홈택스 후원금 계좌등록 현황: 화면 캡처 • 국세청홈택스 공익법인 등 의무이해 여부 보고서 제출(4. 30.까지) 출력물

출처: 사회복지법인 나사함복지재단 내부자료

자료 작성이 완료되면 위탁(용역) 계약에 따라 기한 내 자료를 제출해야 한다. 다음은 사회복지법인 나사함복지재단이 부광세무법인 센텀지점에 2023회계연도 세무확인 및 후원금 결산(공시) 자료 제출 문서이다.

나누고 사랑하며 함께하는 복지공동체

사회복지법인 나사함복지재단

수신자 부광세무법인 센텀지점 귀중
(경유)

제목 2023회계연도 세무확인 및 후원금 결산 제출(공시) 자료 제출

1. 사회복지법인 나사함복지재단은 공익법인으로「상속세 및 증여세법」제48조 및 제50조 및「법인세법 시행령」제3조와 관련입니다.
2. 사회복지법인 나사함복지재단 2023회계연도 세무확인 및 후원금 결산 제출(공시) 자료를 따로붙임과 같이 제출합니다.

가. 출력(인쇄) 자료 ▷ 우편발송

① 법인 등기사항전부증명서 및 설립허가증
② 고유번호증(사업자등록증)
③ 정관, 기본재산 목록, 토지 및 건물 등기사항전부증명서
④ 차량운반구 및 비품목록(고정자산대장)
⑤ 예금잔액증명서
⑥ 부채증명서
⑦ 이자소득 및 원천징수영수증
⑧ 결산총괄표, 세입세출결산서, 자금현황표(주무관청 제출)
⑨ 기부금품의 수입 및 지출명세서
⑩ 출연재산사용명세서
⑪ 이사 등 선임명세서
⑫ 대차대조표 및 손익계산서(수지계산서 등 포함, 주무관청 제출)
⑬ 수익사업 법인세 세무조정 자료
⑭ 기본정보 자료

나. 엑셀파일 ▷ 메일 송부

① 기부금품의 수입 및 지출 명세서

② 출연재산사용명세서

③ 이사 등 선임명세서

붙임 1. 2023회계연도 세무확인 및 후원금 결산 제출(공시) 자료(출력물) 1부.

2. 기부금품의 수입 지출명세서 및 출연재산 사용명세서 등(엑셀) 1부. 끝.

사회복지법인 나사함복지재단 대표이사 인

결재 2024. 3. 31.

경영기획실장 고재수 경영이사 김종윤 대표이사 방대유

협조자

시행 나복24-21 (2024. 1. 29.) 접수 - (2024. . .)

우 48429 부산광역시 남구 진남로70번길 1, 203호(대연동, 동원빌딩) / nshwf.or.kr

전화 (051)627-8566, FAX (051)715-8567 / nasahamwf@daum.net / 공개

제5장 비영리법인 결산과 감사 등

사회복지법인 등 비영리법인에서 결산은 이사회 심의 · 의결사항이다. 결산은 이사회 등에서 심의 · 의결한 법인 및 시설 예산을 제대로 집행되었는지를 규명하는 사후적 재정 감독 수단이라는 점에서 사전적 재정 감독 수단인 예산과는 구별된다. 특히 후원금에 대해서는 결산은 공익법인 세무확인 등 및 결산 공시 등에 있어서 정확성이 요구된다.

사회복지법인 등 비영리법인 · 시설 결산보고서 작성과 결산(안)의 시설운영위원회 보고와 이사회 심의와 회의록 작성, 결산의 제출과 공시 등을 규정한 기본법령은 「사회복지사업법」과 「사회복지법인 및 사회복지시설 재무 · 회계 규칙」이다.

보조사업의 결산에 관한 사항은 지방회계법령 및 행정규칙, 지방보조금법령 및 행정규칙을 따라야 하므로 결산의 의의와 출납사무의 완결과 함께 비영리법인 결산 원칙 등에 관한 충분한 이해가 필요하며, 기본법령과 적용법령의 연계를 습득하여야 한다.

결산의 의의와 출납사무 완결 등 결산 준비와 결산보고서와 첨부서류 작성서식에 따라 작성하여야 하며, 법인에서 결산 중점 검토사항과 감사계획을 통보하고 결산결과와 공익법인 세무확인 등 제출자료로 법인 감사 실시와 감사보고서 작성 및 날인, 감사보고서 이사회 보고를 하여야 한다. 또한 지도 · 감독청의 지도 · 감독과 보조금의 목적 외 사용 및 10억 이상의 특정보조사업자 공인회계사 회계감사가 있기 전에 법인 · 시설에서는 법령에 맞게 업무를 처리해 지적받는 사례가 없도록 해야 한다.

제5장에는 지방자치단체 및 비영리법인의 결산 준비, 결산서 및 첨부서류 작성과 결산검토와 감사계획 통보, 법인 감사의 감사와 감사보고서 작성 사례, 결산(안) 시설운영위원회 보고와 이사회 심의 안건 작성, 시 · 군 · 구청장 제출, 결산공고 등과 법인 지도감독과 공인회계사 감사 관련 법령 및 사례, 정보시스템에 의한 처리 등을 담았다.

제1절 결산 준비와 결산보고서

1 결산 준비

1. 결산의 의의

결산은 국가나 지방자치단체 및 공공기관, 비영리법인(사회복지법인 등) 및 사회복지시설에서 국회, 지방의회, 이사회 등에서 심의·의결한 예산을 제대로 집행되었는지를 규명하는 사후적 재정 감독 수단이라는 점에서 사전적 재정 감독 수단인 예산과는 구별된다.

결산은 세출 예산·채권·채무 등의 1년간 집행 실적을 예산과목별 일정한 형식으로 계산·기록·정리함으로써 예산과의 차이, 재정 운영 성과 등을 체계적으로 분석할 수 있고, 그 결과를 다음 연도 예산 편성에 반영하도록 노력하기 위한 수단이다.

국회, 지방의회, 이사회 등의 결산 승인은 집행결과가 정당할 경우 예산집행의 책임을 해제하는 정치적 효과가 있다. 그러나 정치적인 책임을 해제하는 것으로 특정사항에 대한 법적인 책임까지 해제하는 것은 아니다.

결산서는 지역 주민 및 이용자에 대한 재정 보고와 국회, 지방의회, 이사회 등의 재정통제의 수단으로 활용되기도 한다.

2. 출납사무의 완결

예산의 집행은 회계연도 내에서 행하여져야 하며, 결산은 예산이 구체적으로 집행된 실적이기 때문에 출납사무의 완결을 전제로 작성한다. 1회계연도에 속하는 법인 및 시설의 세입·세출의 출납은 회계연도가 끝나는 날(12월 31일)까지 완결하여야 한다.

관련 법령

「사회복지법인 및 사회복지시설 재무 · 회계 규칙」

제5조(출납기한) 1회계연도에 속하는 법인 및 시설의 세입·세출의 출납은 회계연도가 끝나는 날까지 완결하여야 한다. <개정 1993. 12. 27., 2012. 8. 7., 2015. 12. 24.>
[제목개정 1998. 1. 7.]

「장기요양기관 재무 · 회계 규칙」

제12조(회계연도 및 회계의 구분) ① 장기요양기관의 회계연도는 매년 1월 1일부터 12월 31일까지로 한다.
② 1회계연도의 모든 수입을 세입으로 하고, 모든 지출을 세출로 한다.
③ 장기요양기관의 수입 및 지출에 관하여는 발생한 날을 기준으로 하여 연도 소속을 구분한다.
④ 장기요양기관의 회계는 법 제23조제1항제1호 각 목의 급여별로 구분한다.
⑤ 장기요양기관의 회계는 단식부기 방식으로 처리한다.

2 결산보고서와 첨부서류

1. 복식부기 법인·시설

법인의 대표이사 및 시설의 장은 법인회계와 시설회계의 세입·세출 결산보고서를 작성하여 각각 이사회의 의결 및 시설운영위원회에의 보고를 거친 후 다음 연도 3월 31일까지 시장·군수·구청장에게 제출(정보시스템 활용 제출 포함)하여야 한다. 다만, 법인이 설치·운영하는 시설인 경우에는 시설운영위원회에 보고한 후 법인 이사회의 의결을 거쳐 제출하여야 한다.

사회복지법인의 대표이사 및 시설의 장은 법인회계와 시설회계의 세입·세출 결산보고서를 작성하여야 한다. 결산보고서에는 「사회복지법인 및 사회복지시설 재무·회계 규칙」 제20조제1항제1호부터 제23호까지 서류가 첨부되어야 한다.

2. 단식부기 법인 · 시설

단식부기로 회계를 처리하는 경우에는 결산보고서에 ⅰ) 세입·세출결산서, ⅱ) 과목 전용조서, ⅲ) 예비비 사용조서, ⅳ) 기본재산수입명세서(법인만 해당), ⅴ) 사업수입명세서, ⅵ) 정부보조금명세서, ⅶ) 후원금수입 및 사용결과보고서(전산파일 포함), ⅷ) 후원금전용계좌의 입출금내역, ⅸ) 인건비명세서, ⅹ) 사업비명세서, ⅺ) 그밖의 비용명세서(인건비 및 사업비 제외), ⅻ) 감사보고서, xiii) 법인세 신고서(수익사업이 있는 경우) 서류가 첨부되어야 한다. 노인장기요양기관의 경우에는 ⅰ) 세입·세출결산서, ⅱ) 과목 전용조서, ⅲ) 예비비 사용조서, ⅳ) 정부보조금명세서, ⅴ) 후원금수입 및 사용결과보고서(전산파일 포함), ⅵ) 후원금전용계좌의 입출금내역, ⅶ) 인건비명세서, ⅷ) 사업비명세서, ⅸ) 그밖의 비용명세서(인건비 및 사업비를 제외한 비용)만을 첨부할 수 있다.

3. 소규모시설 · 어린이집

소규모 시설의 경우에는 결산보고서에 ⅰ) 세입·세출결산서, ⅱ) 후원금수입 및 사용결과보고서(전산파일 포함)만을 첨부할 수 있으며, 「영유아보육법」 제2조에 따른 어린이집의 경우에는 보건복지부장관이 정하는 바에 따라 결산보고서와 첨부서류를 5월 31일까지 시장·군수·구청장에게 제출하여야 한다.

4. 장기요양기관

장기요양기관의 장은 결산보고서를 작성하여 다음 연도 3월 31일까지 관할 특별자치시장·특별자치도지사·시장·군수·구청장에게 정보시스템을 활용하여 제출하여야 한다. 결산보고서를 제출한 때에는 그날부터 20일 이내에 해당 장기요양기관의 세입결산서 및 세출결산서를 정보시스템에 게시하여야 한다(「노인장기요양보험법」 제10조).

결산보고서에 ⅰ) 임직원 보수 일람표, ⅱ) 과목 전용조서, ⅲ) 세입결산서 및 세출결산서, ⅳ) 예비비 사용조서, ⅴ) 정부보조금 명세서, ⅵ) 후원금 수입 및 사용결과 보고서(전자문서 포함), vii) 후원금전용계좌의 입출금 명세, viii) 사업비 명세서, ix) 기타비용 명세서(인건비 및 사업비 제외) 서류를 모두 첨부하여야 한다.

제2절 결산서 작성과 감사

1 결산 검토 및 감사계획 통보

1. 결산 중점 검토사항

법인 및 시설의 결산에 있어 중점 검토할 사항은 i) 세출예산의 예산과목(관, 항, 목, 세목)별 초과 집행한 내용이 있는지 확인, ii) 회계장부상 지출금과 은행계좌 실제 지출금 일치 여부 확인, iii) 사회서비스정보시스템(희망이음) 및 사회복지시설정보시스템 연계 확인, iv) 세입결산액과 세출결산액 차액으로 발생한 세계잉여금 확인, v) 세계잉여금과 연도 말 은행예금 잔액과 회계 시스템 일치 여부 확인 등이다.

2. 결산 검토 및 감사계획 통보

법인에서 결산에 대한 이사회 심의·의결 등을 위한 자료를 작성하기 위해서는 법인과 운영 시설이 자체적 결산한 자료를 취합해야 한다. 이와 함께 결산 일정과 법인 감사의 감사일정을 법인 및 시설에 알려야 하며, 이 모든 것은 문서로 작성하고 결재와 기록물관리대장에 등재 및 발송, 문서의 보존을 체계적으로 하여야 한다.

다음은 사회복지법인 나사함복지재단 2023회계연도 결산 중점 검토사항 및 절차(감사계획)를 법인 및 운영 시설에 보낸 문서이다.

나누고 사랑하며 함께하는 복지공동체

사회복지법인 나사함복지재단

수신자 수신자 참조
(경유)

제목 2023회계연도 결산 중점 검토사항 및 절차(감사계획) 알림

1. 평소 장애인 복지서비스 증진에 노력하고 계심에 감사를 드리며, 귀 기관의 무궁한 발전을 기원합니다.
2. 사회복지법인 나사함복지재단 2023회계연도 결산 검토사항 및 절차를 따로붙임과 같이 알려드리오니, 법인 및 각 시설에서는 검토하신 후, 결산서 및 첨부서류를 작성하여 2024. 2. 15.(목)까지 법인 경영기획실로 제출하여 주시기 바랍니다.
3. 아울러 「사회복지법인 및 사회복지시설 재무·회계 규칙」 제42조 규정에 따라 법인 감사를 다음과 같이 실시하오니 법인 및 각 시설에서는 수감 등에 만전을 기하시기 바랍니다.
   가. 감 사 반: 3명(법인 감사 2명, 경영기획실장)
   나. 감사일정

감사일정	2024. 2. 26.(월)	2024. 2. 27.(화)	2024. 2. 28.(수)
대상기관	법인(경영기획실)	장애인복지관 주간보호센터	공동생활가정(3개소)

   다. 감사범위: 2023회계연도 법인 및 시설 운영 전반(회계분야 중점 감사)
   라. 감사방법
      1) 2023회계연도 결산서류 및 세무확인 자료 감사
      2) 사회서비스정보시스템 및 사회복지시설정보시스템 운용 실태 감사
      3) 필요시 법인 및 시설 방문, 담당자 면담 등을 통한 감사. 끝.

붙임 2023회계연도 결산 중점 검토사항 및 절차 1부. 끝.

사회복지법인 나사함복지재단 대표이사 인

수신자: 법인(경영기획부장), 장애인복지관장, 주간보호센터장, 나눔공동가정 원장, 공동생활가정 원장, 사랑공동가정 원장, 정연설 감사, 박금주 감사.

결재 2024. 2. 2.

경영기획실장 고재수 경영이사 김종윤 대표이사 방대유

협조자

시행 나복24-25 (2024. 2. 2.) 접수 - (2024. . .)

우 48429 부산광역시 남구 진남로70번길 1, 203호(대연동, 동원빌딩) / nshwf.or.kr

전화 (051)627-8566, FAX (051)715-8567 / nasahamwf@daum.net / 공개

[붙임]

2023회계연도 결산 검토사항 및 추진일정

▣ 근거법령

- 사회복지사업법」제23조제4항, 제34조제3항 및 제45조제2항
- 「사회복지법인 및 사회복지시설 재무·회계 규칙」제19조 및 제20조

≪결산 첨부서류≫

◇ 세입·세출결산서 ◇ 과목 전용조서 ◇ 예비비 사용조서 ◇ 사업수입명세서 ◇ 정부보조금명세서 ◇ 후원금수입 및 사용결과보고서 ◇ 후원금전용계좌의 입출금내역서 ◇ 인건비명세서 ◇ 사업비명세서 ◇그밖의 비용명세서 ◇ 감사보고서

▣ 중점 검토사항

- 세출예산의 예산과목(관, 항, 목, 세목)별 초과집행(절대 불가) 확인
- 회계장부상 지출금과 은행예금 실제 지출금 일치 여부 확인
- 사회서비스(희망이음) 및 사회복지시설정보시스템 연계 확인
- 세입결산액과 세출결산액 차액으로 발생한 세계잉여금 확인
- 세계잉여금과 연도 말 은행예금 잔액과 회계세스템 일치 여부 확인

▣ 결산 추진일정

- (법인·시설) 결산 검토, 결산서 및 첨부서류 작성: 2024. 1. 31.(수)까지
- (시설) 시설운영위원회 보고: 2024. 2. 14.(수)까지
- (법인·시설) 결산서 및 첨부서류 제출(경영기획실): 2024. 2. 15.(목)
- (법인) 2023년도 정기이사회 개최 통보: 2024. 1. 15.(수)
- (법인·시설) 2023회계연도 결산 및 업무 감사: 2024. 2. 25.(월)~2. 27.(수)
- (법인) 2023년도 정기이사회 심의·의결: 2024. 3. 7.(목) 18:00
  - 2023회계연도 결산 심의 시 법인 감사의 감사결과 보고(이사회)
- (법인·시설) 결산서 및 첨부서류 제출(해당 구): 2024. 3. 31.까지
- (해당 구) 결산보고서를 제출받은 때에는 20일 이내에 법인 및 시설의 세입·세출결산서를 구의 게시판과 인터넷 홈페이지에 20일 이상 공고
- (법인·시설) 법인 및 시설의 게시판과 인터넷 홈페이지에 20일 이상 공고

≪결산 첨부서류≫

◇ 세입·세출결산서 ◇ 과목 전용조서 ◇ 예비비 사용조서 ◇ 기본재산수입명세서(법인) ◇ 사업수입명세서 ◇ 정부보조금명세서 ◇ 후원금수입 및 사용결과보고서 ◇ 후원금전용계좌의 입출금내역 ◇ 인건비명세서 ◇ 사업비명세서 ◇ 그밖의 비용명세서 ◇ 감사보고서 ◇ 법인세 신고서(수익사업)

자료: 사회복지법인 나사함복지재단 내부자료

2 법인 감사와 보고서

1. 법인 감사의 감사

법인의 감사는 당해법인과 시설에 대하여 매년 1회 이상 감사를 실시하여야 한다. 법인의 대표이사는 시설의 장과 수입원 및 지출원이 사망하거나 경질된 때에는 그 관장에 속하는 수입, 지출, 재산, 물품 및 현금 등의 관리상황을 감사로 하여금 감사하게 하여야 한다. 이 경우 감사를 실시할 때에는 전임자가 참관해야 하며, 전임자가 참관할 수 없으면 관계 직원 중에서 전임자의 전임자나 법인의 대표이사가 지정한 사람이 참관해야 한다. 감사결과 재산상황 또는 업무집행에 관하여 부정 또는 불비한 점이 발견된 때에는 시장·군수·구청장에게 보고하여야 한다.

관련 법령

「사회복지법인 및 사회복지시설 재무 · 회계 규칙」

제42조(감사) ① 법인의 감사는 당해법인과 시설에 대하여 매년 1회 이상 감사를 실시하여야 한다.

④ 감사는 제1항 내지 제3항의 규정에 의하여 감사를 한 때는 감사보고서를 작성하여 당해법인의 이사회에 보고하여야 하며, 재산상황 또는 업무집행에 관하여 부정 또는 불비한 점이 발견된 때에는 시장·군수·구청장에게 보고하여야 한다.

2. 감사보고서 작성·날인

감사는 감사를 한 때는 감사보고서를 작성하여 당해법인의 이사회에 보고하여야 하며, 감사보고서에는 감사가 서명 또는 날인하여야 한다.

관련 법령

「사회복지법인 및 사회복지시설 재무 · 회계 규칙」

제42조(감사) ④ 감사는 제1항 내지 제3항의 규정에 의하여 감사를 한 때는 감사보고서를 작성하여 당해법인의 이사회에 보고하여야 하며, 재산상황 또는 업무집행에 관하여 부정 또는 불비한 점이 발견된 때에는 시장·군수·구청장에게 보고하여야 한다.

⑤ 제4항의 감사보고서에는 감사가 서명 또는 날인하여야 한다. <개정 1998. 1. 7.>

3. 감사보고서 작성사례

다음은 사회복지법인 나사함복지재단 감사의 2023회계연도 법인 및 시설에 대한 감사한 감사 결과보고서이다.

나사함복지재단 2023회계연도 감사보고서

▣ **감사개요**

- ㅇ 관련근거:「사회복지법인 및 사회복지시설 재무·회계 규칙」제42조(감사)
- ㅇ 감사범위: 2023년 법인 및 시설 운영 전반(회계분야 중점 감사)
- ㅇ 감사방법: 서면 감사 중점(필요시 현장방문, 담당자 면담)
- ㅇ 감사일정

감사일정	2024. 2. 26.(월)	2024. 2. 27.(화)	2024. 2. 28.(수)
대상기관	법인(경영기획실)	장애인복지관 주간보호센터	공동생활가정(3개소)

▣ **결산총괄**

(금액단위: 원)

구분	법인(재단)			발달장애인복지관			주간보호 센 터	나눔공동 가 정	공동생활 가 정	사랑공동 가 정	합계
	일반사업	근로지원인	소계	일반사업	주간활동	소계					
최종예산액	114,238,913	728,712,388	872,951,301	1,925,623,605	311,926,580	2,237,550,185	201,714,375	108,322,000	104,000,000	105,480,000	3,630,017,861
세입결산액	141,977,373	676,356,979	818,334,352	1,884,854,797	305,406,719	2,190,261,516	198,740,541	108,100,270	103,543,671	105,044,285	3,524,024,635
세출결산액	138,123,890	673,312,911	811,436,801	1,671,803,863	245,944,839	1,917,748,702	172,528,507	95,343,438	99,483,306	102,077,848	3,198,618,602
집행잔액	6,115,023	55,399,477	61,514,500	253,819,742	65,981,741	319,801,483	29,185,868	12,978,562	4,516,694	3,402,152	431,399,259
집 행 률	95.76%	92.40%	92.95%	86.82%	78.85%	85.71%	85.53%	88.02%	95.66%	96.77%	88.12%
세계잉여금	3,853,483	3,044,068	6,897,551	213,050,934	59,461,880	272,512,814	26,212,034	12,756,832	4,060,365	2,966,437	325,406,033

▣ **감사결과**

- ㅇ 법인 및 시설의 예산 편성 및 집행, 결산 등 재정 운용에 있어,「사회복지법인 및 사회복지시설 재무·회계 규칙」의 준수와 사회서비스정보시스템(희망이음)및 사회복지시설정보시스템의 적극적인 활용으로 업무처리의 공정성과 투명성 및 효율성 제고에 기여하고 있음
- ㅇ 지출결산에 있어 법인·시설 전체 집행률은 88.12%이나 복지관은 85.71%, 주간보호센터는 85.53%로 집행률이 저조한 편으로 개선이 요구됨
- ㅇ 후원금 등 당해연도 세입은 당해연도 지출이 원칙이나, 법인 및 시설 세계잉여금이 3억 2천5백만 원 발생한 것은 회계연도 독립의 원칙을 위반한 것으로 판단됨

2024년 3월 7일

사회복지법인 나사함복지재단
감사 ○ ○ ○ (인)
○ ○ ○ (인)

자료: 나사함복지재단 2024년도 정기이사회(2024. 3. 7.) 내부자료

3 결산서 및 첨부서류

1. 세입·세출결산서 작성

세입·세출결산보고서에는 다음 각호의 서류가 첨부되어야 한다. 법인의 세입결산서「사회복지법인 및 사회복지시설 재무·회계 규칙」[별지 제5호서식] 세입결산서(법인용), 세출결산서는 [별지 제5호의2서식] 세출결산서(법인용)으로 작성한다.

시설의 세입결산서「사회복지법인 및 사회복지시설 재무·회계 규칙」[별지 제5호의3서식] 세입결산서(시설용), 세출결산서는 [별지 제5호의4서식] 세출결산서(시설용)으로 작성한다(「사회복지법인 및 사회복지시설 재무·회계 규칙」제20조).

가. 세입결산서 작성

법인 및 시설 세입결산서 작성 서식은 거의 유사하다. 재원별 구성에 있어 법인은 법인부담금, 시설의 경우 시설부담금으로 차이가 있다. 다음은 법인 및 시설의 세입결산서 작성 서식이다.

≪법인 · 시설 세입결산서 작성 서식≫

<table>
<tr><th colspan="3">과목</th><th rowspan="2">구분</th><th rowspan="2">정부보조금</th><th rowspan="2">법인부담금
(시설부담금)</th><th rowspan="2">후원금</th><th rowspan="2">계</th></tr>
<tr><th>관</th><th>항</th><th>목</th></tr>
<tr><td rowspan="3"></td><td rowspan="3"></td><td rowspan="3"></td><td>예산</td><td></td><td></td><td></td><td></td></tr>
<tr><td>결산</td><td></td><td></td><td></td><td></td></tr>
<tr><td>증감</td><td></td><td></td><td></td><td></td></tr>
<tr><td rowspan="3"></td><td rowspan="3"></td><td rowspan="3">합계</td><td>예산</td><td></td><td></td><td></td><td></td></tr>
<tr><td>결산</td><td></td><td></td><td></td><td></td></tr>
<tr><td>증감</td><td></td><td></td><td></td><td></td></tr>
<tr><td rowspan="3"></td><td colspan="2" rowspan="3">합계</td><td>예산</td><td></td><td></td><td></td><td></td></tr>
<tr><td>결산</td><td></td><td></td><td></td><td></td></tr>
<tr><td>증감</td><td></td><td></td><td></td><td></td></tr>
<tr><td colspan="3" rowspan="3">총계</td><td>예산</td><td></td><td></td><td></td><td></td></tr>
<tr><td>결산</td><td></td><td></td><td></td><td></td></tr>
<tr><td>증감</td><td></td><td></td><td></td><td></td></tr>
</table>

세입결산서 작성 결과 예산과 결산이 일치하여 증감이 (0)으로 나타나면 예산 운용을 가장 잘한 것이다. 그러나 법인의 기본재산 임대수입 및 이자 등 자주재원보다 보조금, 후원금, 공모사업비 등 의존재원이 많은 비중을 차지하고 있어 현실적으로 쉽지 않다.

증감이 (+)로 나타나는 경우 세입예산보다 적게 수입이 발생하므로 통상적으로 법인 및 시설에서 나타나고 있으며, 증감이 (–)로 나타나는 것은 세입예산이 편성되지 않았는데 예측하지 않은 수입이 발생하였거나 세입예산보다 많은 수입이 발생한 경우로 회계처리상 큰 문제가 없다.

세입결산서는 사회복지시설정보시스템을 활용하여 쉽게 작성할 수 있다. 시스템은 기본적으로 사업명(전체), 자금원천(전체), 출력형태(목까지)로 지정이 되어 있다. 사업별로 필요한 경우 사업명에서 사업별 작성이 가능하여, 자금원천별로 필요한 경우 자금원천에서 보조금, 자부담 등 자금원천별 작성이 가능하다. 다음은 사회복지시설정보시스템에서 세입결산서에서 작성하는 방법이다.

세입결산서 작성 방법(사회복지시설정보시스템)

❖ 사회복지시설정보시스템 > 회계 > 보고서(AC) > 세입결산서에서 작성한다.

- 회계연월(2023-01~2023-12)을 지정하고 조회 버튼 > 출력 등을 활용한다.
  - 기본적으로 사업명(전체), 자금원천(전체), 출력형태([1]목까지) 지정이 되어 있다.
- 사업별로 필요한 경우 사업명에서 사업별 작성이 가능하여, 자금원천별로 필요한 경우 자금원천에서 보조금, 자부담 등 자금원천별 작성이 가능하다.
- 세목까지 작성이 필요한 경우에는 출력형태에서 [2]세목까지를 선택해서 출력이 가능하다.

❖ 엑셀 버튼을 눌러 엑셀파일로 저장 및 출력, 출력 버튼을 눌러 PDF 저장 및 프린터 출력 등을 활용한다.

나. 세출결산서 작성

법인 및 시설 세출결산서 작성 서식은 거의 유사하다. 재원별 구성에 있어 법인의 정부보조금은 시설의 경우 보조금, 법인의 법인부담금은 시설의 경우 시설부담금으로 차이가 있다. 다음은 법인 및 시설의 세출결산서 작성 서식이다.

≪법인 · 시설 세출결산서 작성 서식≫

<table>
<tr><th colspan="3">과목</th><th rowspan="2">구분</th><th rowspan="2">정부보조금
(보조금)</th><th rowspan="2">법인부담금
(시설부담금)</th><th rowspan="2">후원금</th><th rowspan="2">계</th></tr>
<tr><th>관</th><th>항</th><th>목</th></tr>
<tr><td rowspan="3"></td><td rowspan="3"></td><td rowspan="3"></td><td>예산</td><td></td><td></td><td></td><td></td></tr>
<tr><td>결산</td><td></td><td></td><td></td><td></td></tr>
<tr><td>증감</td><td></td><td></td><td></td><td></td></tr>
<tr><td rowspan="3"></td><td rowspan="3"></td><td rowspan="3">합계</td><td>예산</td><td></td><td></td><td></td><td></td></tr>
<tr><td>결산</td><td></td><td></td><td></td><td></td></tr>
<tr><td>증감</td><td></td><td></td><td></td><td></td></tr>
<tr><td rowspan="3"></td><td colspan="2" rowspan="3">합계</td><td>예산</td><td></td><td></td><td></td><td></td></tr>
<tr><td>결산</td><td></td><td></td><td></td><td></td></tr>
<tr><td>증감</td><td></td><td></td><td></td><td></td></tr>
<tr><td colspan="3" rowspan="3">총계</td><td>예산</td><td></td><td></td><td></td><td></td></tr>
<tr><td>결산</td><td></td><td></td><td></td><td></td></tr>
<tr><td>증감</td><td></td><td></td><td></td><td></td></tr>
</table>

세출결산서 작성 결과 ⅰ) 예산과 결산이 일치하여 증감이 (0)으로 나타나면 예산 운용이 가장 이상적이나, 일반적으로 (+)로 나타나며, 이는 집행잔액의 발생을 의미한다. 집행잔액이 많이 발생하면 불용률이 높다는 것을 말하는데, 이는 예산 운용에 있어 바람직하지는 않다. 따라서 결산 전에 예산액과 집행예정액 추계와 추가경정예산 편성을 통해 예산액과 집행액을 일치시키려는 노력이 필요하다.

세출결산서는 사회복지시설정보시스템을 활용하여 쉽게 작성할 수 있다. 시스템은 기본적으로 사업명(전체), 자금원천(전체), 출력형태(목까지)로 지정이 되어 있다. 사업별로 필요한 경우 사업명에서 사업별 작성이 가능하여, 자금원천별로 필요한 경우 자금원천에서 보조금, 자부담 등 자금원천별 작성이 가능하다. 다음은 사회복지시설정보시스템에서 세출결산서에서 작성하는 방법이다.

세출결산서 작성 방법(사회복지지설정보시스템)

❖ 사회복지시설정보시스템 > 회계 > 보고서(AC) > 세출결산서에서 작성한다.

o 회계연월(2023-01~2023-12)을 지정하고 조회 버튼 > 출력 등을 활용한다.

- 기본적으로 사업명(전체), 자금원천(전체), 출력형태([1]목까지) 지정이 되어 있다.

o 사업별로 필요한 경우 사업명에서 사업별 작성이 가능하여, 자금원천별로 필요한 경우 자금원천에서 보조금, 자부담 등 자금원천별 작성이 가능하다.

o 세목까지 작성이 필요한 경우에는 출력형태에서 [2]세목까지를 선택해서 출력이 가능하다.

❖ 엑셀 버튼을 눌러 엑셀파일로 저장 및 출력, 출력 버튼을 눌러 PDF 저장 및 프린터 출력 등을 활용한다.

다. 세입·세출결산서 작성(사례)

비영리법인 및 시설의 결산에 관한 사항은 이사회 심의·의결 사항이다. 따라서 세입 및 세출결산서 작성 시에는 이사회 회의 자료 작성을 감안하여 작성하여야 업무를 효율적으로 처리할 수 있다.

관련 법령

「사회복지법인 나사함복지재단 정관」

제25조(의결사항) 이사회는 다음 사항을 심의·의결한다.

5. 사업계획·실적 및 예산·결산에 관한 사항

6. 재산의 취득·처분 및 관리에 관한 사항

다음은 사회복지법인 나사함복지재단 2023회계연도 세입·세출결산서 작성 사례이다.

2023회계연도 세입·세출결산서

≪결산총괄≫

▣ 세입 · 세출결산 총괄

(금액단위: 원)

구분	법인(재단)			발달장애인복지관			주간보호 센 터	나눔공동 가 정	공동생활 가 정	사랑공동 가 정	합계
	일반사업	근로지원인	소계	일반사업	주간활동	소계					
최종예산액	114,238,913	728,712,388	872,951,301	1,925,623,605	311,926,580	2,237,550,185	201,714,375	108,322,000	104,000,000	105,480,000	3,630,017,861
세입결산액	141,977,373	676,356,979	818,334,352	1,884,854,797	305,406,719	2,190,261,516	198,740,541	108,100,270	103,543,671	105,044,285	3,524,024,635
세출결산액	138,123,890	673,312,911	811,436,801	1,671,803,863	245,944,839	1,917,748,702	172,528,507	95,343,438	99,483,306	102,077,848	3,198,618,602
집행잔액	6,115,023	55,399,477	61,514,500	253,819,742	65,981,741	319,801,483	29,185,868	12,978,562	4,516,694	3,402,152	431,399,259
집 행 률	95.76%	92.40%	92.95%	86.82%	78.85%	85.71%	85.53%	88.02%	95.66%	96.77%	88.12%
세계잉여금	3,853,483	3,044,068	6,897,551	213,050,934	59,461,880	272,512,814	26,212,034	12,756,832	4,060,365	2,966,437	325,406,033

▣ 항목별 세입결산

(금액단위: 원)

구분	법인(재단)			발달장애인복지관			주간보호 센 터	나눔공동 가 정	공동생활 가 정	사랑공동 가 정	합계
	일반사업	근로지원인	소계	일반사업	주간활동	소계					
재산수입	2,150,063	-	2,150,063	-	-	-	-	-	-	-	2,150,063
입소자부담금	-	-	-	-	-	-	-	7,420,000	7,400,000	9,200,000	24,020,000
사업수입	16,112,670	629,244,790	645,357,460	177,574,420	294,252,650	471,827,070	31,145,000	-	-	-	1,148,329,530
보조금수입	-	-	-	1,135,118,550	-	1,135,118,550	140,867,530	70,250,360	77,786,220	85,923,230	1,509,945,890
후원금수입	68,777,651	-	68,777,651	370,667,720	-	370,667,720	3,014,000	16,043,794	10,670,281	4,130,121	473,303,567
전입금	-	-	-	-	-	-	-	7,000,255	2,000,000	-	9,000,255
이월금	51,036,713	47,111,388	98,148,101	200,676,665	11,150,364	211,827,029	23,679,373	6,682,873	5,086,441	5,070,515	350,494,332
잡수입	3,900,276	801	3,901,077	817,442	3,705	821,147	34,638	702,988	600,729	720,419	6,780,998
계	141,977,373	676,356,979	818,334,352	1,884,854,797	305,406,719	2,190,261,516	198,740,541	108,100,270	103,543,671	105,044,285	3,524,024,635

▣ 항목별 세출결산

(금액단위: 원)

구분	법인(재단)			발달장애인복지관			주간보호 센 터	나눔공동 가 정	공동생활 가 정	사랑공동 가 정	합계
	일반사업	근로지원인	소계	일반사업	주간활동	소계					
사무비	87,092,302	669,948,771	757,041,073	1,118,565,830	168,040,909	1,286,606,739	133,362,037	73,161,045	78,934,213	83,287,028	2,412,392,135
재산조성비	20,439,980	1,352,630	21,792,610	4,756,740	9,487,510	14,244,250	-	11,572,970	7,913,430	4,886,760	60,410,020
사업비	21,591,608	2,011,510	23,603,118	532,613,688	68,416,420	601,030,108	39,166,470	10,608,948	12,635,230	13,904,060	700,947,934
전출금	9,000,000	-	9,000,000	-	-	-	-	-	-	-	9,000,000
잡지출	-	-	-	-	-	-	-	-	-	-	-
예비비 및 기타	-	-	-	15,867,605		15,867,605		475	433		15,868,513
계	138,123,890	673,312,911	811,436,801	1,671,803,863	245,944,839	1,917,748,702	172,528,507	95,343,438	99,483,306	102,077,848	3,198,618,602

≪법인·시설별 결산내역≫

▣ 나사함복지재단(법인)

<일반사업>

1. 세입·세출 결산 총괄 (금액단위: 원)

세입결산총액	세출결산총액	세계잉여금	비고
141,977,373	138,123,890	3,853,483	※ 잉여금 3,853,483원은 2024회계연도 이월 처리

가. 항목별 세입결산 내역 (금액단위: 원)

항목			세입년액	비고
재산수입	기본재산수입	배당 및 이자수입	2,150,063	
		소계	2,150,063	
사업수입	사업수입	근로인지원사업	–	
		인식개선 교육사업	15,512,670	
		기관실습사업	600,000	
		소계	16,112,670	
후원금수입	후원금수입	지정후원금(이자)	1,069	
		비지정후원금	68,776,582	
		소계	68,777,651	
이월금	이월금	전년도이월금	3,456,187	
		전년도이월금(후원금)	47,580,526	
		소계	51,036,713	
잡수입	잡수입	기타예금이자수입	276	
		기타잡수입	3,900,000	
		소계	3,900,276	
합계			141,977,373	

나. 항목별 세출결산 내역 (금액단위: 원)

항목			세출년액	비고
사무비	인건비	급여	57,598,440	
		제수당	–	
		퇴직금 및 퇴직적립금	4,708,310	
		사회보험 부담금	1,910,130	
		소계	66,032,540	

항목			세출년액	비고
사무비	업무추진비	기관운영비	–	
		직책보조비	–	
		소계	–	
	운영비	여비	542,600	
		수용비 및 수수료	2,431,130	
		공공요금	1,429,332	
		제세공과금	4,656,700	
		기타운영비	12,000,000	
		소계	21,059,762	
	사무비 계		87,092,302	
재산조성비	시설비	시설비	20,022,000	
		자산취득비	417,980	
		시설장비유지비	–	
		소계	20,439,980	
사업비	일반사업비	포상사업비	2,073,848	
		양성교육사업비	19,117,760	
		기관실습사업비	400,000	
		소계	21,591,608	
전출금	전출금	시설전출금(후원금)	9,000,000	
		소계	9,000,000	
예비비 및 기타	예비비	예비비	–	
합계			138,123,890	

2. 잔액조서

(금액단위: 원)

항목	통장구분	통장번호	잔액	비고
운영비/자부담	부산은행	093-01-021013-3	481,128	
지정후원금	부산은행	101-2052-3095-06	–	
비지정후원금	부산은행	093-01-021017-6	3,372,355	
합계			3,853,483	

<근로인 지원사업>

1. 세입 · 세출 결산 총괄

(금액단위: 원)

세입결산총액	세출결산총액	세계잉여금	비고
676,356,979	673,312,911	3,044,068	※ 잉여금 3,044,068원은 2024회계연도(일반사업) 이월 처리

가. 항목별 세입결산 내역

(금액단위: 원)

항목			세입년액	비고
재산수입	기본재산수입	배당 및 이자수입	–	
		소계	–	
사업수입	사업수입	근로인지원사업	629,244,790	
		인식개선 교육사업	–	
		기관실습사업	–	
		소계	629,244,790	
후원금수입	후원금수입	지정후원금(이자)	–	
		비지정후원금	–	
		소계	–	
이월금	이월금	전년도이월금	47,111,388	
		전년도이월금(후원금)	–	
		소계	47,111,388	
잡수입	잡수입	기타예금이자수입	801	
		기타잡수입	–	
		소계	801	
합계			676,356,979	

나. 항목별 세출결산 내역

(금액단위: 원)

항목			세출년액	비고
사무비	인건비	급여	518,928,258	
		제수당	–	
		퇴직금 및 퇴직적립금	46,738,769	
		사회보험 부담금	88,068,844	
		소계	653,735,871	
	업무추진비	기관운영비	–	
		직책보조비	9,600,000	
		소계	9,600,000	

항목			세출년액	비고
사무비	운영비	여비	4,300,000	
		수용비 및 수수료	1,911,668	
		공공요금	401,232	
		제세공과금	–	
		기타운영비	–	
		소계	1,227,100	
	사무비 계		669,948,771	
재산조성비	시설비	시설비	–	
		자산취득비	1,352,630	
		시설장비유지비	–	
		소계	1,352,630	
사업비	일반사업비	포상사업비	–	
		양성교육사업비	2,011,510	
		기관실습사업비	–	
		소계	2,011,510	
전출금	전출금	시설전출금(후원금)	–	
		소계	–	
예비비 및 기타	예비비	예비비	–	
합계			673,312,911	

2. 잔액조서

(금액단위: 원)

항목	통장구분	통장번호	잔액	비고
근로인지원사업	부산은행	101-2049-0859-05	3,044,068	
합계			3,044,068	

(이하 생략)

출처: 사회복지법인 나사함복지재단 홈페이지(http://www.nshwf.or.kr): 법인소식 > 공고(공시)사항 > 나사함복지재단(법인) 2023회계연도 결산 공고(2024. 3. 26.) 및 내부자료

2. 후원금전용계좌 입출금 내역서

「사회복지법인 및 사회복지시설 재무·회계 규칙」 제20조제1항제18호에서 법인 및 시설에서 결산보고서에 첨부해야 할 서류로, 후원금전용계좌의 입출금내역을 제출하도록 하고 있다. 후원금전용계좌 입출금내역서는 거래금융기관에서 발급 받을 수 있으며, 인터넷뱅킹으로 엑셀로 다운받아 편집 후 쉽게 활용할 수 있다. 다음은 후원금전용계좌 입출금 내역서 작성 사례이다.

≪후원금전용계좌 입출금 내역서≫

번호	거래일시	적요	기재내용	입금금액	출금금액	거래 후 잔액
1	2023-01-02 10:11:52	체크카드	복사용지 구입		140,000	157,890
2	2023-01-06 11:10:00	CMS공동	CMS출금	3,277,880		3,435,770
3	2023-01-12 10:11:52	자동이체	홍길동	20,000		3,455,770
4	2023-01-25 09:10:52	IB지급	1월 급여(사랑해)		2,320,000	1,135,770
5	2023-01-25 09:20:40	IB지급	1월 급여 공제		130,000	1,005,770

제3절 결산 보고·심의·제출 등

1 결산(안) 보고 및 심의

1. 시설운영위원회 보고

법인의 대표이사 및 시설의 장은 법인회계와 시설회계의 세입·세출 결산보고서를 작성하여 각각 이사회의 의결 및 시설운영위원회에의 보고를 거친 후 다음 연도 3월 31일까지(「영유아보육법」 제2조에 따른 어린이집의 경우에는 5월 31일까지) 시장·군수·구청장에게 제출한다. 제출의 경우 「사회복지사업법」 제6조의2제2항에 따른 정보시스템을 활용한 제출을 포함한다. 법인이 설치·운영하는 시설인 경우에는 시설운영위원회에 보고 후 법인 이사회의 의결을 거쳐 제출하여야 한다.

장기요양기관의 장은 결산보고서를 작성하여 다음 연도 3월 31일까지 관할 특별자치시장·특별자치도지사·시장·군수·구청장에게 정보시스템을 활용하여 제출하여야 한다.

관련 법령

「사회복지법인 및 사회복지시설 재무 · 회계 규칙」

제19조(결산서의 작성 제출) ① 법인의 대표이사 및 시설의 장은 법인회계와 시설회계의 세입·세출 결산보고서를 작성하여 각각 이사회의 의결 및 시설운영위원회에의 보고를 거친 후 다음 연도 3월 31일까지(「영유아보육법」 제2조에 따른 어린이집의 경우에는 5월 31일까지를 말한다) 시장·군수·구청장에게 제출(「사회복지사업법」 제6조의2제2항에 따른 정보시스템을 활용한 제출을 포함한다)하여야 한다. 다만, 법인이 설치·운영하는 시설인 경우에는 시설운영위원회에 보고한 후 법인 이사회의 의결을 거쳐 제출하여야 한다. <개정 2012. 8. 7., 2015. 12. 24.>

「장기요양기관 재무 · 회계 규칙」

제10조(결산보고서의 작성 및 제출) ① 장기요양기관의 장은 결산보고서를 작성하여 다음 연도 3월 31일까지 관할 특별자치시장·특별자치도지사·시장·군수·구청장에게 정보시스템을 활용하여 제출하여야 한다.

2. 이사회 심의안건 작성

다음은 사회복지법인 나사함복지재단 2024년도 정기이사회 2023회계연도 결산(안)을 작성한 것이다.

Ⅱ. 2023회계연도 결산(안)

1 결산개요

□ 법적근거 및 절차

ㅇ 관련근거

-「사회복지사업법」 제23조제4항, 제34조제3항 및 제45조제2항

-「사회복지법인 및 사회복지시설 재무·회계 규칙」 제19조

ㅇ 결산서의 작성 제출

- 법인의 대표이사 및 시설의 장은 법인회계와 시설회계의 세입·세출 결산보고서를 작성하여 각각 이사회의 의결 및 시설운영위원회에의 보고를 거친 후 다음 연도 3월 31일까지 구청장에게 제출(정보시스템 활용 제출 포함)

- 법인이 설치·운영하는 시설인 경우에는 시설운영위원회에 보고한 후 법인 이사회의 의결을 거쳐 제출

ㅇ 법인·시설의 세입·세출결산서 공고

- 구청장은 결산보고서를 제출받은 때에는 20일 이내에 법인 및 시설의 세입·세출결산서를 구의 게시판과 인터넷 홈페이지에 20일 이상 공고

- 법인의 대표이사 및 시설의 장은 해당 법인 및 시설의 게시판과 인터넷 홈페이지에 20일 이상 공고

≪결산 첨부서류≫

◇ 세입·세출결산서 ◇ 과목 전용조서 ◇ 예비비 사용조서 ◇ 기본재산수입명세서(법인)
◇ 사업수입명세서 ◇ 정부보조금명세서 ◇ 후원금수입 및 사용결과보고서
◇ 후원금전용계좌의 입출금내 ◇ 인건비명세서 ◇ 사업비명세서 ◇그밖의 비용명세서
◇ 감사보고서 ◇ 법인세 신고서(수익사업)

□ 결산방향

ㅇ 희망이음(사회복지시설정보시스템) 자료 점검: 수입과 지출 내용 확인

ㅇ 회계장부상 지출금과 은행예금 실제 지출금 일치 여부

ㅇ 세입결산액과 세출결산액 차액으로 발생한 세계잉여금 확인

ㅇ 순세계잉여금과 연도 말 은행예금 잔액 일치 여부 확인

2 세입·세출 결산 총괄

□ 세입 · 세출 결산총괄

(금액단위: 원)

구분	법인(재단)			발달장애인복지관			주간보호 센 터	나눔공동 가 정	공동생활 가 정	사랑공동 가 정	합계
	일반사업	근로지원인	소계	일반사업	주간활동	소계					
최종예산액	114,238,913	728,712,388	872,951,301	1,925,623,605	311,926,580	2,237,550,185	201,714,375	108,322,000	104,000,000	105,480,000	3,630,017,861
세입결산액	141,977,373	676,356,979	818,334,352	1,884,854,797	305,406,719	2,190,261,516	198,740,541	108,100,270	103,543,671	105,044,285	3,524,024,635
세출결산액	138,123,890	673,312,911	811,436,801	1,671,803,863	245,944,839	1,917,748,702	172,528,507	95,343,438	99,483,306	102,077,848	3,198,618,602
집행잔액	6,115,023	55,399,477	61,514,500	253,819,742	65,981,741	319,801,483	29,185,868	12,978,562	4,516,694	3,402,152	431,399,259
집 행 률	95.76%	92.40%	92.95%	86.82%	78.85%	85.71%	85.53%	88.02%	95.66%	96.77%	88.12%
세계잉여금	3,853,483	3,044,068	6,897,551	213,050,934	59,461,880	272,512,814	26,212,034	12,756,832	4,060,365	2,966,437	325,406,033

□ 항목별 세입결산 내역

(금액단위: 원)

구분	법인(재단)			발달장애인복지관			주간보호 센 터	나눔공동 가 정	공동생활 가 정	사랑공동 가 정	합계
	일반사업	근로지원인	소계	일반사업	주간활동	소계					
재산수입	2,150,063	-	2,150,063	-	-	-	-	-	-	-	2,150,063
입소자부담금	-	-	-	-	-	-	-	7,420,000	7,400,000	9,200,000	24,020,000
사업수입	16,112,670	629,244,790	645,357,460	177,574,420	294,252,650	471,827,070	31,145,000	-	-	-	1,148,329,530
보조금수입	-	-	-	1,135,118,550	-	1,135,118,550	140,867,530	70,250,360	77,786,220	85,923,230	1,509,945,890
후원금수입	68,777,651	-	68,777,651	370,667,720	-	370,667,720	3,014,000	16,043,794	10,670,281	4,130,121	473,303,567
전입금	-	-	-	-	-	-	-	7,000,255	2,000,000	-	9,000,255
이월금	51,036,713	47,111,388	98,148,101	200,676,665	11,150,364	211,827,029	23,679,373	6,682,873	5,086,441	5,070,515	350,494,332
잡수입	3,900,276	801	3,901,077	817,442	3,705	821,147	34,638	702,988	600,729	720,419	6,780,998
계	141,977,373	676,356,979	818,334,352	1,884,854,797	305,406,719	2,190,261,516	198,740,541	108,100,270	103,543,671	105,044,285	3,524,024,635

□ 항목별 세출결산 내역

(금액단위: 원)

구분	법인(재단)			발달장애인복지관			주간보호 센 터	나눔공동 가 정	공동생활 가 정	사랑공동 가 정	합계
	일반사업	근로지원인	소계	일반사업	주간활동	소계					
사무비	87,092,302	669,948,771	757,041,073	1,118,565,830	168,040,909	1,286,606,739	133,362,037	73,161,045	78,934,213	83,287,028	2,412,392,135
재산조성비	20,439,980	1,352,630	21,792,610	4,756,740	9,487,510	14,244,250	-	11,572,970	7,913,430	4,886,760	60,410,020
사업비	21,591,608	2,011,510	23,603,118	532,613,688	68,416,420	601,030,108	39,166,470	10,608,948	12,635,230	13,904,060	700,947,934
전출금	9,000,000	-	9,000,000	-	-	-	-	-	-	-	9,000,000
잡지출	-	-	-	-	-	-	-	-	-	-	-
예비비 및 기타	-	-	-	15,867,605		15,867,605		475	433		15,868,513
계	138,123,890	673,312,911	811,436,801	1,671,803,863	245,944,839	1,917,748,702	172,528,507	95,343,438	99,483,306	102,077,848	3,198,618,602

3 법인 및 시설별 결산내역

☐ 나사함복지재단

<일반사업>

1. 세입·세출 결산 총괄

(금액단위: 원)

세입결산총액	세출결산총액	세계잉여금	비고
141,977,373	138,123,890	3,853,483	※ 잉여금 3,853,483원은 2024회계연도 이월 처리

가. 항목별 세입결산 내역 (금액단위: 원)

항목			세입년액	비고
재산수입	기본재산수입	배당 및 이자수입	2,150,063	
		소계	2,150,063	
사업수입	사업수입	근로인지원사업	–	
		인식개선 교육사업	15,512,670	
		기관실습사업	600,000	
		소계	16,112,670	
후원금수입	후원금수입	지정후원금(이자)	1,069	
		비지정후원금	68,776,582	
		소계	68,777,651	
이월금	이월금	전년도이월금	3,456,187	
		전년도이월금(후원금)	47,580,526	
		소계	51,036,713	
잡수입	잡수입	기타예금이자수입	276	
		기타잡수입	3,900,000	
		소계	3,900,276	
합계			141,977,373	

나. 항목별 세출결산 내역 (금액단위: 원)

항목			세출년액	비고
사무비	인건비	급여	57,598,440	
		제수당	–	
		퇴직금 및 퇴직적립금	4,708,310	
		사회보험 부담금	1,910,130	
		소계	66,032,540	

항목			세출년액	비고
사무비	업무추진비	기관운영비	–	
		직책보조비	–	
		소계	–	
	운영비	여비	542,600	
		수용비 및 수수료	2,431,130	
		공공요금	1,429,332	
		제세공과금	4,656,700	
		기타운영비	12,000,000	
		소계	21,059,762	
	사무비 계		87,092,302	
재산조성비	시설비	시설비	20,022,000	
		자산취득비	417,980	
		시설장비유지비	–	
		소계	20,439,980	
사업비	일반사업비	포상사업비	2,073,848	
		양성교육사업비	19,117,760	
		기관실습사업비	400,000	
		소계	21,591,608	
전출금	전출금	시설전출금(후원금)	9,000,000	
		소계	9,000,000	
예비비 및 기타	예비비	예비비	–	
합계			138,123,890	

2. 잔액조서

(금액단위: 원)

항목	통장구분	통장번호	잔액	비고
운영비/자부담	부산은행	093-01-021013-3	481,128	
지정후원금	부산은행	101-2052-3095-06	–	
비지정후원금	부산은행	093-01-021017-6	3,372,355	
합계			3,853,483	

<근로인지원사업>

1. 세입 · 세출 결산 총괄

(금액단위: 원)

세입결산총액	세출결산총액	세계잉여금	비고
676,356,979	673,312,911	3,044,068	※잉여금 3,044,068원은 2024회계연도(일반사업) 이월 처리

가. 항목별 세입결산 내역

(금액단위: 원)

항목			세입년액	비고
재산수입	기본재산수입	배당 및 이자수입	–	
		소계	–	
사업수입	사업수입	근로인지원사업	629,244,790	
		인식개선 교육사업	–	
		기관실습사업	–	
		소계	629,244,790	
후원금수입	후원금수입	지정후원금(이자)	–	
		비지정후원금	–	
		소계	–	
이월금	이월금	전년도이월금	47,111,388	
		전년도이월금(후원금)	–	
		소계	47,111,388	
잡수입	잡수입	기타예금이자수입	801	
		기타잡수입	–	
		소계	801	
합계			676,356,979	

나. 항목별 세출결산 내역

(금액단위: 원)

항목			세출년액	비고
사무비	인건비	급여	518,928,258	
		제수당	–	
		퇴직금 및 퇴직적립금	46,738,769	
		사회보험 부담금	88,068,844	
		소계	653,735,871	
	업무추진비	기관운영비	–	
		직책보조비	9,600,000	
		소계	9,600,000	

항목			세출년액	비고
사무비	운영비	여비	4,300,000	
		수용비 및 수수료	1,911,668	
		공공요금	401,232	
		제세공과금	–	
		기타운영비	–	
		소계	1,227,100	
	사무비 계		669,948,771	
재산조성비	시설비	시설비	–	
		자산취득비	1,352,630	
		시설장비유지비	–	
		소계	1,352,630	
사업비	일반사업비	포상사업비	–	
		양성교육사업비	2,011,510	
		기관실습사업비	–	
		소계	2,011,510	
전출금	전출금	시설전출금(후원금)	–	
		소계	–	
예비비 및 기타	예비비	예비비	–	
합계			673,312,911	

2. 잔액조서

(금액단위: 원)

항목	통장구분	통장번호	잔액	비고
근로인지원사업	부산은행	101–2049–0859–05	3,044,068	
합계			3,044,068	

☐ 장애인복지관

<일반사업>

…………………………………… (이하 생략) ……………………………………

3. 이사회 회의록 작성

이사회는 i) 개의, 회의 중지 및 산회 일시, ii) 안건, iii) 의사 iv) 출석한 임원의 성명, v) 표결 수, vi) 그밖에 대표이사가 작성할 필요가 있다고 인정하는 사항을 기재한 회의록을 작성하여야 한다. 다만, 이사회 개최 당일에 회의록 작성이 어려운 사정이 있는 경우에는 안건별로 심의·의결 결과를 기록한 회의조서를 작성한 후 회의록을 작성할 수 있다. 회의조서를 작성한 경우에는 조속한 시일 내에 회의록을 작성하여야 한다.

회의록 및 회의조서에는 출석임원 전원이 날인하되 그 회의록 또는 회의조서가 2매 이상인 경우에는 간인(間印)하여야 한다.

사회복지법인은 이사회의 회의록을 회의일부터 10일 이내에 해당 사회복지법인의 인터넷 홈페이지와 관할 시·도지사가 지정하는 인터넷 홈페이지에 3개월간 공개하여야 한다. 다만,「공공기관의 정보공개에 관한 법률」제9조제1항제4호부터 제8호까지의 규정에 대해서는 이사회의 의결로 공개하지 아니할 수 있다.

다음은 사회복지법인 나사함복지재단 2024년도 정기이사회 회의록 중 2023회계연도 결산(안) 심의·의결 부분이다.

2024년도 정기이사회 회의록(의사록)

……………………………………… (중간 생략) ………………………………………

① 2023년도 회계연도 결산(안) 심의·의결

<대표이사>

- 먼저 2023년도 회계연도 결산안에 대해 심의하겠습니다. 경영기획실장은 2023년도 회계연도 결산안에 대하여 핵심 위주로 보고해 주시기 바랍니다.

<경영기획실장>

- 경영기획실장입니다. 회의자료 1페이지부터 10페이지까지 법인 일반 및 재정현황은

자료를 참고해 주시기 바랍니다. 나사함복지재단 법인 및 시설 2023회계연도 결산에 대해 보고드리겠습니다.

- (회의자료 5페이지) 2023년도 결산개요입니다. 법적 근거 및 절차는 자료를 참고하시기 바라며, 결산 방향은 i) 희망이음 및 사회복지시설정보시스템 자료 점검을 통하여 수입과 지출 내용을 확인하고, ii) 회계장부상 수입금과 예금계좌 실제 수입금과 일치 여부 대조, iii) 세입결산액과 세출결산액 차액으로 발생한 세계잉여금을 확인하는 한편, iv) 순세계잉여금과 연도 말 예금계좌 잔액 일치 여부를 확인하였습니다.
- (회의자료 6페이지) 2023년도 세입·세출 결산 총괄입니다.
  - 먼저 세입결산 총액은 35억 원으로 법인 8억 2천만 원, 발달장애인복지관 21억 9천만 원, 주간보호센터 2억 원, 나눔공동가정 1억 원, 공동생활가정 1억 원, 사랑공동가정 1억 원입니다.
  - 다음 세출결산 총액은 31억 9천8백 원으로 법인 8억 원, 발달장애인복지관 19억 원, 주간보호센터 1억 7천만 원, 나눔공동가정 9천5백만 원, 공동생활가정 9천9백만 원, 사랑공동가정 1억 원입니다.
  - 따라서 세계잉여금은 3억 원이 발생하였는데, 이는 2024년도 제1회 추가경정 세입예산 전년도 이월금으로 세입 처리하였습니다.
- 항목별 세입결산과 세출결산은 자료를 참고하시기 바랍니다.
- (다음은 7페이지) 법인 및 시설별 결산 내역입니다.
  - 나사함복지재단 법인 세입·세출 결산 총괄 및 잔액 조서는 자료를 참고하시기 바랍니다.
  - (다음은 10페이지) 나사함발달장애인복지관 세입·세출 결산 총괄 및 잔액조서는 자료를 참고하시기 바랍니다.
  - (13페이지입니다) 나사함주간보호센터 세입·세출 결산 총괄 및 잔액조서는 자료를 참고하시기 바랍니다.
  - (다음 15페이지) 나사함나눔공동가정 세입·세출 결산 총괄 및 잔액조서는 자료를 참고하시기 바랍니다.
  - (다음 16페이지) 나사함공동생활가정 세입·세출 결산 총괄 및 잔액조서는 자료를 참고하시기 바랍니다.
  - (18페이지) 나사함사랑공동가정 세입·세출 결산 총괄 및 잔액조서는 자료를 참고하시기 바랍니다.

○ 이상으로 2023년도 회계연도 결산안에 대한 보고를 마치겠습니다. 관련 법령 등 적법한 절차에 따라 집행하고 적절한 결산을 하였다는 말씀을 드리며, 2023회계연도 결산안을 원안대로 의결하여 주실 것을 당부드립니다. 감사합니다.

<대표이사>

○ 경영기획실장 보고 잘 들었습니다. 다음은 △△△ 감사께서 2023회계연도 법인 및 시설 회계 감사결과에 대해 보고해 주시기 바랍니다.

<법인감사>

○ (회의자료 20페이지입니다) 사회복지법인 나사함복지재단 2023회계연도 감사결과를 보고드리겠습니다. 먼저 감사개요입니다. 「사회복지법인 및 사회복지시설 재무·회계 규칙」 제42조의 규정에 따라 2023년도 법인 및 시설 운영 전반에 대해 감사를 시행하였습니다.

- 감사는 2024년 2월 26일부터 28일까지 3일간 ⅰ) 사회복지법인 및 사회복지시설 재무·회계 규칙 등 관련 법령 준수 여부, ⅱ) 법인 및 시설 2023년도 결산서 및 공익법인 결산 및 세무확인 자료 감사, ⅲ) 법인 및 시설 희망이음 및 사회복지시설정보시스템 운용실태 감사, ⅳ) 법인 및 시설 방문, 컴퓨터 활용 및 담당자 면담 등을 통한 감사를 실시하였습니다.

○ 감사 결과입니다. 법인 및 사회복지시설은 예산 편성 및 집행, 결산 등 재무회계에 있어 「사회복지법인 및 사회복지시설 재무·회계 규칙」의 규정과 희망이음(사회복지시설정보시스템)과 연계하여 투명하고 적절하게 운용되고 있으며, 회계서류 보관 및 관리도 잘 되고 있습니다.

- 지출결산에 있어 법인·시설 전체 집행률은 88.12%이나 복지관의 경우 85.71%의 저조한 편으로, 개선이 요구됩니다. 이상으로 감사 보고를 마치겠습니다.

  2024년 3월 7일 사회복지법인 나사함복지재단 감사 △△△, □□□

<대표이사>

○ △△△ 감사님! □□□ 감사님 감사하신다고 고생이 많으셨습니다.

○ 2023회계연도 결산안과 감사 보고사항에 대해 궁금하신 사항이나 좋은 고견이 계시면 말씀해 주시기 바랍니다.

<대표이사>

○ 더 이상 질의나 이견이 없으시면 의결토록 하겠습니다. 2023회계연도 결산안에 대하여

원안대로 의결코자 하는 데 이의가 없으십니까?

ㅇ 이의가 없으므로 2023회계연도 결산안은 원안대로 의결되었음을 선포합니다.(의사봉 3타)

………………………………………… (이하 생략) …………………………………………

출처: 부산광역시남구청 홈페이지(https://www.bsnamgu.go.kr): 주민복지 > 남구복지 > 사회복지법인 이사회 회의록 > 사회복지법인 나사함복지재단 이사회 회의록 공개(2024-03-15)

4. 이사회 회의록 날인

이사회는 개의, 회의 중지 및 산회 일시, 안건, 의사, 출석한 임원의 성명, 표결수, 그밖에 대표이사가 작성할 필요가 있다고 인정하는 사항을 회의록에 기재하여야 한다. 회의록 작성이 어려운 경우, 우선 안건별로 회의조서를 작성하고 조속한 시일 내에 회의록을 작성할 수 있다. 회의록 및 회의조서 마지막 장에 출석임원 전원이 날인하여야 한다. 법인의 감사 전원은 이사회 참석 여부와 무관하게 이사회 회의록에 기명날인하여야 한다. 회의록 및 회의조서가 2매 이상인 경우에는 출석임원 전원이 간인(間印)하여야 한다. 마지막 장의 날인 방법은 i) 인감, ii) 기명란에 자필 서명 후 일반 날인, iii) 기명란에 기명 후 날인 부분에 자필 서명 중 하나를 선택하여 날인한다.

2 시 · 군 · 구청장에게 제출

1. 제출기한(3월 31일)

법인의 대표이사 및 시설의 장은 법인회계와 시설회계의 세입·세출 결산보고서를 작성하여 각각 이사회의 의결 및 시설운영위원회에의 보고를 거친 후 다음 연도 3월 31일까지(「영유아보육법」 제2조에 따른 어린이집의 경우에는 5월 31일까지) 시장·군수·구청장에게 제출(「사회복지사업법」 제6조의2제2항에 따른 정보시스템을 활용한 제출 포함)하여야 한다. 다만, 법인이 설치·운영하는 시설인 경우에는 시설운영위원회에 보고한 후 법인 이사회의 의결을 거쳐 제출하여야 한다.

2. 결산보고서와 첨부서류

가. 복식부기

결산보고서에는 세입·세출결산서, 과목 전용조서, 예비비 사용조서, 재무상태표, 수지계산서, 현금 및 예금명세서, 유가증권명세서, 미수금명세서, 재고자산명세서, 그밖의 유동자산명세서, 고정자산(토지·건물·차량운반구·비품·전화가입권)명세서, 부채명세서(차입금·미지급금 포함), 각종 충당금 명세서, 기본재산수입명세서(법인만 해당), 사업수입명세서, 정부보조금명세서, 후원금수입 및 사용결과보고서(전산파일 포함), 후원금전용계좌의 입출금내역, 인건비명세서, 사업비명세서, 그밖의 비용명세서(인건비 및 사업비를 제외한 비용), 감사보고서, 법인세 신고서(수익사업이 있는 경우만 해당) 서류가 첨부되어야 한다(「사회복지법인 및 사회복지시설 재무·회계 규칙」 제20조제1항).

나. 단식부기

단식부기로 회계를 처리하는 경우에는 세입·세출결산서, 과목 전용조서, 예비비 사용조서, 기본재산수입명세서(법인만 해당), 사업수입명세서, 정부보조금명세서, 후원금수입 및 사용결과보고서(전산파일 포함), 후원금전용계좌의 입출금내역, 인건비명세서, 사업비명세서, 그밖의 비용명세서(인건비 및 사업비를 제외한 비용), 감사보고서, 법인세 신고서(수익사업이 있는 경우만 해당)만을 첨부할 수 있다(「사회복지법인 및 사회복지시설 재무·회계 규칙」 제20조제1항).

다. 소규모 시설 등

소규모 시설의 경우에는 세입·세출결산서, 후원금수입 및 사용결과보고서, 노인장기요양기관의 경우에는 세입·세출결산서, 과목 전용조서, 예비비 사용조서, 정부보조금명세서, 후원금수입 및 사용결과보고서(전산파일 포함), 후원금전용계좌의 입출금내역, 인건비명세서, 사업비명세서, 그밖의 비용명세서(인건비 및 사업비를 제외한 비용)만을 첨부할 수 있다. 「영유아보육법」 제2조에 따른 어린이집은 보건복지부장관이 정하는 바에 따른다(「사회복지법인 및 사회복지시설 재무·회계 규칙」 제20조제1항).

3. 사회서비스정보시스템 제출

사회서비스정보시스템 세입·세출결산서에는 문서와 함께 ⅰ) 결산총괄표, ⅱ) 결산서(세입결산서, 세출결산서, 보조금반납결의서), ⅲ) 명세서(사업수입명세서, 정부보조금명세서, 인건비명세서, 사업비명세서, 사무비명세서, 잡지출명세서, 기본재산수입명세서, 부채명세서, 기타유동잔산명세서, 재고자산명세서, 미수금명세서, 유가증권명세서, 현금및예금명세서, 고정자산명세서, 충당금명세서, ⅳ) 후원금품(후원금수입내역서, 후원금사용내역서, 후원품수입내역서, 후원품사용내역서, 후원금전용계좌정보), ⅴ) 조서(예비비사용조서, 과목전용조서) 등이 사회복지시설정보시스템과 연계되어 생성된다.

결산자료 생성 및 제출(사회서비스정보시스템)

❖ 사회서비스정보시스템(로그인) > 시군구보고 > 세입세출결산서 > 세입세출결산보고에서 한다.

- (우측 하단) 결산보고 → 공문상세정보, 문서 내용을 작성하고 첨부물(파일) 첨부 후 저장
- 공문제출번호와 문서번호는 시군구 제출 시 자동으로 생성된다. 내용작성은 제목을 “나사함복지재단 2023회계연도 세입·세출결산서 및 첨부서류 제출”로 입력하고 문서의 내용을 입력한다.
- 시스템으로 생성되지 않는 ⅰ) 감사보고서, ⅱ) 이사회 회의록, ⅲ) 후원금전용계좌 입출금 내역서(계좌별), ⅳ) 예금잔액증명서 등을 파일로 업로드한다.

❖ 결산총괄표 등은 사회복지시설정보시스템에서 작성된 자료정보를 사회서비스포털에서 생성하여 자동으로 작성되기 때문에 생성을 클릭한 후 상당한 시간이 소요되니 기다려야 한다.

- 결산총괄표 생성기준의 생성 요청(클릭) > 생성대기중(3~5시간) > 결산총괄표 등 생성 > 공문출력(결산총괄표) > 결재요청 > 공문출력(공문다운) > 시군구체출(완료 확인)
- 3~5시간 경과 후에도 생성되지 않을 경우 "크롬 브라우저"에서 Ctrl+Shift+Delete를 누르고 인터넷 사용 기록을 삭제하여야 한다. 기간은 "전체 기간"으로 ⅰ) 인터넷 사용 기록, ⅱ) 쿠키 및 기타 사이트 데이터, ⅲ) 캐시된 이미지 및 파일을 각각 체크하고 "인터넷 사용 기록 삭제"를 클릭한다.

다음은 사회복지법인 나사함복지재단 2023회계연도 세입·세출결산서 및 첨부서류를 부산광역시남구청장(주민복지과장)에게 제출한 문서이다.

보고시군구: 부산광역시 남구　　수신자: 주민복지과장
발신명의: 사회복지법인 나사함복지재단　　문서번호 기획관리부-2024-00001
시행일자 2024-03-13
제목: 나사함복지재단 2023회계연도 세입·세출결산서 및 첨부서류 제출

[문서 내용]
사회복지법인 나사함복지재단 2023회계연도 세입·세출결산서 및 첨부자료를 붙임과 같이 제출합니다.

붙임 1. 2023회계연도 감사보고서 1부.
2. 2024년도 정기이사회 회의록 사본 1부.
3. 2023년도 후원금 입출금 내역서(비지정후원금) 1부.
4. 2023년도 후원금 입출금 내역서(지정후원금) 1부.
5. 예금잔액증명서(2023. 12. 31. 기준) 1부. 끝.

3 결산 공고 및 잉여금 처리

1. 시장·군수·구청장 공고

시장·군수·구청장은 법인의 대표이사 및 시설의 장으로부터 결산보고서를 제출받은 때에는 20일 이내에 법인 및 시설의 세입·세출결산서를 시·군·구의 게시판과 인터넷 홈페이지에 20일 이상 공고하여야 한다.

2. 대표이사 및 시설장 공고

시장·군수·구청장은 법인의 대표이사 및 시설의 장으로 하여금 세입·세출결산서를 해당 법인 및 시설의 게시판과 인터넷 홈페이지에 20일 이상 공고하도록 하여야 한다.[1)]

법인의 대표이사 및 시설의 장은 세입·세출결산서를 시장·군수·구청장에게 제출한 때에는 세입·세출결산서를 해당 법인 및 시설의 게시판과 인터넷 홈페이지에 20일 이상 공고하여야 한다.

법인 및 시설의 세입·세출결산서 공고는「사회복지사업법」제6조의2제2항에 따른 정보시스템에 게시하거나「영유아보육법」제49조의2제1항에 따라 공시하는 것으로 갈음할 수 있다.

3. 결산잉여금 처리

지방자치단체는 회계연도마다 세입·세출 결산상 잉여금(剩餘金)이 있을 때에는 ⅰ) 다른 법률에 따라 용도가 정하여진 금액, ⅱ)「지방재정법」제50조에 따른 이월금을 뺀 잉여금을 그 잉여금이 생긴 회계연도의 다음 회계연도까지 세출예산에 관계없이 지방채의 원리금 상환에 사용할 수 있다. 지방자치단체의 장은 매 회

1)「사회복지법인 및 사회복지시설 재무·회계 규칙」제19조(결산서의 작성 제출)제2항

계연도의 결산상 잉여금이 있는 경우에는 「지방회계법」 제19조 각호의 금액과 지방채증권 또는 차입금의 상환해당액을 공제한 금액을 다음 연도 세입에 이입(移入)하여야 한다(「지방회계법」 제19조 및 같은 법 시행령 제16조).

결산잉여금에서 반납하여야 할 보조금 등과 다음 연도에 이월해서 집행할 금액을 공제한 것이 순세계잉여금이다. 순세계잉여금은 다음 회계연도 전년도 이월금으로 세입예산에 편성해서 집행할 수 있다.

제4절 법인 지도·감독 및 감사

1 지도·감독 및 회계감사

1. 법인·시설 지도·감독

보건복지부장관, 시·도지사 또는 시장·군수·구청장은 사회복지사업을 운영하는 자의 소관 업무에 관하여 지도·감독을 하며, 필요한 경우 그 업무에 관하여 보고 또는 관계 서류의 제출을 명하거나, 소속 공무원으로 하여금 사회복지법인의 사무소 또는 시설에 출입하여 검사 또는 질문을 하게 할 수 있다(「사회복지사업법」 제51조제1항).

사회복지법인의 주된 사무소의 소재지와 시설의 소재지가 같은 시·도 또는 시·군·구에 있지 아니한 경우 그 시설의 업무에 관하여는 시설 소재지의 시·도지사 또는 시장·군수·구청장이 지도·감독·회계감사 등을 한다. 이 경우 지도·감독·회계감사 등을 위하여 필요할 때에는 사회복지법인의 업무에 대하여 사회복지법인의 주된 사무소 소재지의 시·도지사 또는 시장·군수·구청장에게 협조를 요청할 수 있다.

지도·감독·회계감사 등에 관하여 따로 지방자치단체 간에 협약을 체결한 경우에는 협약에서 정한 시·도지사 또는 시장·군수·구청장이 지도·감독·회계감사 등의 업무를 수행한다(「사회복지사업법」 제51조제3항 및 제4항).

2. 지도·감독 권한 표시 증표

보건복지부장관, 시·도지사 또는 시장·군수·구청장은 사회복지사업을 운영하는 자의 소관 업무에 관하여 지도·감독을 하거나, 시·도지사 또는 시장·군수·구청장은 사회복지법인과 사회복지시설에 대하여 공인회계사 또는 감사인을 선임하여 회계감사를 실시하는 경우에 검사·질문 또는 회계감사를 하는 관계 공무원 등은 그 권한을 표시하는 증표를 지니고 이를 관계인에게 보여 주어야 한다(「사회복지사업법」 제51조제5항).

3. 지도·감독 행정처분 사항 공표

보건복지부장관, 시·도지사 또는 시장·군수·구청장은 지도·감독·회계감사를 실시한 후 「사회복지사업법」 제26조 및 제40조에 따른 행정처분 등을 한 경우에는 처분 대상인 법인 또는 시설의 명칭, 처분사유, 처분내용 등 처분과 관련된 정보를 대통령령으로 정하는 바에 따라 공표할 수 있다(「사회복지사업법」 제51조제6항).

2 공인회계사 등 회계감사

1. 공인회계사 등 회계감사

시·도지사 또는 시장·군수·구청장은 사회복지법인과 사회복지시설에 대하여 지방의회의 추천을 받아 「공인회계사법」 제7조에 따라 등록한 공인회계사 또는 「주식회사 등의 외부감사에 관한 법률」 제2조제7호에 따른 감사인을 선임하여 회계감사를 실시할 수 있다. 이 경우 공인회계사 또는 감사인의 추천, 회계감사의 대상 및 그밖에 필요한 사항은 보건복지부령으로 정하는 기준에 따라 지방자치단체의 조례로 정한다(「사회복지사업법」 제51조제2항).

시·도지사 또는 시장·군수·구청장은 법인 및 시설이 ⅰ) 「사회복지사업법」 제40조제1항제4호에 따른 회계부정이나 불법행위 또는 그밖의 부당행위 등이 발견된 경우, ⅱ) 「사회복지사업법」 제42조제3항제1호에 따라 거짓이나 그밖의 부정한 방법으로 보조금을 받은 경우, ⅲ) 「사회복지사업법」 제42조제3항제2호에 따라 사업 목적 외의 용도에 보조금을 사용한 경우, ⅳ) 「사회복지사업법」 또는 「사회복지사업법」에 따른 명령을 위반한 경우, ⅴ) 「사회복지법인 및 사회복지시설 재무·회계 규칙」 제42조제4항에 따라 감사가 시장·군수·구청장에게 보고한 경우 어느 하나에 해당하는 경우 회계감사를 실시할 수 있다(「사회복지사업법」 제42조2제1항).

2. 특정보조사업자 회계감사

같은 회계연도 중 지방자치단체의 장으로부터 교부받은 지방보조금의 총액이 10억 원 이상인 지방보조사업자는 「주식회사 등의 외부감사에 관한 법률」 제2조제7호 및 제9조에 따른 해당 회계연도 종료일부터 4개월 이내에 감사인이 해당 회계연도를 기준으로 작성한 감사보고서를 지방보조금을 교부한 지방자치단체의 장에게 제출하여야 한다. 다만, 2년 이상 계속하여 지방보조금을 교부받은 특정지방보조사업자로서 직전 회계연도에 감사보고서를 제출한 경우에는 해당 회계연도에 대한 감사보고서의 작성·제출을 생략할 수 있다. 특정지방보조사업자가 다른 법률에 따라 회계감사를 받는 경우에는 감사보고서를 갈음하여 해당 법률에 따라 작성된 감사 관련 보고서를 제출할 수 있다. 이 경우 감사 관련 보고서에는 지방보조사업에 관한 감사의견이 포함되어야 한다.

지방자치단체의 장은 지방보조사업 특성상 감사보고서를 작성·제출하기에 적합하지 아니하다고 인정하는 경우에는 해당 특정지방보조사업자에게 감사보고서를 제출하지 아니하게 할 수 있다(「지방자치단체 보조금 관리에 관한 법률」 제18조, 같은 법 시행령 제11조, 같은 법 시행규칙 제6조).

3 비영리법인 감사의 감사

1. 정기감사

법인의 감사는 당해법인과 시설에 대하여 매년 1회 이상 정기감사를 실시하여야 한다. 감사를 할 때는 감사보고서를 작성하여 감사보고서에 감사가 서명 또는 날인하고 당해법인의 이사회에 보고하여야 하며, 재산상황 또는 업무집행에 관하여 부정 또는 불비한 점이 발견된 때에는 시장·군수·구청장에게 보고하여야 한다(「사회복지법인 및 사회복지시설 재무·회계 규칙」 제42조제1항 및 제4항~제5항).

2. 회계담당자 경질 감사

법인의 대표이사는 시설의 장과 수입원 및 지출원이 사망하거나 경질된 때에는 그 관장에 속하는 수입, 지출, 재산, 물품 및 현금 등의 관리상황을 감사로 하여금 감사하게 하여야 한다. 이 경우 감사를 실시할 때에는 전임자가 참관해야 하며, 전임자가 참관할 수 없으면 관계 직원 중에서 전임자의 전임자나 법인의 대표이사가 지정한 사람이 참관해야 한다. 감사를 한 때는 감사보고서를 작성하여 감사가 서명 또는 날인 후 당해법인의 이사회에 보고하여야 하며, 재산상황 또는 업무집행에 관하여 부정 또는 불비한 점이 발견된 때에는 시장·군수·구청장에게 보고하여야 한다(「사회복지법인 및 사회복지시설 재무·회계 규칙」 제42조제2항~제5항).

관련 법령

「사회복지법인 및 사회복지시설 재무 · 회계 규칙」

제42조(감사) ① 법인의 감사는 당해법인과 시설에 대하여 매년 1회 이상 감사를 실시하여야 한다.

④ 감사는 제1항 내지 제3항의 규정에 의하여 감사를 한 때는 감사보고서를 작성하여 당해법인의 이사회에 보고하여야 하며, 재산상황 또는 업무집행에 관하여 부정 또는 불비한 점이 발견된 때에는 시장·군수·구청장에게 보고하여야 한다.

⑤ 제4항의 감사보고서에는 감사가 서명 또는 날인하여야 한다. <개정 1998. 1. 7.>

참고문헌

인터넷 사이트

법제처(국가법령정보시스템): 법령현행법령 ☞ 법령(법률 · 대통령령 · 부령), 자치법규, 행정규칙, 판례 · 해석례등, 별표 · 서식, 공공기관 규정 등

보건복지부(홈페이지): 정보 > 법인/시설/단체 > 법인 및 시설관리 안내

행정안전부(홈페이지): 정책자료 > 간행물 ☞ 행정업무 운영 편람 등

지방자치인재개발원안전부(홈페이지): 소통마당 > 학습자료실 ☞ 공통교재

국세청(홈택스): 지급명세서 · 자료제출 · 공익법인 > 공익법인 보고서 제출/공시 > 공익법인 결산서류 등 공시, 출연재산 및 의무이행 보고, 기부금 모금액 및 활용실적 공개

국세청(홈택스): 장려금 · 연말정산 · 전자기부금 > 전자기부금영수증 > 기부금단체 > 전자기부금영수증 일괄발급

국세청(홈페이지): 국세신고안내 > 법인신고안내 > 공익법인 > 주요신고의무 및 공익법인 연간세무일정

보건복지부 사회서비스정보시스템(희망이음) 및 사회복지시설정보시스템

법령 및 행정규칙 · 지침 · 교재

≪공익법인 · 시설≫

사회복지사업법, [시행 2025. 1. 3.] [법률 제19893호, 2024. 1. 2., 일부개정].

사회복지사업법 시행령, [시행 2020. 12. 12.] [대통령령 제31236호, 2020. 12. 6., 일부개정].

사회복지사업법 시행규칙, [시행 2023. 7. 14.] [보건복지부령 제950호, 2023. 7. 13., 일부개정].

사회복지법인 및 사회복지시설 재무 · 회계 규칙 [시행 2023. 1. 1.] [보건복지부령 제928호, 2022. 12. 28., 일부개정]

노인장기요양보험법 [시행 2025. 2. 7.] [법률 제20213호, 2024. 2. 6., 일부개정]

노인장기요양보험법 시행령 [시행 2024. 1. 1.] [대통령령 제34001호, 2023. 12. 19., 일부개정]

노인장기요양보험법 시행규칙 [시행 2024. 1. 1.] [보건복지부령 제967호, 2023. 9. 25., 일부개정]

장애인복지법, [시행 2025. 7. 3.] [법률 제19901호, 2024. 1. 2., 일부개정]

장애인복지법 시행령 [시행 2024. 9. 1.] [대통령령 제34189호, 2024. 2. 6., 일부개정]

장애인복지법 시행규칙 [시행 2025. 1. 1.] [보건복지부령 제997호, 2024. 2. 8., 일부개정]

공익법인의 설립 · 운영에 관한 법률(약칭: 공익법인법), [시행 2017. 12. 12.] [법률 제15149호, 2017.

12. 12., 일부개정]
공익법인의 설립·운영에 관한 법률 시행령(약칭: 공익법인법 시행령), [시행 2021. 1. 5.] [대통령령 제31380호, 2021. 1. 5., 타법개정]
민법, [시행 2023. 6. 28.] [법률 제19098호, 2022. 12. 27., 일부개정]
보건복지부 및 질병관리청 소관 비영리법인의 설립 및 감독에 관한 규칙, [시행 2020. 12. 28.] [보건복지부령 제770호, 2020. 12. 28., 일부개정]
보건복지부, 2014,「비영리 사단·재단법인 업무편람」(2018. 11. 5, 한글파일 추가)
보건복지부, 2024a,「2024년 사회복지법인 관리안내」.
보건복지부, 2024b,「2024년 사회복지시설 관리안내」.
보건복지부, 2024c,「2024년 사회복지시설 종사자 인건비 가이드라인」.
≪정관 및 규정≫
법제처, 2023, 법령 입안·심사 기준.
법제처, 2023, 알기 쉬운 법령 정비기준-열 번째 판(증보판).
≪예산 등 재정 운용≫
지방자치법, [시행 2023. 9. 22.] [법률 제19241호, 2023. 3. 21., 일부개정]
지방자치법 시행령 [시행 2023. 12. 14.] [대통령령 제33966호, 2023. 12. 14., 일부개정]
국가재정법, [시행 2023. 7. 10.] [법률 제19430호, 2023. 6. 9., 타법개정]
국가재정법 시행령 [시행 2023. 7. 10.] [대통령령 제33621호, 2023. 7. 7., 타법개정]
지방재정법, [시행 2024. 4. 1.] [법률 제20316호, 2024. 2. 20., 일부개정].
지방재정법 시행령, [시행 2024. 2. 17.] [대통령령 제34110호, 2024. 1. 9., 일부개정].
지방재정법 시행령 제33조제1항 본문에 따른 지방자치단체 경비부담의 기준 등에 관한 규칙 [시행 2023. 1. 1.] [행정안전부령 제356호, 2022. 11. 3., 일부개정]
지방자치단체 예산편성 운용에 관한 규칙, [시행 2017. 7. 26.] [행정안전부령 제1호, 2017. 7. 26., 타법개정]
지방자치인재개발원, 2024, 2024 공통교재(지방예산실무).
≪보조금 운용≫
보조금 관리에 관한 법률, [시행 2024. 1. 9.] [법률 제19544호, 2023. 7. 18., 타법개정].
보조금 관리에 관한 법률 시행령, [시행 2020. 12. 12.] [대통령령 제31236호, 2020. 12. 6., 일부개정].
지방자치단체 보조금 관리에 관한 법률, [시행 2023. 10. 12.] [법률 제19333호, 2023. 4. 11., 일부개정].
지방자치단체 보조금 관리에 관한 법률 시행령, [시행 2023. 10. 12.] [대통령령 제33778호, 2023. 10. 4., 일부개정].

지방자치단체 보조금 관리에 관한 법률 시행규칙(약칭: 지방보조금법 시행규칙) [시행 2023. 12. 13.] [행정안전부령 제438호, 2023. 12. 13., 일부개정]

지방보조금 관리기준 [시행 2024. 1. 1.] [행정안전부예규 제273호, 2023. 12. 21., 일부개정]

≪계약≫

지방자치단체를 당사자로 하는 계약에 관한 법률 (약칭: 지방계약법), [시행 2024. 2. 17.] [법률 제19634호, 2023. 8. 16., 타법개정]

지방자치단체를 당사자로 하는 계약에 관한 법률 시행령(약칭: 지방계약법 시행령), [시행 2024. 2. 17.] [대통령령 제34214호, 2024. 2. 13., 일부개정]

지방자치단체를 당사자로 하는 계약에 관한 법률 시행규칙(약칭: 지방계약법 시행규칙), [시행 2023. 7. 3.] [행정안전부령 제414호, 2023. 7. 3., 일부개정]

지방자치단체 입찰 및 계약 집행기준, [시행 2024. 4. 1.] [행정안전부예규 제282호, 2024. 3. 28., 일부개정]

지방자치단체 입찰시 낙찰자 결정기준, [시행 2024. 7. 1.][행정안전부 예규 제283호, 2024. 3. 28. 일부개정]

전자조달의 이용 및 촉진에 관한 법률(약칭: 전자조달법) [시행 2020. 12. 10.] [법률 제17354호, 2020. 6. 9., 타법개정]

전자조달의 이용 및 촉진에 관한 법률 시행령(약칭: 전자조달법 시행령) [시행 2020. 12. 10.] [대통령령 제31222호, 2020. 12. 8., 타법개정

전자조달의 이용 및 촉진에 관한 법률 시행규칙(약칭: 전자조달법 시행규칙) [시행 2013. 9. 23.] [기획재정부령 제360호, 2013. 9. 17., 제정]

지방자치인재개발원, 2024, 2024 공통교재(기획실무).

≪회계≫

국가회계법, [시행 2024. 1. 19.] [법률 제19544호, 2023. 7. 18., 타법개정]

국가회계법 시행령, [시행 2024. 1. 19.] [대통령령 제34134호, 2024. 1. 16., 일부개정]

국가회계기준에 관한 규칙, [시행 2021. 11. 18.] [기획재정부령 제871호, 2021. 11. 18., 일부개정]

지방회계법, [시행 2024. 2. 17.] [법률 제19634호, 2023. 8. 16., 타법개정]

지방회계법시행령, [시행 2024. 2. 15.] [대통령령 제34226호, 2024. 2. 15., 일부개정]

지방자치단체 회계관리에 관한 훈령 [시행 2023. 1. 1.] [행정안전부훈령 제266호, 2022. 12. 19., 일부개정]

지방자치인재개발원, 2024, 2024 공통교재(회계실무).

≪세무≫

상속세 및 증여세법, [시행 2024. 1. 1.] [법률 제19932호, 2023. 12. 31., 일부개정]

상속세 및 증여세법 시행령, [시행 2024. 2. 29.] [대통령령 제34267호, 2024. 2. 29., 일부개정]

상속세 및 증여세법 시행규칙, [시행 2023. 3. 20.] [기획재정부령 제979호, 2023. 3. 20., 일부개정]

법인세법, [시행 2025. 1. 1.] [법률 제18590호, 2021. 12. 21., 일부개정]

법인세법 시행령, [시행 2025. 1. 1.] [대통령령 제33265호, 2023. 2. 28., 일부개정]

법인세법 시행규칙, [시행 2025. 1. 1.] [기획재정부령 제965호, 2023. 3. 20., 일부개정]

≪문서작성≫

행정업무의 운영 및 혁신에 관한 규정(약칭: 행정업무규정), [시행 2023. 9. 28.] [대통령령 제33575호, 2023. 6. 27., 일부개정]

행정업무의 운영 및 혁신에 관한 규정 시행규칙(약칭: 행정업무규정 시행규칙), [시행 2023. 6. 28.] [행정안전부령 제408호, 2023. 6. 28., 일부개정]

행정안전부, 2020, 행정업무 운영 편람

지방자치인재개발원, 2024, 2024 공통교재(기획실무).

지방자치인재개발원, 2024, 2024 공통교재(행정업무운영실무).

단행본 · 논문

고재수 · 이기영, 2019, 사회복지기관 재무회계 법규 및 실무, 서울: 창지사

고재수 2015, 사회복지시설 민간위탁의 수탁자 결정 요인에 관한 연구(박사학위 논문)

고재수 2004, 사회복지관 운영의 효율성 제고방안에 관한 연구(석사학위 논문)

고재수, 2016, 가족기능성과 학교적응유연성의 관계에서 청소년 스마트폰 중독의 매개효과 검증 「한국콘텐츠학회논문지」 제14권 제6호 별쇄

박병현 · 박상미 · 최은미 · 고재수, 2015, 노무현 정부의 사회복지 재정분권: 옳은 정책이었는가 아니면 잘못된 정책이었는가?「한국사회복지정책학회논문지」 제42권 제3호

홍미영 · 류춘호 · 고재수 · 서정모 · 강지희, 2012, 지방정부 성인지 예산의 도입과 발전방향에 관한 연구: 부산지역을 중심으로「지방정부연구」 제15권 제4호, pp.7-29

저자소개

고재수(高在洙)

[주요 경력]

- 현) 사회복지법인 나사함복지재단 경영기획실장
  2024 부산세계탁구선수권대회 집행위원회 감사위원
  공유앤나눔 행정사사무소(대표 행정사)
  도서출판 공유앤나눔(대표)
- 전) 부산광역시인재개발원 교육지원과장/부산광역시 다복동추진 단장/감사기획 · 공기업감사 · 복지기획 · 청소년지원팀장
  비영리법인정책연구회(회장)

[강사 자격]

- 청렴연수원 등록 청렴교육 전문강사(국민권익위원회 청렴연수원장)
- 직장 내 장애인 인식개선 전문강사(한국장애인고용공단)
- 비영리법인 설립 · 운영 및 재무 · 회계 · 세무 강사(도서출간)

[학력 · 자격 · 수상]

- 사회복지학 박사(부산대학교 일반대학원 졸업)
- 사회복지사 1급(보건복지부장관), 행정사(행정안전부장관)
- 컴퓨터활용능력 및 워드프로세서 자격증(대한상공회의소)
- 1급소방안전관리자(한국소방안전원장)
- 홍조근정훈장(대통령), 모범공무원 포상(국무총리) 등

[저서 및 논문]

- 사회복지기관 재무회계 법규 및 실무(서울 창지사, 2019. 2. 28.)
- 사회복지시설 민간위탁의 수탁자 결정 요인에 관한 연구(박사학위 논문)
- 사회복지관 운영의 효율성 제고방안에 관한 연구(석사학위 논문)

비영리법인 임직원 및 공무원, 복지 관련 학과 학생 길라잡이

비영리법인 · 시설의 재무 · 회계 · 세무 법규와 실제

– 문서작성과 정보시스템 입력 등 실무 중심 –

초 판 1쇄 인쇄 2024년 8월 14일
초 판 1쇄 발행 2024년 8월 23일

지 은 이 | 고재수
펴 낸 이 | 김기섭
편 집 인 | 이혜란
펴 낸 곳 | 창지사 www.changjisa.com
08589 서울시 금천구 가산디지털 1로 83 파트너스타워 1차 9층
전화 (02)719-2211~3
팩스 (02)701-9386
등 록 | 1977년 4월 28일 · 제1-421호

ISBN 978-89-426-1889-7 (93320)

값 23,000원